古典文獻研究輯刊

二十編

潘美月・杜潔祥 主編

第 **19** 冊

明代詩話考述（上）

連文萍 著

國家圖書館出版品預行編目資料

明代詩話考述（上）／連文萍 著 -- 初版 -- 新北市：花木蘭文
化出版社，2015〔民 104〕
序 2+ 目 12+178 面；19×26 公分
（古典文獻研究輯刊 二十編；第 19 冊）
ISBN 978-986-404-100-8（精裝）
1. 詩話 2. 詩評 3. 明代
011.08   103027411

ISBN-978-986-404-100-8

9 789864 041008

古典文獻研究輯刊
二十編 第十九冊   ISBN：978-986-404-100-8

明代詩話考述（上）

作　　者	連文萍
主　　編	潘美月　杜潔祥
總 編 輯	杜潔祥
副總編輯	楊嘉樂
編　　輯	許郁翎
企劃出版	北京大學文化資源研究中心
出　　版	花木蘭文化出版社
社　　長	高小娟
聯絡地址	235 新北市中和區中安街七二號十三樓
	電話：02-2923-1455／傳眞：02-2923-1452
網　　址	http://www.huamulan.tw 信箱 hml810518@gmail.com
印　　刷	普羅文化出版廣告事業
初　　版	2015 年 3 月
定　　價	二十編 24 冊（精裝）台幣 42,000 元

明代詩話考述（上）

連文萍　著

作者簡介

連文萍，臺灣新竹人，東吳大學中國文學研究所博士，現任東吳大學中文系副教授。著有專書《明代茶陵派詩論研究》、《明代詩話考述》，及〈詩史可有女性的位置——以兩部明代詩話為論述中心〉、〈以詩學著述建構自我價值——論梁橋《冰川詩式》與明代詩學面相〉、〈明代翰林院的詩歌館課研究〉、〈明代詩歌啟蒙教習研究——由王世貞的學詩經驗談起〉、〈明神宗與《詩經》講習〉、〈追尋勝國貴冑——朱彝尊對明代皇族詩歌的編纂與評述〉等學術論文。

提　要

　　明代詩話為詩學重要文獻，體現明代文學思潮和理論，與政治、社會、教育、思想等均緊密關聯。本書發掘整理三百一十七部明代詩話，分就作者生平、撰著背景、版本流傳、內容特色等進行考述與評價。並描述明人對「詩話」形式演繹與增添的過程，探看他們整體的成績，進而嘗試探尋詩話演變的規律。所論包括明代詩話與明代詩學的關係、明人對「詩話」的看法、明代詩話發展的背景與時間分期、明代詩話的作者與讀者、明代詩話的詩說體系與價值等。最後附有明代詩話總目及版本總覽、明代詩話撰輯及刊刻相關年表、明代詩話作者索引，以利考索。

序

　　一直以為，寫作論文不只是寫作論文，也是種參與及感動。

　　對於明代詩話的研究，我有時帶著參與的心情，感受這些古人的脈搏與呼吸，分享他們的壯志飛揚，聆聽他們的意興風發。我有時是站在遠處、高處的窺望，像一部攝影機，照看他們的生與死，照看他們的興衰起伏。我看到李東陽在冬日的日影下讀書，日頭的移動，座位也跟著走。看到都穆窮得無以舉炊，向天高呼：「上天不會要都生餓死」，然後勒緊腰帶，繼續讀書。看到眇君子謝榛被李攀龍、王世貞延入詩社，諸人月下論詩，連李白、杜甫、王維、孟浩然亦且相隨。看到袁宏道在三教寺的高閣敝篋中，偶而發現李贄《枕中十書》的遺稿，大叫驚起，引來老僧秉著燭火，難解其故。也看到許學夷窮盡一生心力，寫作《詩源辨體》，到老病不能秉筆，仍用蒼老的聲音，一字一句的說詩，由姪輩代為書寫，而他的朋友張畏逸助銀十兩、邱心怡助銀五錢、周玉林助銀二錢、韓茂遠助米一石、謬澄予助紙二百、張秀湖刻詩五十一板，大家湊合著，盡力刊刻了十六卷……

　　不論貼近的參與，或從高處、遠處的窺望，歲月的快速翻轉，都摧殘著詩人的青春黑髮，闇啞著詩人的喉嚨。雖然有人試著振作精神，發出高昂的呼喊，有人意欲撿拾向所行來的足跡，奏出最後的高潮。但，都擋不住歲月的拋遠、稀釋，終而遁入歷史，成為新時代、新才人引領風騷的背景……

　　我由明代詩話的探討，看到古人對詩學的熱情與努力，也看到了人生。

　　感謝吳宏一教授的細心指導，張健教授的啟發，魏子雲教授、李壽菊學姐的協助提供資料，同窗廖玉蕙、王瓊玲、陳恒嵩、陳仕華、邵曼珣、林帥月、江仰婉、孫秀玲等的相互扶持與勉勵。而湖南師範大學中文系蔡鎮楚教

授、杭州大學中文系周維德教授，以其在詩話學與明代詩話上的研究專業，給予資料上的慷慨協助與勉勵，是本論文得以順利完成的重要基礎，謹致上最大的謝意。

此外，臺北師範學院劉兆祐教授、中央研究院中國文哲研究所林慶彰教授、政治大學黃景進教授、東吳大學王國良教授和許錟輝教授、彰化師範大學黃文吉教授、北京大學袁行霈教授和安平秋教授、蘇州大學范伯群教授和季進教授，以及賴信博老師、崔台英女士等，在工作上、學業上給予支持與鼓勵，也令我深深感念。當然，家人的包容與體恤，是最大支持力量，本論文也要特別獻給已經過世的父親，是他的殷殷期盼，給予我不斷發掘、體味人生的機會。（1998 年 6 月）

目次

第一編　緒　論

第一章　研究明代詩話的重要性

第一節　明代詩話與明代詩學

　　研究明代詩學有許多的途徑，光是明人在詩學方面的論著形式，至少就運用了序、跋、書信、題辭、傳記、墓銘、贊語、論、說、辨、論詩詩、批點、注解、筆記、詩式、詩法、詩話，以及詩歌總集、詩歌選集等等，〔註1〕可謂極盡各種文體、各種場合，多元的申說、交換並激盪彼此詩學思想，形成明代詩學「眾聲喧嘩」的現象。

　　詩話，當然只是其中的一部分，卻是反映明代詩學的重要窗口。其中最主要理由是，「詩話」是中國詩學論著的一個特殊且重要的形式，是體現詩學觀的直接管道。不過關於「詩話」的定義與內涵，歷來有著不同的看法，間接也影響「詩話」體現詩學觀的代表意義與程度，這是使用「詩話」作為論述材料時，必須注意的問題。

　　前人關於詩話名義與內涵的討論很多，包括詩話的名稱、體製來自何處？詩話是起源於三代？還是鍾嶸或歐陽修？詩話的範圍包不包括唐人詩式詩格？詩話著錄那些論詩內容？之類問題。〔註2〕湖南師範大學中文系蔡鎮楚教

〔註1〕要了解明人運用那些論述形式以闡述詩學理念的大致情況，可參考由葉慶炳、邵紅所主編的《中國文學批評資料彙編——明代卷》（臺北：成文出版社，1981年）。惟是書仍有入錄標準、篇章採擇、標點分段等問題可加商榷，使用時可注意。

〔註2〕由於民國以來，關於中國文學批評的研究與整理，日易增多，詩話獲得研究者極多的注意，也深入發掘不少文獻，由各個角度加以說解證成。例如北宋

授在所著《詩話學》，〔註 3〕即以〈詩話正名論〉、〈詩話源流論〉、〈詩話分類論〉、〈詩話形態學〉等章節，就詩話名稱、詩話界說、詩話異名、詩話起源與流變等等加以討論，是目前為止最為專門且全面的探看。他指出，詩話是中國古代一種獨特的論詩體裁，狹義的詩話是以隨筆體裁記錄詩歌故事，以歐陽修《六一詩話》為首創。廣義的詩話則包括評論詩人、詩歌、詩派，及記述詩人議論、行事等，詩話的重心由詩事轉到詩論，從說部轉為詩評，從詩本事轉為詩學、美學論、文藝論，所以廣義的詩話是對狹義詩話的超越。因為如此，詩話出現擴大化、系統化、理論化的發展趨勢，所以像清人何文煥編輯《歷代詩話》、近人丁福保編纂《歷代詩話續編》、《清詩話》時，就把鍾嶸《詩品》、皎然《詩式》、司空圖《二十四詩品》、孟棨《本事詩》等一併列入「詩話叢書」之中，這就詩話發展的觀點，還勉強可以接受，但如果把詩話誕生之前的所有詩論之作都納入詩話的範疇，恐怕失之過寬。蔡教授提

詩家許顗在所著《彥周詩話》云：「詩話者，辨句法，備古今，記盛德，錄異事，正訛誤也」（見臺北：藝文印書館影印《歷代詩話》本，頁 221），就說明詩話的內容在於講求詩學方法，記錄古今詩人軼事，敘述詩學發展的軌跡，考正詩說訛誤等，顯見簡單的「以資閒談」，不足以概括所著詩話的內容。到清代學者則進一步提出看法，如吳琇〈龍性堂詩話序〉云：「詩話者，以局外身作局內說者也，故其立論平而取義精」（臺北：藝文印書館影印《清詩話續編》本，頁 931），以不同的角度說明詩話作者在撰作態度上的客觀。又如章學誠《文史通義》有〈詩話〉專章，提出「詩話之源，本於鍾嶸《詩品》」，又指出唐人詩話自孟棨《本事詩》出，所以詩話通於史部傳記類；又間有名物詮釋，而通於經部小學類；又泛述聞見，而通於子部雜家類的特性，他並提出「論詩及事」、「論詩及辭」二端，來定義詩話的內容（臺北：新文豐出版公司影印《粵雅堂叢書》本《文史通義》，頁 168），這是對於詩話較全面的探討。民國以來關於詩話的討論，以郭紹虞用力最多，他在〈清詩話前言〉中指出「詩話之體，顧名思義，應當是一種有關詩的理論的著作」，定義雖嫌空泛，然其對詩話的說解，是隨著其對歷代詩話的整編及研閱，而持續的增添。此外，鄭振鐸《中國文學批評史》有〈詩格〉專章，全面的論述現存或已佚的詩格專著、總集或叢書，提出「詩話」是對「詩格」的革命、「後世論詩學者，往往混為一談，最為錯誤」（臺北：學海出版社 1990 年翻印本，頁 553）。關於這點，郭紹虞是贊同的，其在《宋詩話考》中，即將詩格、詩例、句圖及象徵詩評之屬，排除於宋代詩話之外（臺北：學海出版社 1980 年翻印本）。由於歷來關於詩話的討論，並非本論文的重點，以上大致引錄具代表性的前人論述，以略窺一斑。

〔註 3〕 《詩話學》為湖南教育出版社 1990 年出版，蔡鎮楚教授也是中國大陸第一位全面而有系統的研究詩話的學者，致力於推動詩話研究成為一種專門性的學術。

出詩話必須具備的三個基本要素：

　　第一，必須是關於詩的專論，而不是個別的論詩條目，甚至連古人
　　　　題序跋記中的有關論詩的單篇零札，也不能算作詩話。

　　第二，必須是由一條一條內容互不相關的論詩條目連綴而成的創作
　　　　體製，富於彈性，而不是自成一體的單篇詩論。

　　第三，必須是詩之「話」與「論」的有機結合，是詩本事與詩論的
　　　　統一。

他並著重分辨詩話與筆記小說、詩話與詩格、詩話與語錄、詩話與詩條的分別，將詩話概念作清楚的界定，使詩話的研究步向科學化。〔註4〕

　　蔡教授對於詩話的說明，是就詩話的整體而言，有助於研究者區隔詩話與其他論著形式的分別，也是理想的詩話典型。然而就明人對於詩話的界定以及撰編詩話的實際情況而言，無法以「三個基本要素」來涵蓋，明人反而是充分凸顯、運用了詩話體製上的自由與彈性，實踐了詩話的「擴大化、系統化、理論化」，豐富明代詩學的內涵與實質。

　　關於明人對詩話的看法與實際的撰編作法，下一節將有專門討論。這裡要指出的是，研究明代詩話的重要性，就在於明人把「詩話」的體製作更進一步的拓展與發揮，同時，運用「詩話」成就在詩學、美學等方面的建樹。筆者選擇明代詩話作為明代詩學研究的角度，就不僅僅是明代詩學文獻資料上的發掘、整理與考述，不僅是針對單本詩話與作者的考評，也發現、描述明人對「詩話」形式演繹與增添的過程，探看他們整體的成績，探尋詩話演變上的規律，也嘗試將明代詩話置放在中國文學批評史上的一個適當位置。

第二節　明人對「詩話」的看法

　　詩話，是反映明代詩學的一扇重要窗口，以詩話來討論明代詩學，就不是去關切宋、元人怎麼看詩話或清人怎麼說詩話，而是必須切實的探討明人對「詩話」的看法，才能漸次明瞭明人怎麼運用「詩話」的體製來成就他們的詩學，進而思考明人對詩話的觀念有那些承襲與開創。在這一節當中，將分就「明人的序跋論著」、「明人書目的分類」、「明人詩話的實際撰編情形」

〔註4〕以上見蔡鎮楚《詩話學》，頁31～44。

三端探討。

一、明人的序跋論著

　　明人對於詩話的看法，多見於序跋論著，討論亦較深入。基本上，明人的「詩話」觀念乃承自前人，如王鐸爲李東陽《懷麓堂詩話》所作的序，就謂是書乃李東陽「公餘隨筆，藏之家笥，未嘗出以示人」，〔註5〕反映李東陽對於詩話是以「隨筆」視之，與北宋歐陽修的「以資閒談」一致。又如，李易爲明「淮伯王」所刊宋阮閱所纂輯的《詩話總龜》作序，根據《詩話總龜》的纂錄，亦謂「詩話即稗官野史之類」。〔註6〕

　　至如王承裕在正德五年（1510）爲《南溪筆錄群賢詩話》所寫〈南溪詩話序〉，〔註7〕認爲詩話是一種有別於「註疏」的「專門之說」，其云：

> 夫國風雅頌，古之詩也，諸家註疏，不過發明比興賦之義，後之詩猶古之詩，何其說者優劣可否之餘，愈新而奇，愈嚴而密，縷縷不絕，有如是哉！噫，即此可以觀其所謂詩，與其所以說詩矣。

他認爲「詩話」是比「註疏」更爲新奇、嚴密的說詩體製，不但足以評騭詩作，而且詩話的著作歷代不絕如縷，正可以見出詩歌的流變，也洞曉說詩的軌跡。由於《南溪筆錄群賢詩話》是一本詩話彙編，王承裕接著說明南溪彙編前人詩話的作用在於：

> 蓋將示學夫詩者，會群思以歸于正，執眾言以求乎中，由是形諸歌詠，有所警焉，而不敢苟也，匪徒資洽聞、助劇談而已。

〔註5〕該序見《歷代詩話續編》（臺北：木鐸出版社，1983年），頁1368。

〔註6〕該序見《詩話叢刊》（臺北：商務印書館影印本）之《詩話總龜》卷前。李易的序未註明撰寫時間，然該書另有張嘉秀寫於嘉靖二十三年（1544）的序，及程珌寫於嘉靖二十四年（1545）的序文，則李易之序亦應寫作於嘉靖之時。而張嘉秀的序中，也帶出對詩話的看法，其云：「夫詩胡爲者也？宣鬱達情，擷菁登碩者也。夫話者胡爲者也？摘英指纇，標理斥迷者也」，他把詩與話分開來看，推重詩歌的抒情功能，強調詩話在於指引詩歌賞鑑上的作用，說得自然較李易全面。然而李易的說法可以見出《詩話總龜》將詩話與筆記小說一齊收入，並加以分類的獨特體例，能夠反應前人對詩話的含糊概念，及詩話與筆記小說在著錄體例與內容上的相似性，所以，筆者予以凸顯。至於《詩話總龜》的編纂、版本及「淮伯王」月窗道人刊刻《詩話總龜》等情形，可參見郭紹虞《宋詩話考》（臺北：學海出版社，1980年）中《詩總》條的論述。

〔註7〕該序見《南溪筆錄群賢詩話》（臺北：廣文書局影印《古今詩話續編》影印本，1973年），卷前，頁1～5。關於王承裕其人與是書的傳刻，詳見本論文《南溪筆錄群賢詩話》條的論述。

王承裕的說法，就詩話定義而言，至少有兩個突破：其一，他的「會群思以歸于正，執眾言以求乎中」，是首次爲「詩話彙編」所下的說解，亦即「詩話彙編」在體例上是「會群思」、「執眾言」，在功能上是「以歸于正」、「以求乎中」。另一個突破是，他的「由是形諸歌詠，有所警焉，而不敢苟也，匪徒資治聞、助劇談而已」之說，將詩歌創作視爲一件嚴肅的事，不可苟作，而詩話的撰作也是嚴肅的，不只是增廣見聞或作爲講談之助而已，這就是針對傳統「公餘隨筆」、「以資閒談」的修正了。

《南溪筆錄群賢詩話》與王承裕的序文之間，還有一個檢視點，那就是詩話纂輯的內容包括了筆記、語錄。例如頁三以後的篇章，就輯錄一連串的筆記與語錄，諸如《唐子西語錄》、《東坡志林》、《文昌雜錄》、《塵史》、《邵伯溫聞見錄》、《玉壺野史》、《賓退錄》、《荊公語錄》、《雪浪齋日記》、《容齋續筆》等等，顯示王承裕所謂的「詩話」是極爲廣義的，甚至他的「會群思以歸于正，執眾言以求乎中」，爲「詩話彙編」所下的定義，根本就包含著筆記、語錄中的論詩文字。這提醒我們，從事古代詩話的研究，必須回歸古人的時空，感受古人的思想觀念，方能較客觀的見出所謂「詩話」的實際意義與風貌。

此外，陸深爲姜南《蓉塘詩話》所作〈蓉塘詩話引〉，〔註8〕揭示一個極廣義的詩話定義：

> 詩話，文章家之一體，莫盛於宋賢，經術事，本國體，世風兼載，不但論詩而已。下至俚俗歌謠、星歷醫卜，無所不錄，至其甚者，雖嘲謔鬼怪、淫穢鄙褻之事皆有，蓋立言者用以諱避陳託，微意所存，又文章之一法也。若乃發幽隱、昭鑒戒、紀歲月，顧有裨於正傳之闕失，蓋史家者流也。

陸深認爲「詩話」不只是論詩而已，幾乎是種無所不包的文章體製，其說代表著明人對於「詩話」的一個非常寬泛的認知，而姜南《蓉塘詩話》的編選內容，則是將這樣的看法具體化。

《蓉塘詩話》共二十卷，每卷爲一書，如卷一爲《牛村野人閒談》、卷二《洗硯新錄》、卷三《輟築記》、卷四《鶴亭筆乘》、卷五《墨畲錢鎛》、卷

〔註8〕陸深〈蓉塘詩話引〉見《儼山集》（臺北：臺灣商務印書館影印《四庫全書》本，1983年），卷36，頁6。姜南《蓉塘詩話》刊刻於嘉靖二十二年（1543），陸深之文應成於是時，詳見本論文《蓉塘詩話》條相關論述。

六《學圃餘力》、卷七《大賓辱語》、卷八《蕉簷曝背臆記》、卷九《借竹道人投甕隨筆》、卷十《剔齒閒思錄》、卷十一《醉經堂餔糟編》等等。所以，此書就是由一部部有趣的筆記組成。

　　其後，《蓉塘詩話》被刊入《古今詩話》及《說郛》續卷，說明到明末清初乃被讀者普遍接受。近人傅增湘在所著〈蓉塘詩話跋〉指出：「此書雖名詩話，然多紀朝章國故、遺聞逸事，兼以考訂事實、評論人物，實說部也」，該跋文也解釋其原因：「各編中詩話居十之四，述事論人者十之四，考古者十之二，而多立名目以矜奇弔詭，此明代騖名之陋習，不足訝也」。〔註 9〕傅增湘把《蓉塘詩話》一卷一書、矜奇弔詭的內容，歸於明代騖名之陋習，雖是檢閱此書的一種看法，但更值得重視的是，陸深的引文及姜南編纂的實際內容，反映出明人對於「詩話」的觀念，可能是貼近於說部，如同前引李易所云：「詩話即稗官野史之類」。

　　明人的序跋中，弘治十五年（1502）進士陳霆，為自著的《渚山堂詩話》所作序文，〔註 10〕很值得注意。他首先提出對「詩話」起源的看法：

　　　　詩有序古也。《三百篇》意深遠，非序無以發其隱，後世沿此，有詩
　　　　話之作。凡以探作者之意，而示說詩者以辭，則其始猶夫序也。

他將詩話的起源歸之於〈詩序〉，可謂極度的提高「詩話」的地位與作用，將「詩話」予以典律化，而「探作者之意」、「示說詩者以辭」，就是詩話最初的內容。他強調，隨著詩歌體製的演變，詩話也越趨於繁複，所謂：「夫詩以道性情也，降而變，變而至於多術，則後世之詩，欲無說得乎？嗚呼，此詩話之所為繁于序也」。而詩話的繁複，即在於說解詩之道，其云：

　　　　是道也，商句法，摘語病，泳風旨，掄詞料，糾謬誤，示宗向，必
　　　　熟詩法而後可言，必具史筆而後全美，非是殆妄矣。

因為詩道之繁，陳霆對於詩話的寫作有著嚴格要求。其所謂「詩法」，係針對詩話作者對詩歌語言的掌控能力和認知等而言，所謂「史筆」，則指詩話的撰作態度與內容，應如史家寫史之慎重。至其提出詩道「商句法，摘語病，泳風旨，掄詞料，糾謬誤，示宗向」，正是詩話漸繁之後的內容表現，此正與前引北宋許顗《彥周詩話》所云：「詩話者，辨句法，備古今，記盛德，

─────────────────

〔註 9〕　〈蓉塘詩話跋〉見《藏園群書題記》（臺灣：廣文書局，1967 年），卷 8，頁 38。
〔註 10〕該序見明嘉靖四十三年（1564）刊陳霆所著《水南集》卷十七。惟《渚山堂詩話》今未見。

錄異事，正訛誤也」，互爲證成與補充。

其下，陳霆針對時人以爲「詩言志，古豈有法也。自詩話作而學士大夫不易出語，閭巷田野小夫女婦之詞不敢登什」的說法，提出「詩話以衛詩」加以反駁：

> 然則今之詩，其遠乎性情而不三百篇若者，斯實病之也，安用是？則應曰：詩話以衛詩也。夫人情易流，詞易靡，廢棄禮法，而放乎邪淫，詩能導之。故詩話之作，用以範人性情，而止乎禮義。譬之用藥然，詩則方也，話則佐使之道，斟酌增損之宜也。故非處方，則難乎藥之良；非究詩話，則難乎詩之善。由是言之，謂詩話病詩者，非誣則愚也。

由此觀來，陳霆所認爲的「詩話」，並非歐陽修以來「以資閒談」的撰著，而是詩歌的重要創作權衡及規範，其云：「詩話之作，用以範人性情，而止乎禮義」，與前引王承裕「以歸于正」、「以求乎中」一致，都是使詩足以達到至善的不二法門。

陳霆的序文，是明人對於「詩話」較有特色的討論，但他強調「詩話以衛詩」，其實凸顯當世另有一股反對詩話、認爲「詩話病詩」的論述，因爲「沒有一個合格的思想家或作者，會浪費時間去攻擊稻草人（假想的敵人）」。〔註11〕而這股論述不乏詩文大家，如李夢陽在〈缶音序〉，〔註12〕即謂「詩話」教人知詩，人反而不復知詩：

> 宋人主理作理語，於是薄風雲月露，一切鏟去不爲。又作詩話以教人，人不復知詩矣。

其說反映出明人對宋代「詩話」的質疑，認爲宋人倡言詩法，卻反而扼殺了詩歌的創作。在他之前，李東陽《懷麓堂詩話》亦云：「唐人不言詩法，詩法多出宋，而宋人於詩無所得。所謂法者，不過一字一句，對偶雕琢之工，而天眞興致，則未可與道」，〔註13〕可與李夢陽之說互相證成，與陳霆「詩話以衛詩」之說則正成對立面。

〔註11〕 這是一句有意思的話，說明反對某一種說法的強烈論調，是確切顯示這種說法在作者的環境中舉足輕重，甚至強烈吸引作者自己。語出柯靈烏著、黃宣範譯《歷史的理念》（臺北：聯經出版公司，1983 年）頁 24～25。
〔註12〕 李夢陽〈缶音序〉，見明嘉靖九年（1530）刊《空同先生集》，卷 51。
〔註13〕 李東陽《懷麓堂詩話》（臺北：木鐸出版社《歷代詩話續編》本，1983 年），頁 1371。

明人對詩話的看法，影響他們寫作詩話的興趣、意圖及撰作內容。例如，陳霆倡言「詩話以衛詩」，所以積極創作詩話。李夢陽不以「詩話」來傳達其詩學思想，與他看待宋人「作詩話以教人，人不復知詩」多有關係，而其未有詩話著述，影響力卻能有效的傳播並貫徹整個明世，說明「詩話」之於詩學思想的闡說與傳布，並非絕對的因果關係。所以明人序跋中對「詩話」的看法有其因襲與變化，也提醒研究者「詩話」只是檢驗明代詩學的路徑之一。

二、明人書目的分類

由書目的分類看明人眼中的詩話，這是熟習書目的翻檢與使用的人都會注意到的角度。蔡鎮楚《詩話學》指出，詩話最早躋身於書目之林，是在南宋鄭樵《通志‧藝文志》首先析出的「詩評類」，收錄詩話四十四部，主要是唐人詩格、詩式、詩例、詩句圖之類作品，宋人詩話僅九部。〔註 14〕他指出明代高儒《百川書志》沿用宋人書目的分類，於集部設立〈文史類〉，收錄歷代詩話三十二部。〔註 15〕晁瑮《晁氏寶文堂書目》，也在卷上〈文集〉等類夾以詩話之作。〔註 16〕而「最引人注意的莫過於徐𤊻的《紅雨樓書目》和祁承㸁《澹生堂書目》兩書」，因為《紅雨樓書目》在詩話文獻著錄上的價值在於首次別立「詩話」一目，其〈詩話類〉收錄歷代詩話七十四種。《澹生堂書目》的特點，則在類目分析細密，是中國古代最完整的文學類目錄。

蔡教授指出，到清人錢曾的《述古堂書目》的卷二，〈詩話類〉才真正衝破〈文史類〉、〈詩文評類〉的藩籬，單獨成為一個類目，與「文集」、「詩集」、「詞」、「詩文評」、「四六」、「類書」等類目並列，這自然是「詩話」的數量與內容，已獲得讀者重視與接受的重要表徵。不過，蔡教授也提醒讀者，清

〔註 14〕蔡鎮楚《詩話學》，頁 426。

〔註 15〕高儒的生平不詳，葉昌熾所著《藏書紀事詩》（臺北：世界書局，1961 年）的卷 3，將高儒排在陳第（1541～1617）之後。《藏書紀事詩》是大致按照藏書家時代而排列的，則高儒當為嘉靖、萬曆時人。

〔註 16〕晁瑮《晁氏寶文堂書目》所收明代詩話數量頗多，如中卷「子雜」類就著錄《談藝錄》、《吟堂博笑集》、《欣賞編》、《唐詩行世紀》、《詩家一指》、《汝南詩話》、《松石軒詩評》、《誦詩續談》、《夢樵詩話》（按，即《夢蕉詩話》）、《詩學梯航》、《都南濠詩話》、《蘭莊詩話》、《郊亭詩話》、《存餘堂詩話》等，足以提供參考。晁瑮是嘉靖二十年（1541）進士，卒於嘉靖三十九年（1560），他所著錄的明代詩話，多為嘉靖年或之前的作品。

代的《四庫全書》之中，詩話仍舊被歸類於〈詩文評類〉，事實上，直到晚清，
「詩話」在古典文獻目錄上並未形成一個較完整的獨立體系。

蔡教授以宏觀的角度，大致指出詩話在文獻編目上值得注意的重點。我
們要深入討論的是：明人書目將「詩話」單獨列目是否始於《紅雨樓書目》？
他們的實際作法如何？有無普遍性？反映什麼意義？

首先，關於《紅雨樓書目》是否如蔡教授所說是「第一次給『詩話』立
目」？其實並不然。筆者所見至少還有趙琦美的《脈望館書目》及董其昌的
《玄賞齋書目》，都特立「詩話」一目。其中，趙琦美生於嘉靖四十二年
（1563），卒於天啓四年（1624），較徐𤊹生於隆慶四年（1570），卒於崇禎
十五年（1642）為早。趙琦美是明代著名藏書家趙用賢之子，性好聚書，趙
用賢編有《趙定宇書目》，此書目還沒有清楚區分類目，至趙琦美所編《脈
望館書目》，則於〈集部〉設有〈詩話類〉，所收明人詩話有：

> 《豫章詩話》二本、《都元敬詩話》一本、《南溪詩話》三本、《詩學
> 權輿》四本、《名家詩法》二本、《名賢詩評》二本、《詩法》一本、
> 《詩話》二本、《璚臺詩話》一本、《松石軒詩評》一本、《存齋詩話》
> 一本。

此書目著錄詩話數量雖不多，且未註明作者、版本，以至如《詩話》、《詩法》
根本形同沒有著錄。但趙琦美並未沿襲其父《趙定宇書目》在類目上的漫無
統紀，且其所設〈詩話類〉，也比《紅雨樓書目》為早，可謂在詩話文獻著
錄上深具意義。

董其昌生於嘉靖三十五年（1556），卒於崇禎十年（1637），生卒年早於
徐𤊹。他在所著《玄賞齋書目》的〈集部〉中，設立〈文總集〉、〈詩總集〉、〈各
代人集〉、〈文說〉、〈四六〉、〈詩話〉、〈詩餘〉等類目。其中〈詩話類〉所收
的明人作品，包括：

> 瞿仙《松石軒詩評》、《歸田詩話》、瞿祐《吟堂詩話》、《菊坡叢話》、
> 《南溪筆錄群賢詩話》、《都玄敬詩話》、《存餘堂詩話》、安磐《頤
> 山詩話》、《七人聯句詩紀》、謝榛《詩家直說》、《丘文莊公詩話》、
> 《夷白齋詩話》、吳愿麟《詩藪》內外編、姜南《蓉塘詩話》、《容
> 齋詩話》、《詩紀匡繆》、李東陽《懷麓堂詩話》、《冰川詩式》。

是書著錄之詩話較《脈望館書目》為多，且著錄了部分的作者名氏，然缺乏
卷帙的著錄且排列次序仍很雜亂，並非理想的書目。此外，徐禎卿的《談藝

錄》，是被列入〈文說類〉，其分類判讀亦頗具特色。

祁承㸁《澹生堂書目》的分類更為細密，蔡教授推許為「中國古代最完整的文學類目錄」，並非虛譽。祁承㸁出生於嘉靖四十一年（1562），卒於崇禎元年（1628），存世時間與董其昌相當。所著書目最初並未分卷，係採傳統四部分類法，以表格式著錄，後由清人邵懿辰考證析分四十七卷。他在集部〈詩文評〉的類目之下，細分〈文式文評〉、〈詩式〉、〈詩評〉、〈詩話〉、〈續收〉等類目，他對於「詩話」的看法，顯然是採取狹義的定義，我們進一步以所著錄明人詩話加以考察：

〈文式文評類〉：「談藝錄，一卷，徐禎卿，詩法統宗本」；「藝苑卮言，卷，王世貞，附錄四卷」；「藝圃擷餘，一卷，王奉常雜著本」；「藝海泂酌，十一卷，馮時可」；「談藝錄，一卷，馮時可」。

〈詩式類〉：「詩源辨體，一卷，張懋賢，夷門廣牘本」；「詩學梯航，一卷，周敘」；「詩家全體，十冊十四卷，李之用」；「曹安邱長語詩談，一卷，曹□，餘苑」。

〈詩評類〉：「詩藪，四冊，胡應麟」；「名賢詩評，十冊二十卷，俞允文」；「名賢詩指，十五卷，程元初」；「豆亭詩學管見，一卷，俞遠，餘苑本」；「秋臺詩話，一卷，葉盛，餘苑本」；「杜氏詩譜」；「詩的，一卷，王文祿」「堯山堂外紀，二十四冊一百卷，蔣一葵」；「騷壇千金訣，一冊一卷，李贄，枕中十書本」；「日札詩談，二卷，田藝蘅」；「松石軒詩評，一卷，林懶仙」；「雪濤閣詩話，一卷，江盈科」；「菊坡叢話，四冊五卷，單復」；「解頤新語，二冊，皇甫汸」；「感世編，一冊三卷，葛焜」；「明詩評，紀錄彙編本」。

〈詩話類〉：「詩話彙編，七卷，王圻」；「楊升庵詩話，一冊二卷，詩話補遺二卷，楊慎，升庵雜錄本；「蓉塘詩話，二十卷」；「陸儼山詩話，一卷，陸文裕公集本」；「都玄敬詩話，二卷，餘苑本」；「夷白齋詩話，一卷，明四十家小說本」；「存餘齋詩話」；「盧拘詩話，餘苑本」；「定軒詩話，一卷，姚福，餘苑本」；「渚山堂詩話，三卷，陳霆」；「續豫章詩話，四冊十二卷，澹生堂餘苑本」；「麓堂詩話，一卷，餘苑本」；「蜀中詩話，三卷，曹學佺」；「神仙詩話，二卷」；「客窗詩話，六卷，陳基虞」；「妙吟堂詩話，三卷，瞿祐」；「騷壇秘語，一卷，周履靖，夷門廣牘本」。

由上述類目可以發現，祁承爜採取狹義的「詩話」定義，所以把「詩式」、「詩評」等都獨立出來，顯然較前人只區分「詩話」更為精確。但深入探看實際的編目，卻發現他對「詩話」的看法仍相當雜亂，像徐禎卿《談藝錄》，他亦如董其昌的編目，將之歸入〈文式文評類〉，而非〈詩話類〉，此與當世推崇《談藝錄》的論詩雅致精嚴，〔註 17〕實為不同觀點。這樣的編目，如果基於因為《談藝錄》所論兼及詩文，所以列入〈文式文評類〉，以使編目更加精確，然如《藝圃擷餘》、《藝海泂酌》等主要以論詩為主的作品，也被著錄於〈文式文評類〉，其著錄的標準其實並不分明。

又如蔣一葵《堯山堂外紀》，主要是評論四六韻文，卻歸入〈詩評類〉。又如梁橋《冰川詩式》、《南溪筆錄群賢詩話》、瞿佑《歸田詩話》、謝榛《詩家直說》等，則被排除於〈詩文評類〉外，置入〈總集類〉的〈餘集類〉，著錄標準不無含混。

討論至此，可以說明人書目中特別獨立「詩話」的類目，已是一種頗為普遍的著錄方式，且各家書目的「詩話類」，對於當世詩話的著錄數量已經相當可觀。推測應與宋、元以來詩話數量的日易增多有關，單獨設立類目，有助於查考，使書目的功能彰顯。再者，私家書目可以因應使用的實際狀況，彈性而自由的增刪類目，不必如公家書目必須依循傳統的著錄方式與類別，也是「詩話」多在私家書目中單獨列目的重要原因。

由明代各家書目〈詩話類〉的實際著錄情形來看，也可以發現藏書家對於「詩話」的看法，仍是夾雜含混的，即使分類細密的《澹生堂書目》也不例外。各書目的著錄詳略有別，且次序錯雜，顯示其著錄的態度充滿隨意性，並非十分嚴謹。這樣的著錄態度，產生「詩話類」入錄標準的不明確，以及由「詩話類」的分類要進一步分析他們對「詩話」看法的困難。所以如徐禎卿的《談藝錄》，藏書家特別置於「文式文評類」，是要凸顯「詩話」應該百分之百的論詩？還是《談藝錄》的內容或建樹主要在文式文評方面？還是藏書家根據《談藝錄》書名所作的權衡？還是反映當世對於《談藝錄》的接受情況？⋯⋯就變成值得玩味卻不一定可以解答的問題。

〔註 17〕徐禎卿《談藝錄》一般均以「詩話」視之，如胡震亨的《唐音癸籤》（臺北：世界書局，1985 年），卷 32，〈集錄三〉，頁 275，即將《談藝錄》著錄於「國朝詩話」類目之下，並謂：「明興，說詩者以博推楊用修，以雅推徐昌穀，以雋推王弇州」。

　　還有一種附於《詩話》中的書目，可以清楚呈現明人眼中的「詩話」究竟包不包括唐人詩格、詩式的問題，那是胡應麟的《詩藪》與胡震亨的《唐音癸籤》。《詩藪》〈雜編二・遺佚中・載籍〉云：「唐人詩話入宋可見者，李嗣眞《詩品》一卷；王昌齡《詩格》一卷；皓然《詩式》一卷、《詩評》一卷（按，「皓然」爲「皎然」之誤字）；王起《詩格》一卷……」，胡應麟並謂：「近人見宋世詩評最盛，以爲唐無詩話者，非也」。〔註18〕

　　《唐音癸籤》亦特別設立「唐人詩話」一目，其下羅列李嗣眞《詩品》、宋約《詩格》、王昌齡《詩中密旨》、白居易《金針詩格》等書，也包括張爲《主客圖》、李洞《集賈島句圖》、鄭谷《國風正訣》、孟棨《本事詩》等。胡震亨並評論云：「以上詩話，惟皎然《詩式》、《詩議》二撰，時有妙解，餘如李喬、王昌齡、白樂天、賈島、王叡、李弘宣、徐寅及釋齊己、虛中諸撰，所論並聲病對偶淺法，僞托無遺。張爲《主客》一圖，妄分流派，謬僻尤甚。唐人工詩，而詩話若此，有不可曉者」。〔註19〕

　　胡應麟、胡震亨除了是詩話作者，也是藏書家，他們對於「詩話」均採用廣義的看法，認爲唐人也有詩話，而所舉書目包括唐人詩格、詩式、詩句圖等，這是深具意義的。反映明人固然有以爲「唐無詩話者」，卻也有兩位論詩的宗匠，將詩話的撰作上推到唐代，將唐人詩格、詩式等論著納入詩話的範疇，加以檢視與評論。因此，今日研究明代詩話，似不宜過分以今論古，預設狹義或廣義的詩話定義。

三、明人詩話的實際撰編情形

　　明人對「詩話」的看法多歧，如果由實際的詩話撰作或編輯情況來探討，可以更清楚的感受明人眼中「詩話」的實質。

　　以實際的詩話撰作來看，如張弼所著〈六同詩話〉、〈續夢詩話〉、〈玉枕山詩話〉〔註20〕，就是很有特色的著作。〈玉枕山詩話〉爲成化十八年（1482）陳獻章北上過南安時，會晤張弼，兩人論詩唱和的記錄。〈六同詩話〉爲張弼與刑部郎中王景明的詩歌贈答經過，以其與王景明同鄉、同志、同年、同官、

〔註18〕《詩藪》（臺北：廣文書局影印《古今詩話續編》本，1973 年）〈雜編二・遺佚中・載籍〉，頁 12。
〔註19〕《唐音癸籤》，卷 32，〈集錄三〉，頁 272。
〔註20〕三篇詩話見明正德十年（1515）刊《東海張先生文集》，卷 3，頁 14～17。

同事、同游共「六同」的巧合，作為詩話的命名。〈續夢詩話〉則為張弼的夢境紀錄，夢中張弼與中書舍人張文元一起拜訪南陵守方文美，彼此愉快的作詩唱和。

以上三部詩話皆為記錄詩事，其形式則僅為單篇文章，顯示出明人對「詩話」體式的看法相當寬鬆，所謂「詩話」，不一定是如前述蔡鎮楚教授《詩話學》所歸納的：「必須是由一條一條內容互不相關的論詩條目連綴而成的創作體制，富于彈性，而不是自成一體的單篇詩論」，反而可能是記錄詩事的「單篇零札」，顯然明人對於「詩話」自由書寫的特色，是發揮得淋漓盡至的。

然如馮復京用「一生目力」寫成《說詩補遺》；胡應麟「屏棄一切，寤寐作止，悉寄於詩」寫就《詩藪》；許學夷以四十年精力寫就《詩源辨體》等等，則反映明人對於「詩話」的看法已經大大的超越「以資閒談」的層次，成為一種終生的志業。這自然是「詩話」定義的一大突破，也是明代詩話的重要成績。

再由明人纂編詩話的方法來觀察。他們很時興由筆記小說、詩選等其他論著中輯出論詩文字，再以「詩話」來發行。如宋人張鎡著有《仕學規範》，明人胡文煥輯出論詩文字，另成《詩學規範》一書，刊入所編《詩法統宗》叢書。〔註21〕又如《餘冬詩話》，係輯自何孟春《餘冬序錄》。《日札詩談》則輯自田藝蘅《留青日札》。《棗林藝簣》係輯自談遷《棗林雜俎》，〔註22〕這類詩話數量很多。

至如《蜀中詩話》，係輯自曹學佺《蜀中廣記》，其性質類似將方志藝文志的詩學著錄纂輯起來，是較為特殊的纂輯方式。《升庵詩話》則彙集楊慎所編著的筆記、詩選、箋註等著作，如《丹鉛總錄》、《絕句衍義》、《絕句辨體》、《千里面譚》等的論詩文字而成，其流傳情形與知名度，反成為楊慎諸著作之冠，成為楊慎論詩的代表作。

〔註21〕郭紹虞《宋詩話考》，卷中，頁181，「詩學規範」條：「是書之別出成書，當在明代。《澹生堂書目》稱《詩法統宗》中有《詩學規範》一卷，此當為輯出別行之最早者」。

〔註22〕以上各書的纂輯與刊行，詳見本論文〈後人纂輯之明代詩話考述〉部分。類似的纂編風氣，也盛行於清代以及現代，如明代前七子的領袖何景明，並無詩話之作，清人纂編《大復山人詩集精華錄》，即特別輯錄其文集的論詩文字成《詩話》一卷，作為附錄。周維德教授整理《全明詩話》，除了收錄前人所纂輯的明人詩話，也循此例，就影響力較大的詩學著作纂錄詩話，如從鍾惺、譚元春所評選的《詩歸》，纂輯成《詩府靈蛇》等。

　　明人纂輯詩話的情況，反映出明人的「詩話」已是兼融吸收了筆記、詩選、詩評、箋註、文集的部分實質與內容，甚至單篇詩事的記錄，也稱爲「詩話」，無形中寬泛了或模糊了「詩話」的定義，增大「詩話」承載的可能，也凸顯詩話撰著纂編的隨意與自由性質，使得明代詩話在明代詩學的「眾聲喧嘩」之中，具有較多的詩學代表意義。

　　綜合上述，不論由「明人的序跋論著」、「明人書目的分類」，或是「明人詩話的實際撰編情形」等角度加以觀察，都可以發現明人對於詩話的看法雖然分歧，有些甚至予以極廣義的認定，將唐人詩格、詩式一概納入「詩話」的範疇。但整體看來，卻是逐漸趨於慎重與嚴謹。「詩話」在明人眼中，不僅只是隨筆閒談，不僅只是零散的雜書，更是建立詩學理論、傳達詩學觀念的重要著作，甚至是詩人「一生目力」之所寄，視撰編詩話爲「立言」，足以使自我生命不朽。這除了是明人對於「詩話」這種撰述形式的增添，也對清代乃至民國以來的詩話，產生重要的引領作用。

　　本論文的撰著，即以明人對詩話的看法作爲依據，對於「明代詩話」的定義與分析，基本上採取廣義的認定，如明人纂輯前代詩格、詩式、詩法的「詩法叢書」，均予著錄。明人纂輯筆記、詩選等論詩文字而成的詩話，亦特闢章節加以討論。有些不以「詩話」爲名，題作「詩評」、「圖譜」、「辨體」等其他書名者，也參酌明、清各家書目的著錄類別，以及該書的內容實質，加以取捨。如此一來，本論文對於明代詩話的考述，將較爲接近當世的實際詩話觀點與撰述狀況。

第三節　明代詩話的研究概況

　　關於當代學界在明代詩話的研究業績，主要展現在文學批評史及詩話研究專著兩個方面。

　　文學批評史是一般接觸明人詩論較直接的管道，目前較常見的如朱東潤《中國文學批評史大綱》、郭紹虞《中國文學批評史》、敏澤《中國文學理論批評史》及成復旺、黃保眞、蔡鍾翔合著《中國文學理論史》等，以其宏觀的論述取材與視野，可以見出明代詩學在整個中國文學批評史上的地位。但由於其論述體例是重點式的介紹較具代表性的詩論，並未針對明人的詩話著作，所以沒有全面發掘、統計以及探看明代詩話的內容、給予評價。

　　文學批評史的相關研究中，又有專門論述明代文學批評業績的，如袁震宇、劉明今的《明代文學批評史》，由於其論述的集中，可以讓較多的明人露面發聲，且該書也能扼要的概述各家評論的特色，論述態度亦頗嚴謹。而筆者老師張健教授所著《明清文學批評》，對於明人詩話頗多鉤玄提要的析論，只是該書並非以明人詩論為唯一的批評類型，所以也沒有對明人詩話作全面的探看。

　　在詩話研究專著方面，主要有各大學院校中國文學研究所的學位論文。研究方式有單本詩話的研究，如陳國球《胡應麟詩論研究》、陳錦盛《徐禎卿之詩論研究》、黃如焄《晚明陸時雍詩學研究》等。有以詩說或流派為單位的研究，如易新宙《神韻派詩論之研究》、邵曼珣《論真——以明代詩論為考察中心》、戴文和《「唐詩」、「宋詩」之爭研究》等等，都能運用明代詩話作為論述的取材與重點。關於詩話的專門性研究，又有張葆全的《詩話和詞話》、劉德重及張寅彭合著《詩話概說》、日本船津富彥《中國詩話の研究》、趙鍾業《中日韓詩話比較研究》等，其中《詩話概說》全面概述宋、金、元、明、清各代詩話撰著情況，書末並附有〈歷代詩話要目〉，著錄明代詩話四十六種。

　　詩話研究深有建樹的是蔡鎮楚教授，他撰有《中國詩話史》、《詩話學》及《石竹山房詩話論稿》，對於詩話研究的專業化及科學化，深有貢獻。其《石竹山房詩話論稿》除了有〈論明代詩話〉的專章，也有〈明代詩話考略〉的書目及簡要的介紹。〈明代詩話考略〉所收明代詩話共一百七十部，資料的來源主要是各公、私書目，兼及部分方志中的著錄，也盡可能註明各詩話版本及典藏處所，對明代詩話的文獻記錄，很有價值。惟該書目的校對頗有失誤，如陳懋仁《藕居士詩話》誤作「藉居士詩話」、胡應麟《少室山房詩評》誤作「少實山房詩評」、郝敬《藝圃傖談》誤作「藝圃倫談」、陸嘉淑《須雲閣宋詩評》誤作「須雲閣采詩評」等。

　　此外，〈明代詩話考略〉入錄的詩話也可商榷。如著錄薛應旂著《方山詩說》八卷，〔註23〕並謂是書「存佚未知」、「擬為其門人匯集諸書論詩之語而

〔註23〕 薛應旂，字仲常，號方山，江蘇武進人。《明清江蘇文人年表》引《毘陵名人疑年錄》卷一謂其生於弘治十三年（1500），隆慶六年（1572）仍在世，作有〈壬申即事〉詩。《明詩紀事》戊籤卷十九，謂其中嘉靖十四年（1535）進士，除慈谿知縣，遷南吏部主事，歷郎中，出為浙江題學副使，改陝西按察司副使。其以講學聞名，《四庫全書》著錄其著作有《四書人物考》、《憲章錄》、《宋

成」。然考察嘉靖三十三年（1554）東吳書林刊之《方山先生文錄》卷九，有薛應旂所作〈詩說自敘〉，云：

> 余少業詩，尊朱子之訓詁，而會諸儒之同異，兼采諸經之可以互相發明者，彙爲是編，以應有司之舉，則亦自謂頗用其心矣。若遂以爲說詩之義止於是焉，則吾豈敢詎謂？坊間遂爾傳刻，近始見之，因書簡端，冀觀者諒余之志云。

所以，「方山詩說」應正名爲《詩說》，本是薛應旂應舉時的「副產品」，主要會通《詩經》朱子訓詁與諸儒之說的同異，兼采諸經以互相發明，實爲經學方面的著作。

又如該書著錄之《遠香詩話》，蔡教授考述云：「明佚名撰，卷數未詳，佚。胡文楷《歷代婦女著作考》卷六著錄」，然翻查《歷代婦女著作考》，尚著錄了《遠香詩話》的部分內容：

> 蹇媛有足疾，終身不字。詩爲沈夫人紉蘭所刻，已佚。屬徵君鶚曾錄入《玉臺書史》，工書，程朗岑明府璋所刻《玉臺名翰》，相傳皆出臨摹，眞巾幗中書聖也。〔註24〕

這段文字是《遠香詩話》對徐範《玉臺名翰》的敘述，「蹇媛」是徐範的字號。《遠香詩話》中提及屬鶚曾將是書編入《玉臺書史》一事，經考查屬鶚生平，其生於康熙三十一年（1692），卒於乾隆十七年（1752），屬於清代的人。所以《遠香詩話》著錄屬鶚的事蹟，應爲入清以後的詩話著作，列入〈清代詩話考略〉較爲正確。

又如蘇之琨所著《明詩話》，分別著錄於該書的〈明代詩話考略〉及〈清代詩話考略〉。前者著錄作《明詩話》四卷，並謂「存佚不詳」；後者著錄作「《明詩話初編》四卷，福建圖書館藏」，也失於互見。這是因爲蘇之琨是明、清之交的人，而文學論著的寫作是持續的，並不能因爲朝代的更易而絕然判分，但學者研究時必須以朝代來作爲研究的區間，又須面對龐大材料的處理，就因此而產生判讀的問題。

杭州大學（現已併入浙江大學）中文系周維德教授，則是整編校點了《全明詩話》，該書共三百多萬字，收錄明代詩話一百一六種，皆附有〈提要〉，

元資治通鑑》、《薛子庸語》、《方山文錄》等。
〔註24〕《歷代婦女著作考》（上海：上海古籍出版社，2008年），卷6，頁147，「玉臺明翰」條。

又有附錄五種，預定由齊魯書社出版。〔註25〕該書蒐羅許多明代詩話的珍本，對於明代詩話文獻的整理與流通，有相當的貢獻。周教授也在所著《文學批評與欣賞》，〔註26〕有明代詩話發展由來、發展階段、時代特色、價值及地位的討論，是其整編明代詩話的另一個心血結晶。

關於明代詩話研究，又有許多單篇論文的研究成果，其中宋隆發在《書目季刊》第十六卷第三、四期發表的〈中國歷代詩話總目彙編〉，收錄明代詩話一百五種，這是較早期的蒐羅成果。惟該彙編收錄陳龍正的《舉業素語》及偽託王世貞所撰的《新刊校正增補圓機詩學活法全書》，頗可商榷。蓋前者專論舉業文字，而非論詩；後者則為類書，而非詩話。該彙編又著錄浮白齋主人所著《詩話》一卷，謂有明刊本，然臺灣、大陸均遍尋不著，不知該書的出處何在及存佚情形，難以進一步發揮檢索的功能。

誠如蔡鎮楚教授所說，明代詩話還有極多待開展的空間。在前人並未全面性的發掘、探討明代詩話的情形下，本論文經由「明代詩話與明代詩學」的討論，認為明代詩話是反映明代詩學的重要窗口，從事明代詩話的研究，不僅僅是明代詩學文獻資料上的發掘、整理與考述，也發掘並描述明人如何「看」詩話？如何「看」歷代詩歌？如何「看」詩歌的創作問題？描繪明人對於「詩話」的演繹與增添，也進一步嘗試將明代詩話的成績置放在中國文學批評史上的適當位置。

又經由討論「明人對詩話的看法」，發現明人對「詩話」的定義有寬有嚴，且相當程度的傾向於採取較為廣義的看法，把包括唐人詩格及詩式、宋元人的詩法等著作，均畫入詩話的範疇，進而加以整編、演繹並推廣，使得詩話的內容更加豐富而多樣。明人的作法與看法也影響了清人，清乾隆時何文煥纂輯《歷代詩話》的體例及所著錄的內容，甚至詩話起源於三代的觀念，相信均承襲自明人對詩話的看法。本論文對於明代詩話的著錄與考述，就依循著這個較廣義的詩話定義，作為發掘、判別明代詩話的主要依據。

此外，明人寫作詩話態度的趨於嚴肅與慎重，甚至以為終身志業所寄，不但超越詩話「以資閒談」的舊有觀念，豐富詩話的內涵，也開創明代詩話

〔註25〕按，本論文寫作時，《全明詩話》已預定由齊魯書社出版，但該社以經濟因素而延遲問世。後經周維德教授努力奔走，全書終於在 2005 年 6 月正式出版，但受限於體例與字數，僅入錄九十一種詩話。謹此註明。

〔註26〕此書為浙江古籍出版社 1993 年出版。

的成就，使明代詩話成為明代詩學的重要業績，並引領清代詩話撰著的高峰。所以，不論從明代詩話本身的意義、內容、成績、影響，或就當代學界對明代詩話的整體研究尚待開拓而言，明代詩話的全面考述都有其必要性。

第二章　研究明代詩話的資料

第一節　主要運用的資料

先說明本論文的研究步驟。其一，廣泛的發掘及找尋明代詩話，進行編目與著錄。其二，尋覓明代詩話的版本，盡可能蒐羅以及進行各版本間的大致比對。其三，蒐集明代詩話的作者資料，勾勒明代詩話的撰著時間、地域與作者的相關情況。其四，收集前人對於歷代詩話、明代詩話等的相關研究，也與重要的研究者取得聯繫，持續的交換研究資料、方法與心得。其五，進行明代詩話的實際閱讀，把每一部詩話的考述，都當作一篇獨立的研究論文，以此作爲閱讀與撰作的原則。其六，思考明代詩話的作者與讀者的關係、刊刻傳布的情形，並經由將明代詩話的逐一析論，使小家詩說得到彰顯的機會，有助於傾聽一般批評史中無法聽見的聲音，觀察詩話研究專著不及備述的內容，力求全面探討明人對於「詩話」的增添與努力。本論文主要運用的資料，可以畫分以下六項：

一、明代現存詩話。

二、明人文集中的序跋、題記、論、辨等。

三、明、清筆記雜錄。

四、明、清詩選及總集。

五、明、清藏書目錄與題記等。

　　六、明、清方志。

這六大項中，明人文集中的序跋、題記、論、辨等，是很重要的材料，有助於補充詩話著作的局限，證成或加強詩學觀念的論述。如楊循吉在所著詩話《七人聯句詩紀》中，並未呈現其詩學意見，然其《合刻楊南峰先生全集》中有〈朱先生詩序〉，明白宣示：「予觀詩不以格律體裁為論，惟求能直吐胸懷、實敘景象，讀之可以諭，婦人小子皆曉所謂者，斯定為好詩！」的看法。有些詩話或已佚失，或難於一見，但其序跋因為保存於文集中，而得以略窺其內容。如前引陳霆《渚山堂詩話》今不能得見，但其《水南集》中保留了該書的序文，不但表達對詩話的看法，也說明著作的旨趣。文集中有些極具影響力的詩論，常被後人詩話稱引申說或反駁，成為詩話的重要內容。如胡應麟在《詩藪》中數度稱許李夢陽的論詩意見，這時也必須回歸文集中的原典，方能加以討論。

　　至於公、私書目題記等，主要是檢閱與明代詩話有關的著錄，同時也涉及詩話版本變化、傳播存佚及評價等的論述依據。如《四庫全書總目》對明代詩話的著錄與評價、郭紹虞《宋詩話考》對詩話的剖析等，都提供研究上極大的參考助益。

　　此外，本論文也著重參考當代學界關於詩話或文學批評的研究成果。由於筆者希望以明代詩話為立足點，發掘文學社會更豐富的一面，所以對於資料的使用，基本上抱持「不放棄任何可能」的態度，但難免學力、目力有限，有待於持續的修正與補充。本論文在資料的使用方面，不惟使用資料、挖掘資料，也思考資料的可靠性，因此，下一節將以方志資料使用上的問題，來作重點的省視與討論。

第二節　方志資料的相關討論

一、方志資料的重要性

　　由於明代民間私刻圖書的風氣盛行，刻工價廉，官場上又有鐫刻圖書以往來餽贈的習尚，造成刻書業大盛，凡是讀書人與科舉沾上邊，或是略有文名者，大都會有著作的刊行。但是，刊刻書籍的數量龐大，並不保證書籍內

容的精良，或是足堪流傳，所以旋刊旋滅的情況比比皆是。〔註1〕能被私家
書目著錄，或是幸運的得到公家書目青睞、名傳後世者，自然是少數，更不
必說能夠保存完好，被後人寶愛珍藏的了。基於這樣的了解，想要研究或探
看一代學術的業績或是風氣，不能只由現今尚存的刻稿書籍，或是公私書目
中的著錄著手，所以本論文就在其他可能的著錄中，尋求更多的資料。其中，
「方志」以其收錄的宏富，足以彌補史書、書目的不足，成為探尋明代詩話
的重要資料來源。

　　再者，明代作詩論詩風氣盛行，地方性的詩社詩派林立，不但詩集的刊
刻興盛，作為「以資閒談」，或商兌、議論、鼓吹詩學見解的「詩話」，也在
地方上刊刻流傳。這些地方性的詩話，能被公私書目所著錄，是相當有限的。
所以想要深入探看明人自著或編輯詩話的實際情況，仍必須盡可能的在眾多
明、清方志的藝文志或經籍志中，蒐尋相關的著錄，才可能較為全面的掌握。
此外，有些明代詩話的作者生平不詳，方志的人物傳記，可以提供進一步的
資料，亦為方志的可貴之處。

二、使用方志應注意的問題

　　方志儘管是資料的寶庫，使用方志所著錄的資料仍必須謹慎。以各方志
中記載當地藝文風尚、著作概況的「藝文志」或「經籍志」而言，其纂修大
多經由採訪蒐集而來，務求保存一地之文，以見著述之盛。這樣的編纂觀念
或態度就存在不少問題。如清乾隆十五年（1750）刊，金玉相等纂述的江蘇
《太湖備考》卷一四〈書目〉前言即謂：

> 前卷所集詩文，止擇其有關於地與事者，採取頗少，不足以表山中
> 人著述之盛。茲各於其人所撰之書，而編次其目，無論已刻未刻，
> 凡有得於聞見，悉臚列焉，庶後之求遺書者有所據，而作者之苦心
> 不致湮沒云。

其蒐羅鄉賢著作，力求鉅細彌遺的苦心，自然容易了解。而為了蒐求更富，

〔註1〕根據張秀民《中國印刷史》（上海：上海人民出版社，1989年），頁338，言
　　　及明代版刻之盛，引清蔡澄《雞窗叢話》所錄，王慎中與唐順之（按，該書
　　　誤植作唐順元）語云：「數十年讀書人能中一榜，必有一部刻稿，屠沽小兒沒
　　　時必有一篇墓志。此等板籍幸不久即滅，假使盡存，則雖以大地為架子，亦
　　　貯不下矣。」可謂深刻說明時人著作刊行之盛，以及部分著作旋刊旋滅之情
　　　形。

「無論已刻未刻」，悉加臚列成書目，卻不一定實在。相同的情形，清道光二十年（1840）刊，孟毓蘭等重修之江蘇《寶應縣志》卷二二〈書目〉，收錄未刊之書佔所收書的十之五，僅存書名而其書已佚的又佔了十之二、三，〔註2〕其未刊或亡佚的書所佔比例相當高。

稿本未刊或書出之後散佚，牽涉的原因很多，其中不無文人間的互為標榜，或是為稱美先人而虛構有書等不實情事。有些編纂者力求確實，如清光緒十四年（1888）刊，王闓運等人所編纂的湖南《湘潭縣志》卷十〈藝文志〉，開宗明義述及兵馬倥傯導至圖書銷亡，以為至「同治中修縣書，博訪耆宿遺著，議必家有其書乃著於錄，遺書始大出」，〔註3〕力求「家有其書」，方才著錄。其確實而不虛矯的修纂態度，方能使得方志真正有功於一地文化的著錄與保存。

除了著錄資料審慎與否的考慮，有些方志的藝文志，還有不少缺失，如民國六年刊，不著撰人的江西《鹽乘縣志》卷一〇〈藝文‧別集類〉，在總合前代縣志藝文志著錄情形時，即謂：「舊志誤以詩文篇目為書目，又濫收制藝試帖，今俱不取」，這不僅是前代鹽乘縣志的缺點，也可能具有普通性，是使用方志資料時必須留意的。再者，方志迭經歷代著錄，資料的彼此因襲，也應予注意。

此外，方志中著錄的類目仍依循傳統，未如私家書目分類的彈性與自由。所以，各家方志都將詩話歸類於「別集類」，較精確的則置於「詩文評類」，也有分類較不縝密的方志或人文較不昌盛的地方，是逕歸入「集部」，或根本不加以分類的，這也是方志在著錄分類時較特別的情形，使用時也須注意。

第三節　明代詩話存佚的相關討論

不論由文集序跋或公、私書目的著錄中，所發掘的明代詩話，都有今已未見者，而方志中所著錄的明代詩話，更有相當數量是已經佚失的。在本論

〔註2〕 此段原文為：「右書目就聞見所及，暨陸續開送蒐采者編入，其間未刻者居什之五，名存書亡者十之二、三，又蒐採未遍，恐遺佚者，猶不少耳」。

〔註3〕 此段原文云：「趙宋之後，刊板流布稍廣，亦或有錄無書，或成書未幾而與身俱泯，即篇目且無存者，同治中修縣書，博訪耆宿遺著，議必家有其書乃著於錄，遺書始大出」。

文中，現存的明代詩話共一四三部，自然是深入研究的重點，而已佚的詩話也有一三六部之多，又具有什麼樣的意義？

其一，已佚的明代詩話仍有助於勾勒明代詩話編撰的整體規模與成績，及各地方的藝文概況，不可偏廢。如清人王士祿《然脂集》及近人胡文楷《歷代婦女著作考》著錄了明末桐城女詩人方維儀的《宮閨詩評》，〔註4〕此書今已亡佚，但其撰作意義極大，標誌著由女性纂輯、評品女詩人詩作的先聲。其後清代女性熊璉即著有《澹仙詩話》、王蘭修有《國朝詩品》、沈善寶有《名媛詩話》、施叔儀有《清代閨閣詩人徵略》等，蔚為女性寫作詩話的長河。所以，沒有針對已佚的明代詩話深入研究，就無法見出明代女性對於詩話的貢獻，無法更加評述明代詩話的撰作方向與價值。〔註5〕

其二，已佚的明代詩話有助於了解明代對於「詩話」體製的撰作情況。如詩話中的「紀事」體，廣泛採錄詩話、筆記、文集等著錄詩之有事可說者，堪稱詩歌資料的淵藪，自宋代計有功撰作《唐詩紀事》以來，歷代迭有著作，像清人厲鶚著有《宋詩紀事》、陳田著有《明詩紀事》、近人陳衍則著有《元詩紀事》、《遼詩紀事》、《金詩紀事》，補足整個「紀事」的完整體系。明人對於「紀事」體詩話有無建樹呢？

就現存的明代詩話看來，答案是否定的。但由康熙三十二年（1693）刊《蘇州府志》卷四五〈藝文〉及民國二十二年鉛印《吳縣志》卷五六上〈藝文考〉等著錄，可以發現明中葉的黃河水就著有《明詩紀事》，這部書也見於《千頃堂書目》卷三二〈文史類〉的著錄，不過作者題作「黃德水」，而其實「黃德水」原名「黃河水」，二者是同一人。所以方志與書目的資料可以互相映證，亦可見該書在當世頗有流傳，但其後則失傳。

乾隆二年（1737）刊《江南通志》卷一六五〈人物志・文苑〉、光緒九年（1883）刊《蘇州府志》卷一三八〈藝文三〉，及光緒三十年（1904）刊《常昭合志》卷四四〈藝文志〉，均著錄另一本《明詩紀事》，作者是明末著名的

〔註4〕王士祿《然脂集》已佚失，在胡文楷《歷代婦女著作考》（上海：上海古籍出版社，2008 年）尚存其〈然脂集例〉一文及部分著錄資料。

〔註5〕關於方維儀《宮閨詩評》的研究，筆者已撰論文〈詩史可有女性的位置？——以兩部明代詩話為論述中心〉（《漢學研究》，17 卷 1 期，頁 177～200，1999 年 6 月），可參考。

出版家毛晉〔註6〕。但毛晉精於刻書，是書究竟有否刊刻？考榮陽悔道人所輯
《汲古閣校刻書目補遺》，該書著錄《明詩紀事》等書，並謂：「以上皆汲古
閣主人自著未刊，邑中好事者間有藏本，因附著之」，知是書寫成而未刊。又
據陳田《明詩紀事・辛籤》卷二八「毛晉」條下按語謂：「子晉嘗輯《明詩紀
事》，未見傳本」，則知此書在清末即已佚失。

　　已佚的黃河水《明詩紀事》及毛晉的《明詩紀事》，說明了什麼？筆者以
為，他們至少提供了現存明代詩話中所看不到的另一個天地，反映明人對於
「紀事」體詩話曾有過的努力，也呈現明代詩話撰作類型的多方。

　　其三，已佚的明代詩話有助於研判現存明代詩話的實際撰作情形。如同
治十一年（1872）刊《上海縣志》卷二七〈詩文評類〉、光緒九年（1883）
刊《松江府續志》卷三七〈藝文志〉，及民國二十三年刊《青浦縣續志》卷
二一〈藝文・書目〉，三種方志均著錄王圻纂輯《古今詩話》，此部詩話的彙
編不著卷數，且已佚失。

　　王圻有孫王昌會，纂編《詩話類編》三十二卷，現存明萬曆四十四年
（1616）刊本，此書並由廣文書局影入《古今詩話續編》發行，是現今常見
的明人詩話。而祁承㸁《澹生堂書目》卷十四〈詩話類〉著錄：「《詩話彙編》
七本，王圻」，這個著錄應不是王圻別有《詩話彙編》的纂輯，而可能是《古
今詩話》的異名，或者《詩話彙編》實即《詩話類編》，而作者署名為「王
圻」，故《詩話類編》或為王昌會在其祖父王圻所輯的《古今詩話》的基礎
上重新編纂，則王圻《古今詩話》應是相當程度的保存於《詩話類編》之中。
所以，《古今詩話》雖已亡佚，卻提供了《詩話類編》的編纂線索。以是之
故，本論文「不放棄任何可能」的處理資料，也不因資料所顯示明代詩話的
存佚而有所偏廢。

〔註6〕　光緒九年刊《蘇州府志》，卷138，〈藝文三〉著錄《明詩紀事》，作者誤作「元
　　　　晉」。

第三章 明代詩話發展的背景與時間分期

第一節 明代詩話發展的背景

　　本論文以「明代」作爲時間設定，大約是自明代開國洪武元年（1368），到所謂「甲申國變」的崇禎十七年（1644）之間，這是著錄、認定詩話上的權宜，而實際明代詩話的撰刊則上及於元末，下及於康熙五十七年（1718）江陰書肆的刊刻胡震亨《唐音癸籤》〔註 1〕。因爲明代詩話的撰作與纂輯，不是絕然獨立的存在，也不是隨著政權移轉而突然萌生或消滅，是故本論文所處理的明代詩話的刊刻與影響問題，是持續於清代乃至現代的。

　　明代詩話既然不是一個絕然獨立的存在，那麼必定在中國詩話的發展過程中有其扮演的角色與作用。蔡鎮楚《中國詩話史》以爲係「詩話之復興」，並以〈復興的背景及概況〉專章，敘述明代詩話對於重振元代以來中衰的詩話撰作風氣、開創詩話的新成就，指出明代詩話所貼上的「宗唐擬古的創作傾向」、「咄咄逼人的派別之爭」、「詩學權輿的一度勃興」等時代的印記。

　　周維德教授則在《文學批評與欣賞》書中有〈明代詩話發展之由來〉專

〔註 1〕關於「康熙五十七年江陰書肆刊刻胡震亨《唐音癸籤》」，是本論文〈附編〉中所附〈明代詩話撰刊及作者生平相關年表〉的最後一個年代，這是爲了避免〈年表〉過於龐大，所以只著錄到康熙年間爲止。其後清乾隆間及以後的明代詩話傳刊以及日本對於明代詩話的刊刻，則僅見本論文各別詩話條目中版本與影響的敘述，不另編爲年表。

文，指出明代詩話所受宋元詩話、文人結社的影響。張伯偉〈中國古代詩話的文化考察〉，[註2] 則著重討論明代詩話的撰刊與刻書業的關係。而如廖可斌《明代文學復古運動研究》指出，明代文學的復古運動是對明中葉以後日易尖銳的種種社會矛盾的反映，是對明初以來思想文化的高壓政策和萎靡不振之詩風文風的反動，更是整個中國古典審美理想和古典詩歌審美特徵發展變遷的必然結果，[註3] 則將明代文學復古思潮置於中國古典美學的背景下來省視。而成復旺等所著《中國文學理論史》第五編《明代》部分，則是較廣泛的從明代政治、社會經濟、左派王學思想等角度，探討明代文學理論思潮的總體衍變。

詩話作爲明代文學思潮與理論的體現，與政治、社會、學術思想、文學思潮的流變，自然緊密聯繫。本章節不再重述前人已經言及的背景因素，而著重選擇一個命題：明代科舉制度與明代詩話編撰刊刻的關係，思考在明代不「以詩取士」的情形下，明代詩話呈現什麼風貌？而這也是明代詩話作者思考的命題之一。

明人在對唐詩進行總結時，多數以爲唐代因爲科舉試詩，所以造成詩學的興盛，但也有反面的思考，認爲李、杜大家不爲科舉所牢籠，必定有其意義。[註4] 而唐人科舉以詩取士，在詩學方面的最大影響是形成各種詩格、詩式、詩訣、詩句圖的撰刊風氣，這些詩學著作，大都具有啓蒙課詩、鍛鍊技巧的作用，而宋熙寧以後，科舉不再試詩賦，詩學著作的主流也逐漸爲隨意閒談評品、不標舉嚴肅撰著目的「詩話」給取代，這與科舉形式的改變，自然是有關係的。[註5] 然而，明代詩話的撰作，卻與前述科舉取士形式與

〔註2〕該文見《文獻》1991年1期，頁60～85。

〔註3〕該書爲上海古籍出版社1994年出版，引文見頁1。

〔註4〕唐代科舉試詩所以詩盛，是明人普遍的看法，如林慈於洪武二十八年（1395）爲《唐詩品彙》作序，即謂：「詩自《三百篇》而下，莫盛于唐，蓋唐以詩設科取士，故當時士大夫輩，多以詩鳴」。高棅在《唐詩品彙》的〈五言古詩敘目〉中也説：「唐世詩學之盛，上自帝王公卿，下至山林韋布，以及乎方外異人、閨閣女子，莫不願學焉，其篇什之多，不可勝紀」。然明人也思考，唐詩中以李、杜成就最高，卻爲科舉舉士所遺的意義，如王文祿《詩的》云：「唐朝以詩開科取士三百餘年，詩之名家靳止數人，惟李杜爲最，科選反遺之，詩殆難知哉」。

〔註5〕吳宏一教授在所著《清代詩學初探》中，有〈科舉考試〉的章節，討論歷代科舉以詩取士的發展情形、試帖詩的特點、清代詩學風氣與科舉試詩的關係，可參看。

詩學論著間的關聯形成挑戰，以致有必要進行明代科舉與詩話撰編的更深入
探討：

其一，明代以八股文（制義）取士，惟各州縣童生應「縣試」、「府試」、「院試」時，考試內容仍爲「四書義」與「試帖詩」，考取者稱「生員」，俗稱「秀才」。〔註6〕所以明代最初級的科舉制度中，仍如前代有「試帖詩」的考試內容，而前代詩式詩格標榜格律、講求詩法格套，有助於應付考試，在明代就以詩法「密本」、「密訣」爲號召，吸引讀者的注意。因此自懷悅《詩法源流》、黃省曾《名家詩法》、朱紱《名家詩法彙編》、梁橋《冰川詩式》、張懋賢《詩源撮要》、周履靖《騷壇祕語》、茅一相《欣賞詩法》等的編纂，有陳陳相因、有重新整編分合、有加入新法式新訣竅，甚至標榜思想解放的李贄，亦有《騷壇千金訣》的纂輯。

其二，在接下來的科舉歷程，包括「鄉試」、「會試」、「殿試」，都以經義爲考試內容，造成傾全國及有明一代的士人大都勉力於舉業之文，無暇他顧。王文祿於萬曆三年（1575）寫作《詩的》，就提到：「詩家三昧，必由悟入。今尚舉業，詩訣不傳，無知詩者」，因爲科舉而造成士子不知詩，似乎是明代詩學的重大障礙，但問題不是這麼看的。事實上，正是因爲士子不知詩，詩訣不傳，才更有利於明代詩話的發展，所以前述懷悅《詩法源流》等詩法彙編，能夠源源不絕的以「密本」、「密訣」的姿態纂輯、刊刻，甚至延續到清代、流傳到日本，〔註7〕而王文祿之所以撰著《詩的》這本詩話，也正是基於士子的不知詩、詩訣的不傳，他在卷前的〈引言〉中直謂：「唐科以詩取士，士之攻詩者眾矣，而中的者亦鮮焉，他可推也」，故「詩的」就是詩的準繩，指引讀者悟入，方可言詩。

其三，科舉對明代詩話的影響，還有一個觀察點，亦即較有自覺意識的士人並不以舉業爲滿足，常登第之後，即盡棄舉子業，而專事古文詞。〔註8〕

〔註6〕　見《歷代官制、兵制、科舉制表釋》，江蘇古籍出版社1991年版。
〔註7〕　如梁橋《冰川詩式》於明嘉靖二十八年（1549）原刊後，又有明隆慶四年（1570）刊本、明萬曆三十七年（1609）宛陵刊本、明萬曆壽槐堂刊本，此本經清人高鳳翰批點，並有日本萬治三年（1660）的刊刻，是流傳極廣、極受歡迎的詩式彙編。筆者撰有論文〈以詩學著述建構自我價值——論梁橋《冰川詩式》與明代詩學面相〉（《漢學研究》，22卷2期，頁95～119，2004年12月），可參考。
〔註8〕　關於明代士人登第後盡棄舉子業，專事古文詞，筆者論文〈明代詩歌啟蒙教習研究——由王世貞的學詩經驗談起〉（《漢學研究》，28卷1期，頁157～180，

這些人常是詩文壇或政治界的主導者，如李東陽、李夢陽、王世貞等。這些主導者通常運用詩話的撰著，申說詩學理念、主導詩歌的學習與寫作，另方面也作爲「游於藝」說詩解頤之資或黨同伐異的工具。而登第對他們的意義，不只是人生的轉捩點，通常也是他們參與詩壇、嶄露頭角的開始，是故科舉的舉拔人才，間接提供人才在詩學會聚上的機會，加速詩社、詩派的集結，也豐富了明代的詩壇。〔註9〕

當然，以上所言科舉對明代詩學的助益，仍是較集中於少數的詩壇精英立論。至於民間的情形，謝肇淛《小草齋詩話》卷一〈內篇〉評騭當世詩壇現象時，曾提出的「詩之七厄」說，其中的第一厄、第二厄即較全面的指出一些實況：

> 今之士子，幼習制義，與詩爲仇，程課之外，父母師友禁約不得入目。及至撥高第玷清華，猶不知四聲爲何物、蘇李爲何人者，求田問舍，懵然老死，此一厄也。其有雋才逸足，不甘爲公車所束縛，然門徑未得、宗旨茫然，既無指引切磋之功，又無廣咨虛受之益，如瞽無相，師心妄行，故或墮於惡道，迷謬不返，或安於坐井，而域外未窺。縱有美才，竟無成就，此亦一厄。

謝肇淛揭露明世熱中科舉制義，時人反對子弟涉獵古詩文的情形，讓我們思考現今文學史、批評史所呈現的文學現象，畢竟有其片面與狹隘性。而文中提到時人學詩有門徑未得、缺乏師說指引、墮於惡道的情形，以及該詩話另外所指出的「詩厄」，有世胄公子竊他人之詩作詩集以爲己作，欺世盜名，以及山人以詩傲睨不可方物，饑則依人，飽則颺去等等，則見當世詩歌的創作、講論，是士人在科舉時文之外，顯揚才名或換取衣食的一個途徑，也是評價人物的一個檢視基準。

2010 年 3 月）有所討論，可參考。

〔註9〕明代知名詩人或詩論家中舉後開始詩學活動，以及集結詩社與詩派的例子，屢見不鮮。如明代中葉以李東陽爲首的「茶陵派」，就是李東陽與同官、門生陸續集結而成，連剛考上進士的李夢陽、何景明也不能例外。後來該派在正德年間宦官劉瑾爲惡，李東陽與之周旋，名聲大壞後趨於沒落，筆者有《明代茶陵派詩論研究》（東吳大學中研所碩士論文，1989 年）可供參考。廖可斌《明代文學復古運動研究》，對於後七子詩社的形成，包括李攀龍、王世貞等先後中進士，同官於刑部，於刑部結社情形，及在嘉靖年間所掀起的復古派高潮，有詳細論述，可參考。

第二節　明代詩話的時間分期

　　明代詩話隨著時間的推移，有其發展的不同階段與面貌，本論文即依照明代詩話的演進實況，大致畫分初期、中期、晚期三個時期以方便論述與檢視，分別是：

　　　初期：洪武至成化年間（西元一三六八年至一四八七年）

　　　中期：弘治至隆慶年間（西元一四八八年至一五七二年）

　　　晚期：萬曆至崇禎年間（西元一五七三年至一六四四年）

這樣的分期，基本上與袁震宇等著《明代文學批評史》畫分「明代前期的詩文批評」、「明代中期的詩文批評」、「晚明的詩文批評」三個階段，以及周維德在《文學批評與欣賞》中〈明代詩話發展的幾個階段〉所作的「初期」、「中期」、「晚期」的分期是一致的，因此，關於這三個分期的詩壇情勢，前人的研究心得與相關論述，是可以作爲本論文的輔益。不過，關於本論文如何將明代詩話一一織入這三個時間分期，以及本論文如何呈現明代詩話的時間特色，仍有幾點必須更加說明：

　　其一，本論文先依照明代詩話的存佚與纂輯情形，區分「現存明代詩話」、「已佚的明代詩話」及作者本無詩話著作而由後人所輯錄的「後人纂輯之明代詩話」三個獨立的部分。再將各部分的詩話按照時間區分「初期」、「中期」、「晚期」，其中無法繫年的詩話，則另置於「無法分期的明代詩話」類目當中。

　　其二，由於本論文的論述以詩話爲主，所以首要的著眼點是明代詩話的實際撰編時間。如蔣冕生於天順七年（1463），卒於嘉靖十二年（1533），享年七十一歲，所以他是兼跨明代初期、中期的人物，而他所撰作的《瓊臺先生詩話》應如何分期？據該書卷前蔣冕的自序，知是書爲其少作，寫成於成化十七年（1481），當時才十九歲，因此，本論文即以是書撰作的時間，將之視爲明代初期的詩話。

　　又如王文祿的生卒年不詳，然所著《詩引》卷前有引文，係寫於萬曆三年（1575），所以該詩話即編入明代後期。又如李贄的《騷壇千金訣》，雖沒有確切的編纂時間，但據袁宏道〈枕中十書序〉，知是書爲李贄罹禍自殺前數年的作品，李贄卒於萬曆三十年（1602），故是書爲明代晚期的詩話。部

分寫作或刊刻於朝代遞嬗之間的詩話作品，也以詩話的大致撰作時間斟酌畫分，並不強硬區分朝代，如馮舒一般認定爲「清人」，然所著《詩紀匡謬》，主要糾正馮惟訥《古詩紀》的誤失，在崇禎六年（1633）已撰有自序，故此書成於崇禎間，爲明代晚期詩話。

其三，有見於明人參與詩學活動及撰作詩話，常在中得功名之後，所以，本論文爲了較能展現明代詩話撰作的實際，不採取傳統按作者生年編排的方式，凡是詩話編輯撰寫時間無法考知者，就檢視詩話作者有否求得功名以及中舉的時間，來編排詩話的分期。如何孟春撰有《餘冬序錄》，該書的論詩部分，後人輯爲《餘冬詩話》單獨刊行，何孟春生於成化十年（1474），卒於嘉靖十五年（1536），年六十三，其於弘治六年（1493）中進士，師事李東陽，並加入茶陵派的論詩行列，因此本論文即根據何孟春中進士並展開詩學活動的時間，將《餘冬詩話》歸入明代詩話的中期。

其四，如果詩話的撰編時間無法考知，作者生平又不詳，則參考詩話的刊刻時間加以分期，如朱紱、徐珪、宛嘉祥等合編的《名家詩法彙編》，朱、徐、宛等人生平均不詳，然該書爲萬曆五年（1577）潛川朱氏所刊刻，因此本論文將該詩話彙編視爲明代晚期詩話。

其五，如果詩話的撰編與刊刻時間不明，作者也不一定有清楚的生平資料，則會參酌詩話的著錄書目等相關資訊，尋找詩話分期的可能。如藏書家晁瑮卒於嘉靖三十九年（1560），其《晁氏寶文堂書目》所著錄詩話，如《海鶴亭詩話》、《詩學題詠》、《詩法拾英》等，均不著撰人姓名，也無撰刊著錄，但應爲嘉靖年間及之前的著作，故本論文將這些詩話置於明代中期。〔註10〕

關於明代詩話的時間分期，還有不少細瑣的問題，請詳見本論文各詩話的考述。此外，本論文所附〈明代詩話撰輯及刊刻相關年表〉，將相關時間資料統合呈現，對於明代詩話的時間分期，也提供了部分的查閱檢索功能。

〔註10〕由於《海鶴亭詩話》等作品，未見其他著錄，筆者也特別比對郭紹虞《宋詩話考》、蔡鎮楚《石竹山房詩話論稿》中〈元代詩話考略〉，以見上述詩話是否爲明代以前的作品，但無所獲，因此，晁瑮所著錄的這些詩話有可能即爲明代的作品，且爲嘉靖年間或之前的著作，特此註明。

第四章　明代詩話的作者與讀者

第一節　明代詩話的作者

　　本章節對於明代詩話作者的討論，主要就「詩人與詩話的撰著」、「明代詩話作者的身分」、「明代詩話作者的籍貫」三個命題來談。第一個命題著重思考李夢陽、袁宏道、鍾惺等明代重要詩人均未寫作詩話，究竟寫作詩話是否必要？第二個命題則可見出明代詩話撰作的普及程度，以及不同身分作者的不同撰作目的與寫作態度。第三個命題則見出明代詩話寫作的地域性分布，以及地域的不同是否影響著詩話的內容。〔註1〕

一、詩人與詩話的撰著

　　考察各書目或方志藝文志、經籍志的著錄，會發現明代詩話的著作和刊行，較之個人詩文別集，數量明顯偏少，其原因與詩話這種撰作體制的「尷尬」有關，詩話既有「以資閒談」的傳統，就不如詩文別集能夠體現個人的創作才華。詩話具有講論詩法、詩訣、指導寫作的「專業性」要求，游道須廣，蒐羅要富，就非人人皆有寫作條件。所以詩文別集人人可寫，言之有物的詩話卻不一定人人可為。

　　然而詩話與詩文別集相較，數量雖是不如，但二者其實是相輔相成、相互烘托，共同從理論的講求及實際的書寫等方面，打造明代的詩學業績。所

〔註1〕本章節討論明代詩話的作者與讀者，構思來自吳宏一教授《清代詩學初探》，謹此註明。

以，李夢陽、何景明、袁宏道、鍾惺、譚元春等各領一時風騷的詩壇領袖，他們選擇在詩文集中表達與實踐詩學見解，而沒有實際寫作詩話，但他們仍舊在後人的詩話中以各種正面或負面的形象現身。像李夢陽詩說常成為胡應麟《詩藪》的不刊之論，〔註2〕而袁宏道、鍾惺謂「漢魏不能為《三百》，唐人不能為漢魏」，又評明人「多法古人，不能自創自立」，就出現在許學夷的《詩源辨體》，只是被解為「背古師心，詭誕相尚，於道為離」。〔註3〕不論稱說或攻詰，他們詩學言論都藉由詩話的傳布，持續著影響力。更有趣的是，有些後人乾脆纂輯這些詩壇領袖的詩論，編成詩話，偽稱所著，加以流傳。所以何景明有《詩話》附於《大復山人詩集精華錄》之後，李攀龍有《詩文原始》，鍾惺有《詞府靈蛇》，所以可以這麼說，他們沒有撰作詩話，卻不會在詩話中缺席。

若由這個角度思考，詩話的寫作似乎沒有絕對的必要，因為沒有寫作詩話的人不妨礙詩學觀念的散播，寫作詩話的人也不一定成為詩學巨擘。只是，本身不寫作詩話而能被後人詩話持續的稱說或謾罵，或是詩學見解夠精彩、知名度夠高，能被後人纂輯其詩說的，就是少數幾位詩壇人物而已。何況，寫作詩話還有其他的目的與功能，特別是詩話的寫作上既有隨筆閒談的性質，也有嚴謹責求的理論面，不論優秀的知識份子，或三家村學究，不論嚴肅立說，還是拾人牙慧，只要是有心人都可以藉由詩話尋得寄情、發揮的天地。所以詩話雖不如詩文集之人人可為，但寫作風氣仍頗興盛，這是討論明代詩話的作者之前，必須先正視的前題。

二、明代詩話作者的身分

前面提到「不論優秀的知識份子，或三家村學究，不論嚴肅立說，還是拾人牙慧，都可以藉由詩話尋得寄情、發揮的天地」，正是明代詩話撰編上的現象，也造成詩話內容的良莠不齊。由於本論文對於各詩話作者的生平皆逐一考述，以下將重點勾勒作者身分的類型，以見一斑。

〔註2〕胡應麟《詩藪》〈內編・近體中・七言〉即謂：「漢、唐以後談詩者，吾於宋嚴羽卿得一悟字；於明李獻吉得一法字，皆千古詞場大關鍵」。該書也數稱引何景明詩論，如〈內編・古體中・五言〉謂：「何仲默云：『陸詩體俳語不俳，謝則體語俱俳』，可謂千古卓識」。

〔註3〕許學夷對袁氏、鍾氏的批評，見其〈詩源辨體自序〉，該序並謂：「予《辨體》之作，實有所懲云」。

　　明代詩話最主要的作者是考中進士、學而優則仕的知識精英，他們的詩學活動往往隨著考中功名以及任官而開展，像前文討論科舉對詩話撰作的影響時，提到在內閣、翰林院活動的茶陵派，及以刑部為中心會聚的後七子等等，不勝枚舉。撰作詩話可能是他們詩學聚會的記錄，如成化二十年（1484）進士楊循吉官於北京，將與同官相聚的情形記錄為《七人聯句詩紀》。有用詩話作詩學意見的宣示、詩學功力的展現，如正德十六年（1521）進士邵經邦撰《藝苑玄幾》、嘉靖二十六年（1547）進士王世貞撰《藝苑卮言》等。有個人談藝敘事的情趣所寄，如嘉靖八年（1529）進士皇甫汸撰《解頤新語》、隆慶五年（1571）馮時可著《藝海泂酌》、萬曆二十六年（1598）進士鄧雲霄官於南垣所著《冷邸小言》等。

　　此外，中進士之後外放任官者，在任所山川風物人情的感受下，發展出特殊的詩話撰作形式。如萬曆二十三年（1595）進士曹學佺任職四川右參議，即撰有卷帙龐大的《蜀中廣記》，其中包括《詩話記》。隆慶五年（1571）進士郭子章亦是「宦蹟所至，隨地著書」，他的故鄉是江西，因此集結論其鄉人之詩與詩之作於其鄉者，上自古初，下迄於明，成為《豫章詩話》一書，開創詩話中專門著錄一地詩文詩事的新體例。這些精英知識份子的投入，對於締造明代詩話的成果，深有貢獻。

　　明代詩話的作者也有相當數量的「在野」知識份子，他們有些是舉人、生員，有些謝去舉業，有些則是辭官歸里。他們較沒有公事的紛擾、政治上黨同伐異的顧慮，對於詩學懷抱熱情，在詩話的撰作與整編上，常是傾一生的目力、精力，以嚴肅的撰作態度，企圖透過詩話來立言不朽，同時也經營出詩話寫作的極自由寬廣的空間。例如萬曆間馮復京《說詩補遺》的撰作，是針對「凡今之人，守琅琊之《卮言》，尊心寧之《品彙》，羽北海之《詩紀》，信濟南之《刪選》，謂子美沒而天下無詩」之論，所以他歷觀唐人諸集，兼及漢、魏、六朝之作，從辨體辨格入手，用「一生目力」，寫成此書，用以否定七子詩有定格、句字摹擬的論調。萬曆時居住在潛川鄉里的朱紱、徐珪、宛嘉祥等，則合作將前代詩格詩法秘訣重新纂編校刊，成《名家詩法彙編》，加以流傳。崇禎六年（1633）貢生陸時雍，從事編選《古詩鏡》、《唐詩鏡》的浩大工程，並撰寫《詩鏡總論》總結一生的詩學造詣，也成為明代詩話在「神韻」詩論上的重要業績。

　　明代詩話作者中的「在野」士人，還有為數不少的「山人」。他們依靠

詩歌求取衣食，在正規的讀書人眼中，視爲「詩厄」，如謝肇淛《小草齋詩話》卷一〈內編〉提到「詩之七厄」，其第七厄就是：

> 落魄謀糈，懷刺干人，生平素業，不過數紙，而傲睨凌忽，不可方物。饑則依人，飽則颺去，動藉口於古無行之文人，而究其胸中，枵若敗絮，徒令有志之士，羞與爲伍，以千古不朽之業，而僅爲嗟來藉手之資，此又詩之一厄。

《明世說新語》卷五〈棲逸〉則記載了山人的另一種面目，反映山人的眞性情：「黃勉之（黃省曾）自稱山人，其友戲之曰，子誠山人也，癖耽山水，不顧功名，可謂山興；瘦骨輕軀，乘危涉險，不煩筇策，上下如飛，可謂山足；目擊清輝，便忘醉飽，飯纔一溢，飲可曠旬，可謂山腹；談說形勝，窮狀奧妙，含腴咀雋，歌詠隨之，若易牙調味，口欲流涎，可謂山舌；解意蒼頭，追隨不倦，搜奇以報主人，可謂山僕。謂之山人宜哉」。當然，山人中不乏具有眞才實學者，他們透過詩話宣講詩學見解，如謝榛著有《四溟詩話》、黃省曾編有《名家詩法》、周履靖著《騷壇秘語》、顧元慶著《夷白齋詩話》等。

明代詩話的作者還包括了刻書販售的書賈，特別是嘉靖、萬曆年間圖書刊刻的興盛，不但加速詩話著作的撰編與刊行，連書賈也加入詩話纂編的行列。如萬曆間杭州胡文煥編刊《格致叢書》，就將大部頭詩法叢書《詩法統宗》刊入其中，這部書是以南宋陳應行《吟窗雜錄》爲底本，重新分合整編。又如福建建陽余象斗編刊《詩林正宗》，也是一部薈萃前人詩說、明辨詩體的詩學參考書。書賈加入詩話纂編工作，顯示詩話的撰編已不是「精英圈」的專利，而是「大眾圈」也可以加入纂編，表達自己的詩觀、喜好與需求。

明代詩話的撰作，還有一批藏書家的參與。就葉昌熾《藏書紀事詩》對於藏書家的著錄，列爲藏書家並撰有詩話的明代文人，至少就有朱權、葉盛、沈周、楊循吉、陸深、都穆、黃省曾、顧元慶、朱承爵、俞弁、王世貞、王世懋、顧起經、趙世顯、胡應麟、謝肇淛、曹學佺、胡震亨、陳第、趙宧光、陳繼儒、毛晉等，他們藏書的宏富，攸關於識見、學問與閱歷的增進，對於詩話「游道須廣，蒐羅要富」的要求，及考證論述的精到與謹嚴，自然是提供極大的助益。所以，像胡應麟的《詩藪》能夠集格調詩說的大成，他對於明代詩歌創作的引領與企圖，是要超越宋、元，與漢、唐鼎足成三。胡震亨能夠以個人的力量撰作《唐詩統籤》，這部鉅著並成爲清乾隆時編纂《全唐

詩》的底本。這樣令人咋舌的成績，與他們豐富的藏書以及胸中宏富的蓄積
有關，由於他們的投入明代詩話的撰作，使明代詩話確實超越前代詩話的牢
籠與成就，開創詩話更寬廣的天地。

　　明代詩話也不乏思想家的參與寫作。如湛若水纂輯其師陳獻章的詩說成
《詩教外傳》。而以明經遊學官的沈瀹，則針對當世「自朱氏之學行世，學者
動以根本之論，劫持士習，謂六經之外，非復有益，一涉詞章，便爲道病」
〔註4〕的風氣，纂輯朱熹的詩說成《晦庵先生詩話》，以明朱熹未嘗不言詩。
又如崇禎間胡正言所刊葉廷秀所著《詩譚》，全書以性理、心學說詩，堪稱集
性理詩說的大成。

　　最特別的是，明代詩話開始有女性的參與寫作，那是明萬曆、崇禎間桐
城的閨秀詩人方維儀，她著有《宮闈詩評》，是專門評品女詩人詩作的詩話。
〔註5〕此外，也有軍事家的參與寫作，如陳第著有《讀詩拙言》、茅元儀著有
《藝活甲編》。也有隱士的寫作，如明末嚴首昇的《瀨園詩話》，不過，這本
詩話今已未見。

　　明代詩話的作者，還有不少出自詩學世家。如王圻編有《古今詩話》，其
孫王昌會編有《詩話類編》。郭子章著有《豫章詩話》，其子郭孔太著有《續
詩話》。黃省曾編有《名家詩法》，其姪黃德水著有《明詩紀事》。王世貞著有
《藝苑卮言》，其弟王世懋著有《藝圃擷餘》等。總之，明代詩話的作者，包
括在朝的官吏、在野的知識份子，包括山人、藏書家、思想家、書賈、軍事
家、隱士，甚至包括女性，詩話的撰著風氣可謂相當興盛。

三、明代詩話作者的籍貫

　　以明代詩話作者的籍貫，探討明代詩話寫作的地域性分布，以及地域的
不同是否影響著詩話的內容，是個有趣的研究角度。我們以現存及已佚的明
代詩話作者爲觀察點（不包括後人所輯錄的明代詩話），編製「明代詩話作者
的籍貫便覽表」，可以大致見出地域性分布：

〔註4〕此段文字出自文徵明《甫田集》（臺北：臺灣商務印書館影印《文淵閣四庫全
　　　　書》本，1983 年），卷 17，〈晦庵詩話序〉。
〔註5〕關於方維儀《宮闈詩評》的研究，筆者已撰論文〈詩史可有女性的位置？——
　　　　以兩部明代詩話爲論述中心〉（《漢學研究》，17 卷 1 期，頁 177～200，1999 年
　　　　6 月），可參考。

江蘇地區：

蘇州府——黃省曾、袁一虬、胡之驥、葉弘勳（以上蘇州）；楊循
吉、徐禎卿、都穆、黃河水、高鉉（以上吳縣）；徐駿、王
良臣、馮復京、毛晉、馮舒（以上常熟）；陸子高、沈周、
顧元慶、俞弁、皇甫汸、陳仁錫、朱隗（以上長洲）；王世
貞、王世懋、陳瑚（以上太倉）；葉盛、俞允文（以上崑山）；
莊元臣、吳默（以上吳江）；楊徽元、沈瀹（以上嘉定）；秦
約（崇明）。

松江府——張弼、徐獻忠、馮時可、章憲文、陳繼儒（以上華亭）；
陸深、張之象、王圻、王昌會、張鶚翼、沈求（以上上海）；
周裡（婁縣）。

常州府——蔣一葵（常州）；朱承爵、許學夷（以上江陰）；顧起經、
尤璿、顧起綸、周子文、華宗康（以上無錫）。

揚州府——蔣主忠（儀真）；朱曰藩（寶應）；冒愈昌（如皋）；金志
堅（高郵）。

應天府——姚福、黃甲（以上上元）；孫國敉（六合）。

浙江地區：

嘉興府——懷悅、周履靖、陳懋仁、項嘉謨、李天植（以上嘉興）；
徐泰、王文祿、胡震亨、李璋（以上海鹽）；陸嘉淑、周敬（以
上海寧）；袁黃（嘉善）；吳統持（秀水）。

寧波府——馮忠、張鈇、陳茂義、張謙（以上慈谿）；魏俌、陳沂、
屠本畯、張時徹（以上鄞縣）；宋儒（奉化）；張懋賢（四明）；
陸時雍（桐鄉）、張鉞（鎮海）；孫勝（長壽泉口）。

杭州府——瞿佑、田藝蘅、陳雲式（以上錢塘）；姜南、張蔚然、胡
文煥（以上杭州）；邵經邦（仁和）。
按：杭州與仁和即古錢塘地，三者為同一區域。

湖州府——陳霆、蔡汝楠（以上德清）；茅一相、金鏡（以上吳興）；
唐元竑（烏程）；茅元儀（歸安）。

紹興府——劉績、王堥（以上山陰）；孫鑛（餘姚）。

溫州府——孫昭（溫州）；朱諫（樂清）；王應辰（永嘉）。

台州府——陶宗儀、蔡餘慶（以上黃巖）。

金華府——胡應麟（蘭谿）。

處州府——朱家瓚（遂昌）。

江西地區：

　　吉安府——郭孔太（吉安）；周敘、陳德文（以上吉水）；郭子章（泰
　　　　　　和）。

　　撫州府——王經（金谿）；單宇（臨川）；周霈（崇仁）。

　　臨江府——晏若川、簡紹芳（以上新喻）；朱孟震（新淦）。

　　饒州府——閔文振、程先民（以上浮梁）；汪彪（樂平）。

　　南昌府——胡儼（南昌）；游潛（豐城）。

　　建昌府——譚浚、季汝虞（以上南豐）。

　　九江府——丁孕乾（德化）。

　　廣信府——黃溥（弋陽）。

福建地區：

　　福州府——陳焯（福州）；凌雲、董養河（以上閩侯）；趙世顯（侯官）；
　　　　　　陳第（連江）；謝肇淛（長樂）。
　　　　　　按：閩侯即合併閩縣與侯官兩縣。

　　泉州府——李贄、莊一俊（以上晉江）；阮旻錫、林霍（以上同安）。

　　興化府——陳音、林希恩、蘇之琨（以上莆田）。

　　福寧府——郭文詢、繆邦珏、丁烓（以上福安）。

　　建寧府——余象斗（建陽）；張嬴（浦城）。

　　邵武府——江兆興（泰寧）。

　　漳州府——鄒茂材（麟洋）。

安徽地區：

　　徽州府——查光懷（徽州）；洪舫（歙縣）；李爵（祈門）；孫陽、汪
　　　　　　循（以上休寧）。

　　安慶府——朱紱、徐珏、談轕、宛嘉祥（以上潛川）；方維儀（桐城）。

　　太平府——楊成（三山）。

山東地區：

　　濟南府——黃臣（濟陽）；劉世偉（陽信）；程珤、盧世㴶
　　　　　　　（以上德州）；高毓秀（海豐）；王象春、王圖鴻（以上新城）。

　　東昌府——謝榛（臨清）；葉廷秀（濮州）。

　　青州府——黃卿（益都）；傅應兆（臨朐）。

　　登州府——宋孟清（萊陽）。

　　兗州府——王偕（曹縣）。

　　萊州府——趙士喆（掖縣）。

湖北地區：

　　承天府——鍾惺、譚元春（以上竟陵）；郝敬（京山）。

　　黃州府——王兆雲（麻城）。

　　荊州府——王用章（江陵）。

湖南地區：

　　長沙府——王偉（攸縣）；李東陽（茶陵）。

　　常德府——江盈科（桃源）。

　　岳州府——嚴首昇（華容）。

河北地區：

　　眞定府——梁橋（眞定）；宋登春（新河）。

河南地區：

　　南陽府——李蔭（內鄉）。

　　開封府——王述古（禹州）。

四川地區：

　　成都府——楊愼（新都）。

　　潼川府——謝東山（射洪）。

　　嘉定州——安磐（嘉定州）。

廣東地區：

　　廣州府——熊一源、盧龍雲（以上南海）；鄧雲霄（東莞）；黃淳（新
　　　　　　　會）。

　　廣西地區：

　　　　桂林府──蔣冕（全州）。

　　山西地區：

　　　　太原府──陳時道（太谷）。

　　陝西地區：

　　　　西安府──王樵（周至）；康萬民（武功）。

這個便覽表所列的地域名稱，以民國以來的江蘇、浙江等行政地區為畫分基
準，其下則註明明代的府、縣地名，以便將各詩話作者籍貫進行古今對照，
主要根據譚其驤主編《中國歷史地圖集──元、明時期》。〔註6〕要強調的是，
此便覽表旨在提供明代詩話作者地域分布上基本的線索，並未兼及詩話作者
宦游、行跡所至的地域，如李東陽是湖南長沙府茶陵州人，其一生大多在京
師活動；楊慎是四川成都府新都縣人，卻因貶官而在雲南老死，這個部分必
須對照參看本論文對於各詩話作者的考述，方能全面的了解。

　　在這個便覽表中，以江蘇籍的詩話作者最多，其次是浙江，再其次分別
為福建、江西、山東、安徽，可以大致看出各地的詩話撰作風氣。其中，江
蘇、浙江之外，福建的詩話撰編風氣頗盛，實肇自當地自明初林鴻、高棅以來
即詩學興盛，也與當地刻書業的發達有關。胡應麟《少室山房筆叢》卷四即
指出明世的刻書以江蘇、浙江、福建最盛：

　　　凡刻之地有三：吳也，越也，閩也。蜀本，宋最稱善，近世甚稀。
　　　燕、粵、秦、楚，今皆有刻，類自可觀，而不若三方之盛。其精，
　　　吳為最；其多，閩為最，越次之。其直重，吳為最；其直輕，閩為
　　　最，越皆次之。

刻書最盛的三個地區，正好也是詩話撰編風氣最盛的地區，說明了刻書業對
詩話撰作風氣的強烈影響。而山東也很引人注目，該地除了詩話寫作興盛，
也產生了後七子的領袖李攀龍，甚至風氣持續到清代，王士禛、趙執信等重
要的詩話作者亦皆出自山東。

　　如果將明代詩話的撰作地域，進一步與清代詩話的撰作地域聯繫起來
看，可以發現其一致性。筆者老師吳宏一教授在所著《清代詩學初探》談到
作者的地域關係時，引梁啓超〈近代學風之地理的分布〉一文，指出江蘇的

────────────

〔註6〕譚其驤主編《中國歷史地圖集──元、明時期》，上海：地圖出版社，1982年
　　　出版。

蘇常松太和浙江的杭嘉湖一帶詩學最盛，詩話的作者也最多，其次才是江寧
淮揚一帶和河北、山東等地。他並指出「有清一代，江浙一帶詩學特盛，到
了末季，閩粵一帶雖然有取而代之之勢，但是江浙詩風未沫，因此我們可以
說清代詩學以江浙爲中心」，這段話置於明代也是可以成立的，由此可看出清
代詩話與明代詩話的承繼關係。

地域性對詩話的內容是否有影響？李東陽《懷麓堂詩話》曾提到「今之
詩，惟吳、越有歌，吳歌清而婉，越歌長而激，然士大夫亦不皆能」，說明江
蘇、浙江地方上詩歌可歌的特色，也指出兩地詩歌曲調的不同特點，所以，
就詩歌的風格而言，確實會因爲地域不同而展現各異的面貌。

但就詩論的方面來看，明代復古風氣可謂全面性的籠罩各地，差別只是
在於復古的取法宗主、方法的運用、復古的程度等等不同，而這些「不同」
會在地域上有所反映。例如江蘇的吳中地區，詩文有著崇尚齊梁六朝之風的
傳統，順任性情，重視趣味，講究浪漫和自然，像錢謙益《列朝詩集小傳》
評述徐禎卿時即謂，徐禎卿早年與唐寅、祝允明、文璧齊名，號稱「吳中四
才子」，他於唐代詩家中特喜劉禹錫、白居易，又「沉酣六朝散華流豔文章風
月之句」。

但地域上的影響，並不是絕對的。以徐禎卿來說，他登第之後，就受到
李夢陽、何景明的影響，論詩改趨於漢、魏、盛唐，並與二人鼎足爲三，成
爲前七子中的重要人物。雖然徐禎卿《談藝錄》的論詩並不全然照著李、何
的路子走，反而兼融吳中重視性情、趣味，講究自然與浪漫的特色，甚至被
李夢陽批評爲「守而未化」，卻可見出徐禎卿的出身吳中，並非決定其詩話內
容的絕對因素。

錢謙益的《列朝詩集小傳》的著錄，極力的強調詩文的地域因素，所以
該小傳的「陳太僕沂」傳有謂：

> 於時大江南北文士，稱朱（朱應登）、顧（顧璘）、陳（陳沂）、王（王
> 韋）四家。朱、顧皆羽翼北地，共立壇墠，而魯南能另出手眼，訟
> 言一時學杜之弊，欽佩（王韋）亦與之同調。江左風流，至今未墜，
> 則二君蓋有力焉。

錢謙益強調陳沂對於「江左風流」的護衛有功，「江左風流」就是南方的詩
壇風氣，用與「北地」李夢陽等的學杜風氣相對。陳沂是浙江人，但一生主
要的活動是在南京，所以與朱、顧、王等南京的詩人齊名。他撰有詩話《拘

虛詩談》，書中主張杜詩「聲洪氣正，格高意美，非小家粧飾」，強調杜詩的才大不拘，而「後學茫昧，特拾其粗耳」，這自然是針對當世的不善學杜者而發，講得頗為中肯。然而，以陳沂對於「江左風流」的堅持，對照於另兩位詩歌成就較高的南京詩人朱應登、顧璘的「羽翼北地」，恐怕難以比併。故《明詩紀事》丁籤卷五陳田按語就針對錢謙益的評述提出不同看法，謂陳沂「論詩針砭北地之失，可謂談言微中，但其所作，去北地乃不可以道里計，牧齋援魯南以攻北地，譬如挾邾莒小國以抗齊楚，多見其不自量也」。

有趣的是，朱應登是李夢陽的追隨者，他的兒子朱曰藩有見於當世學杜拆洗活剝之病，轉而學習六朝，尊奉遠在雲南的楊慎為詩學偶像，並撰有詩話《七言律細》。〔註7〕所以，以詩話的撰作來看，地域的影響並非絕對，地域的不同也不全然是明人黨同伐異的焦點。

第二節　明代詩話的讀者

明代詩話的讀者，主要以知識份子為主，其傳播的方式、路徑不一。有書成尚未刊刻，就在友朋間展閱討論，如單宇在成化元年（1465）所寫的〈菊坡叢話序〉，就提到其寫成《菊坡叢話》之後，「每佳士至，則出觀而陶論之，雖或見笑於大方，未必無益於初學」。

有因為詩話的卷帙龐大，而陸續刊刻、在師友間次第流傳。如馮時可的《藝海泂酌》，卷次極為龐大，有《經乘》、《先秦乘》、《漢乘》、《魏乘》，以及晉、宋、梁、陳、隋、唐、宋、元、明諸乘，刊刻不易，所以馮時可的座師王家屏在萬曆二十九年（1601）寫的〈藝海泂酌唐乘引〉，就只讀得《唐乘》，因而敦促馮時可趕快將其餘諸乘付梓。張以誠在萬曆三十年（1602）為《晉乘》撰〈晉乘題辭〉也只讀到《晉乘》，而「恨未悉拾諸乘」。現今這部龐大的詩話也就只留下《晉乘》、《唐乘》，其他諸乘則只有書名，無法考知當時是否曾經刊刻。

又如許學夷所著《詩源辨體》，詩論的部分共三十八卷，另外又附有選詩一萬八百三十七首，卷帙相當龐大。然他家貧無力刊刻，先於萬曆四十一年（1613），在友朋二錢、五錢、一兩、五兩的集資之下，刊刻了先寫成的十六

〔註7〕關於朱曰藩，《列朝詩集小傳》丁集有他的小傳，本論文也有《七言律細》的討論，可參看。

卷。許學夷在此本卷前的序文中記錄刊刻經過，也提到他的書因爲尋求刊刻機會，以及館甥的傳布，使得稿本流傳了出去：

> 先是館甥徐振之亦爲余傳是書，而吳中人多有抄本，然中多未竄訂，恐予身後或有竊化書爲己物者。

《詩源辨體》還未刊刻就已經在吳中快速的傳抄，顯見詩話流傳之快，以及受讀者歡迎的程度。許學夷深怕被他人竊爲己有，不是沒有道理的，前面曾引過的謝肇淛《小草齋詩話》所提到「詩之七厄」，其中一厄就是：「文苑清曹，世胄公子，勢可羅賢，財能使鬼，長篇短什，一概借手他人，而久假不歸，嚻然自負，有文集百卷，而目不識一丁者，欺世盜名，穿窬之靡，此又一厄」，指出當世竊取他人之作以爲己作、欺世盜名的風氣。最終這部《詩源辨體》是在許學夷死後，由其女婿陳所學在艱困中刊刻了詩論部分的三十八卷，至於所附的詩選則因無力刊刻而亡佚。這說明卷帙的過於龐大到底造成了流傳的困難，《藝海洞酌》是如此，《詩源辨體》亦然。

不過，明代刻書的興盛，使得詩話的傳刻速度快、流傳廣，特別是一些名家之作，不數年即一版，不但顯示讀者眾多，也加速詩學名家的影響力，其傳播效益是十分卓著的。例如王世貞的《藝苑卮言》，現在可以見到在明萬曆間的刊刻，至少就有萬曆十七年（1589）武林樵雲精舍刊本、明萬曆十九年（1591）累仁堂刊本、明萬曆間鄒道原刊本，刊刻堪稱密集。而梁橋的《冰川詩式》自嘉靖二十八年（1549）原刊，又有明隆慶四年（1570）刊本、明萬曆三十七年（1609）宛陵刊本、明萬曆壽槐堂刊本等等，也流傳到日本，有日本萬治三年（1660 一）的刊本，這些版本是今日可見的，說明了《冰川詩式》是一本具有市場的長銷書。

詩話在知識分子間的流傳，也有以詩法秘本、秘笈爲號召，也有在詩社社員間流通閱讀之用，也有成爲藏書家的重要收藏。如祁承㸁的《澹生堂書目》，對於在萬曆年間及萬曆以前所創作的詩話，著錄及收藏之豐富，令其後的公私書目頗爲失色，亦可見詩話在當世深具行銷魅力，能獲藏書家青睞。

明代詩話除了在知識分子間流傳，還有啓蒙的作用，也就是詩話直接可以作爲詩歌啓蒙的教本，這也是明代詩話的獨特任務。像黃溥在成化五年（1465）刊刻所著的《詩學權輿》，就是作爲「以課家塾」的教本，而是書的刊刻速度也快，成化六年（1470）就有熊斌再予刊刻，但其後是在天啓五年（1625）才有復禮堂的刊本，中間差距五十餘年，今已無法推知其間的刊刻

變化情形。不過該書曾被趙琦美《脈望館書目》著錄於〈詩話類〉及被許學
夷的《詩源辨體》徵引，以及被《四庫全書總目》著錄於〈總集類〉，顯見其
於成化初年持續流傳至明代的晚期，不但是源遠流長，而且是一部受到重視
的書。同樣爲兒童或初學者服務的，尚有明代初年王偉《詩學正蒙》、華宗康
《詩學啓蒙》，及明代中期汪彪《全相萬家詩法》等，都是講述兒童或初學者
的學詩方法，可惜這些書以訓蒙爲務，用過之後多半被輕擲，今已難於一見。

　　此外，前面提到詩話的卷帙過於龐雜，不利於刊刻與流傳，但詩話的卷
帙過於短少，也容易散佚。不過，明代詩話的編刊者，巧妙的發展出「詩話
叢書」的新形式。如揚州知府楊成所纂輯的《詩話》，就收錄宋人劉邠《劉邠
貢父詩話》、歐陽修《六一居士詩話》、司馬光《司馬溫公詩話》、陳師道《後
山居士詩話》、呂居仁《東萊呂紫微詩話》、周紫芝《竹坡老人詩話》、許顗《許
彥周詩話》、張表臣《張表臣詩話》等當時較少見的詩話，使這些詩話可以得
到讀者的閱讀，不致泯沒。或許由於編纂的意義重大，也可能是選錄的內容
深受歡迎、供不應求，所以弘治三年（1490）又由繼任的揚州知府馮忠，將
其中的歐陽修《六一詩話》、司馬光《溫公續詩話》、劉邠《中山詩話》、陳師
道《后山詩話》及呂本中《紫微詩話》，另外編刊爲《宋詩話五種》流傳。自
此就開啓了明、清以迄現代不絕如縷的詩話叢書編刊風氣。

　　前述胡文煥的纂輯《詩法統宗》，說明書賈也加入詩話叢書的纂輯工作，
這是詩話有其市場的有力明證。然而書賈以射利爲務，他們對於詩話的纂編，
有加以改頭換面的，有任意刪節的，有本無其書，由其他筆記、文集中拼湊
僞作，有僞託名家所作等等不實在的情事。這些虛實分合任意而爲的情形，
說明詩話被當時「大眾圈」讀者普遍接受，多有獵奇與附庸風雅的情況，而
不在於嚴謹的詩學考論與探求，此可謂詩話的「通俗化」。

　　除了專門的詩話叢書，明人也有另一個作法，那就是將詩話刊入綜合性
叢書。如正德、嘉靖間，顧元慶編刊《顧氏明朝四十家小說》，就收錄自著
的《夷白齋詩話》、楊循吉《七人聯句詩紀》、朱承爵《存餘堂詩話》及徐禎
卿《談藝錄》，與其他筆記一起刊行。這部叢書所收的每本筆記都是一卷，
只有彭時《彭文憲公筆記》、石茂良《避戎夜話》二書爲二卷，可以說有意
的藉由叢書讓卷帙短小的圖書薈萃流傳。又如萬曆二十五年（1597）周履靖
刊刻《夷門廣牘》，就把自己所著的《騷壇秘語》，與任昉《文章緣起》、鍾
嶸《詩品》、徐禎卿《談藝錄》、張懋賢《詩源撮要》一起編入〈藝苑類〉，

與其他博物、醫學、書畫、食品、娛樂、禽獸、草木等類的圖書共同流傳，詩話因此不只是自成體系的詩學觀點或紀事，而是化入文人生活，成為風雅情趣的一部分。

如果換個角度審視，像徐禎卿的《談藝錄》，以其篇幅精簡、立論嚴謹，幾乎成為各叢書編者的共同選擇，所以這部只有一卷的詩話，都是以編入叢書的方式流傳，因此產生極大的影響力。又如王世懋的《藝圃擷餘》也是相同的情形，只要對照本論文附錄〈明代詩話總目及版本總覽〉，就可以一覽無遺。這些篇幅短小詩話的編入綜合性叢書，除了不易泯滅，也因為「成群結隊」而容易吸引讀者的注意力，間接也拓展了不同閱讀品味的讀者群，加大影響與流傳的層面，所以在明代詩話當中，這些叢書中的詩話與單行的詩話，實各有其傳播上的意義與條件。

第二編　現存之明代詩話考述

第一章　明代初期的「現存」詩話
——洪武至成化年間

歸田詩話

　　三卷，瞿佑（1347～1433）著，存。

　　瞿佑，字宗吉，別號存齋，錢塘人。據同鄉木訥在成化二年（1466）所寫〈歸田詩話序〉，〔註1〕瞿佑早年以明經薦，歷仁和、臨安、宜陽三邑庠訓導，後陞國子助教、藩府長史，均勝任輔導之職，且文名遠播。民國十一年印，清龔嘉雋修《杭州府志》卷一四四〈文苑一〉則謂其於永樂年間，以詩禍編管保安，洪熙元年（1425）釋歸，復原職內閣辦事，年八十七卒。瞿佑著作甚豐，有《香臺集》、〔註2〕《香臺續詠》、《香臺新詠》、《剪燈新話》、《樂府遺音》、《存齋遺稿》、《詠物詩》等。

　　《歸田詩話》寫成於洪熙元年（1425），乃瞿佑晚年之作。《四庫全書總目》以爲是書「末一條敘塞垣事，稱尚留滯於此，未得解脫，又似成所之語，殆創稿於保安，歸乃成帙歟？」〔註3〕其說似有可能。瞿佑自序稱，該書乃記錄耳目聞見及簡編所載、師友談論中有關於詩道者，以免久而遺忘。全書

〔註1〕　《歸田詩話》（臺北：木鐸出版社《歷代詩話續編》本，1983 年），卷前，頁
　　　　　1232。
〔註2〕　《趙定宇書目》著錄《稗統續編》中收錄《香臺集》一本，其下小字註云：「即
　　　　　吟棠詩話」，似誤將《香臺集》與《歸田詩話》混合爲一，且「吟棠」亦有誤字。
〔註3〕　《四庫全書總目》（臺北：藝文印書館，1979 年），卷 197，〈詩文評類存目〉，
　　　　　頁 4125。

共得百二十條，析爲上中下三卷，因援歐陽脩致仕後著《歸田錄》之例，以「歸田詩話」爲名。

是書多見書目著錄，可見在當世十分風行，惟名稱不一。《百川書志》、《欽定文獻通考經籍志》、《天一閣見存書目》作「歸田詩話三卷」。《八千卷樓書目》作「妙集吟堂詩話三卷」。《明史藝文志》作「吟堂詩話三卷」。《玄賞齋書目》、《近古堂書目》並列「吟堂詩話」、「歸田詩話」，不著卷數。《寶文堂書目》並列「存齋詩話」、「歸田詩話」，不著卷數。《千頃堂書目》著錄「吟堂詩話三卷，又歸田詩話三卷」。《邵亭知見傳本書目》著錄「歸田詩話三卷，明刊本、七子詩話本、龍威祕書本、知不足齋本；吟堂詩話三卷，明刊本」。《澹生堂書目》則於集部總集類著錄「歸田詩話」三卷，於集部詩文評類詩話部分著錄「妙吟堂詩話」三卷，最是可怪。而前引《杭州府志》卷九五〈藝文十〉則謂：「存齋歸田詩話三卷，明錢塘瞿佑撰，黃氏書目有吟堂詩話三卷」。這些異名，朱文藻於乾隆四十年（1775）撰之〈歸田詩話跋〉已分辨云：「詩話標題不一，胡道序謂之存齋，焦氏志、明史志、千頃堂書目皆謂之吟堂，百川書志、浙江通志皆作存齋、歸田，要之，吟堂也，存齋也，歸田也，一書三名，無足異也」，〔註4〕其說甚是。

是書之刊行，據丁丙《善本書室藏書志》卷三九著錄：「歸田詩話三卷，明洪熙刊本，袁漱六藏書」，並謂前有洪熙元年乙巳（1425）瞿佑自序，又有成化二年（1466）木訥序，並莆田柯潛序云云。豈瞿佑書成即付梓，因有洪熙刊本？再者，洪熙刊本而可見成化人所撰序，又良可怪也，是丁丙自述聞見？

考成化三年（1467）柯潛〈歸田詩話序〉云：「錢塘瞿存齋公著《歸田詩話》三卷，蓋述其師友之所言論，宦遊四方之所習聞，而有關於詩道者，自序其端，藏之於家久矣。其姪德恭、德宣、德潤，共謀刻梓以傳，德恭之子中書舍人廷用求余一言志之……」，〔註5〕知是書著成後，並未即刻刊行，而是藏之於家。而明仁宗洪熙朝僅只一年即結束，是則丁丙所謂「明洪熙刊本」者，或見其序而以爲有其刊本？又據蔡鎮楚《詩話學》謂北京圖書館藏有明鈔本，題作「存齋詩話」，南京圖書館藏有明初刻本，名之「妙極吟堂詩話」，〔註6〕二本雖未見，然所謂「明初刻本」，以其書名已經改易，應非洪熙刊本，

〔註4〕《歸田詩話》，卷末，頁1296。
〔註5〕《歸田詩話》，卷前，頁1233。
〔註6〕蔡鎮楚《詩話學》（長沙：湖南教育出版社，1990年），頁48。

究爲何時所刊，仍難以詳考。

臺灣可見最早刊行者應在成化三年（1467），書前有木訥序以及柯潛序，均謂此書爲瞿佑之姪德恭、德宣、德潤，共謀刻梓以傳，故爲之寫序，此本現藏於國家圖書館。其後廬陵陳敘於弘治十四年（1501）再次刊刻，〔註7〕並以瞿佑別號改易書名爲「存齋詩話」，書前有弘治十三年錢塘知縣胡道〈存齋詩話小序〉，惟此版本未見。

明末暨清代以迄民國，是書多刊入叢書行世。有作三卷者，如《知不足齋叢書》本、《七子詩話》本、《古今說部叢書》本、《歷代詩話續編》本、《龍威秘書》本、《叢書集成初編》本，日本亦於明治年間刊入《螢雪軒叢書》，其書眉並有近藤元粹之批語。此外，又有刪削割裂爲一卷之刪節本，如明末刊《古今詩話》本及清順治三年（1646）宛委山堂刊《說郛》續卷本。至於傳鈔之本，北京圖書館藏有二本，一爲《存齋詩話》一卷，明鈔本；一爲《歸田詩話》三卷，清曹炎鈔本，上有周叔弢跋，並由周一良鈔補。上海圖書館則藏有清初鈔本三卷，上有清吳允嘉的跋文。

是書多記唐、宋、元、明詩事，隨筆者多，評說考證較少，亦不乏記錄己作以自我標榜，如卷下「鍾馗圖」條者。亦有引詩不全，如卷上「示兒詩」條引韓愈〈示兒詩〉短少十餘句之例。又有以他人之言爲己說，不註出處者，如卷上「樂天晚年」條，以王涯與樂天有隙，甘露之禍王涯等預焉，云：「樂天有詩『當君白首同歸日，是我青山獨往時』，或謂樂天幸之，非也，樂天豈幸人之禍者哉？蓋悲之也」，〔註8〕近藤元粹批語且謂其乃「樂天知己」，不知是語襲自蘇軾《仇池筆記》「白樂天詩」條。

其論詩之良莠，喜以愛國忠君爲標準。如《詩話》卷上「少陵識大體」條，言杜甫詩能識君臣上下，可謂知大體也，李白詩則無上下之分，二公雖齊名，然見趣不同。又如「黃鶴樓」條，以李白〈登金陵鳳凰臺〉結句比較崔顥〈黃鶴樓〉結句，云：「愛君憂國之意，遠過鄉關之念，善占地步矣」；〔註9〕「昭君詞」條，以白居易所作「不言怨恨而惓惓舊主，高過人遠甚」，則其論詩不脫傳統儒家詩觀。〔註10〕其論詩人，側重人品，如「謝公墩」條，

〔註7〕　據傳增湘《藏園群書經眼錄》，頁1588，著錄明刊本《歸田詩話》三卷，末有弘治辛酉（十四年）廬陵陳敘篤叟〈後序〉，推知弘治刊本約刊於此年。陳敘所撰〈後序〉筆者未見。
〔註8〕　《歸田詩話》，卷上，頁1245。
〔註9〕　《歸田詩話》，卷上，頁1237。
〔註10〕　《歸田詩話》，卷上，頁1244。

以王安石好與人爭，謂其〈詠史〉詩：「穰侯老擅關中事，長恐諸侯客子來。我亦暮年專一壑，每逢車馬便驚猜」，以為「則公不獨欲專朝廷，雖邱壑亦欲專而有之，蓋生性然也」，〔註 11〕未能細品詩中心境之無奈與景況之自嘲，而歸之於心性使然，實不免偏執，日本近藤氏批語云：「二首足見老賊心術鄙陋」，則尤為可笑。〔註 12〕是故《四庫全書總目》謂其「所見頗淺」、「考證亦疏」，良有以也。然特以身處元、明之際，得見楊維楨、丁鶴年等大儒，所論有據，所記亦有益於詩史，亦即胡道〈存齋詩話小序〉所謂：「大略似野史，有抑揚可法之旨，非汗漫無稽之詞」。〔註 13〕

是書另一特點在於，明初論詩已見宗唐之風，〔註 14〕瞿佑獨不以為然，嘗效元好問所編《唐詩鼓吹》，選錄宋、金、元三朝名人律詩一千二百首為《鼓吹續音》，惜該書已佚。〔註 15〕其《詩話》卷上「鼓吹續音」條謂：「世人但知宗唐，於宋則棄不取，眾口一辭，至有詩盛於唐、壞於宋之說，私獨不謂然」，同條復追記書後自題八句云：「騷選亡來雅道窮，尚於律體見遺風。半生莫售穿楊技，十載曾加刻楮功。此去未應無伯樂，後來當復有揚雄。吟窗玩味韋編絕，舉世宗唐恐未公」，〔註 16〕此觀念甚為可貴，是故《歸田詩話》論詩、摘句能兼採各代，而於宋、金、元詩人多有持平之論。

南溪筆錄群賢詩話

三卷，南溪纂輯，存。

南溪，生平不詳，或為元末明初之人。是書有明正德五年（1510）程啟

〔註 11〕 《歸田詩話》，卷上，頁 1252。

〔註 12〕 瞿佑於王安石亦有持平之論，如《詩話》「一日歸行」條稱許安石所作〈一日歸行〉悼亡詩，近藤氏則評批云：「老姦無情於天下窮民，而有情於其亡妻，如此可怪」，偏執甚矣，讀《螢雪齋叢書》本《歸田詩話》，不可不察。

〔註 13〕 《歸田詩話》，卷前，頁 1234。

〔註 14〕 如永樂間人劉績即謂：「唐人詩純，宋人詩駁；唐人詩活，宋人詩滯；唐詩自在，宋詩費力；唐詩渾成，宋詩餖飣；唐詩縝密，宋詩漏逗；唐詩溫潤，宋詩枯燥；唐詩鏗鏘，宋詩散緩；唐人詩如貴介公子，舉止風流；宋人詩如三家村乍富人，盛服揖賓，辭容鄙俗。」以上見《霏雪錄》（河北教育出版社影刊《歷代筆記小說集成》本）。劉績另著有《嵩陽詩律》，其生平見本論文下冊「嵩陽詩律」條。

〔註 15〕 《歸田詩話》，卷上，頁 1249，「鼓吹續音」條即謂：「（鼓吹續音）既成，求觀者眾，轉相傳借。或有嫉之者，藏匿其半，因是遂散失不存。再欲裒集，無復是心矣。」

〔註 16〕 《歸田詩話》，卷上，頁 1249。

充三原刊本,廣文書局影入《古今詩話續編》發行。據卷前王承裕(1465～1538)所撰〈南溪詩話序〉謂:

> 家居間過弘道書院,一日邑大夫嘉定程君以道來訪,見几間《南溪筆錄群賢詩話》,取而閱之,曰是書所錄,可謂廣矣,願假刻索,傳示詩壇。遂全帙付之。刻既成,以道屬予序其端。夫國風雅頌,古之詩也,諸家註疏,不過發明比興賦之義,後之詩猶古之詩也,何其說者優劣可否之餘,愈新而奇,愈嚴而密,屢屢不絕,有如是哉?噫,即此可以觀其所謂詩,與其所以說詩矣。南溪錄之,蓋將示學夫詩者,會群思以歸于正,執眾言以求乎中。由是形諸歌詠,有所警焉而不敢苟也,匪徒資洽聞、助劇談而已。南溪,錄詩話者之別號,逸其姓名,博雅君子也,當爲勝國時人。……以道名啓充,進士起家,才藻華瞻,政務精敏,圖刻此書,以貽同志,其雅尚從可知已。〔註17〕

此序說明是書之纂輯者爲「南溪」,其爲「勝國」時人(意即元代之人)。程啓充,字以道,嘉定人,正德三年(1508)進士,授陝西三原縣令,歷御史,以直言數忤帝旨,至謫戍邊衛十餘年,赦還卒,事蹟見《國琛集》下卷、《明史》卷二〇六等。

是書卷末有程啓充〈南溪詩話後序〉謂:「太師公書肆盡天下,古今奇書欲一過目,有弗得。己巳秋,假令三原,首謁祠下,坐清谷草堂,求書目于平川先生,平川出觀之,中得此本,余愛其集群公精粹,願流而詩家先生以傳舛陶陰,躬自釐較,別爲前後續集,授門人學官弟子張楠繕寫,加諸棗」。〔註18〕此後序說明是書原爲王承裕之父王恕的藏書,而由其子王承裕親自釐校,並區分爲前後續三集,張楠繕寫,程啓充刊行之。王恕(1416～1508)即序中「太師公」,字宗貫,號石渠,正統十三年(1448)進士,爲明初之名臣,歷官揚州知府、刑部侍郎、左都御史、吏部尚書等,卒諡端毅,事蹟見《國朝獻徵錄》卷二四王世貞撰傳、《明史》卷一八二等。其子王承裕,字天宇,號平川山人,弘治六年(1493)進士,官至南戶部尚書,諡康僖,事蹟見《國朝獻徵錄》卷三一、《明史》卷一八二等。

〔註17〕《南溪筆錄群賢詩話》(臺北:廣文書局《古今詩話續編》影印本,1973年),卷前,頁1～5。
〔註18〕《南溪筆錄群賢詩話》,卷末,頁1～3。

陳田《明詩紀事》謂：「以道在正、嘉兩朝，號爲敢言，惜讁戍後不復起用。與升庵爲素交，升庵亟稱其詩，今全集不復可觀，僅於費經虞《劍閣芳華集》見二詩，不足見所長。所著又有《南溪詩話》三卷。《四庫存目》著錄者僅二卷，《提要》亦不詳其名，未知是二是一也」，〔註19〕其說以爲詩話乃程啓充所著，對照前引王承裕、程啓充之序，顯見其誤。而此誤也多見於各書目，如《千頃堂書目》卷三二〈文史類〉著錄云：「程啓充南溪筆錄詩話二卷，續集二卷」、《萬卷樓書目》作「南溪詩話三卷，程啓充」、《明史藝文志》作「程啓充南谿詩話三卷」，三書目均以刊印者爲纂輯者。《百川書志》及《販書偶記續編》則著錄《南溪筆錄群賢詩話》有前集、後集、續集各一卷，前者不著撰人，後者題「明，不著撰人」。董其昌《玄賞齋書目》著錄於卷七「詩話類」，然不注撰人。徐𤊹《紅雨樓題跋》卷一則謂此書「前集皆采子美佳句，續集雜引各家中有載謝疊山語，則知爲元朝人所輯，天啓元年春，徐興公識」，而《四庫全書總目》著錄此書二卷，並謂：「其本出明三原王恕家，前有王恕子承裕序，稱南溪爲錄詩話者之別號，逸其姓名，當爲勝國時人。今觀書中所引，已有白珽、劉履諸名，則元末人所作無疑也」。〔註20〕王承裕〈南溪詩話序〉，爲目前可知的最早記錄，知此書爲元人所著，然各書目的著錄卻多認定爲明人所作，推測導致含混的原因，一是由於誤將程啓充認定爲作者，另是此書的纂輯在於元末明初朝代更迭之交，故歸於元人或明人均有其理。

前引王承裕序謂：「南溪錄之，蓋將示學夫詩者，會群詩以歸于正，執眾言以求乎中，由是形諸歌詠，有所警焉而不敢苟也，匪徒資洽聞助劇談而已」，說明是書之纂輯，在於薈萃眾詩說以歸於「正」、求其「中」。因而是書雜鈔諸家詩話，兼及部分筆記，是屬於摘鈔性質的「詩話彙編」。

「詩話彙編」的纂輯形式，必在詩話數量日易增多的情況之下，才有可能產生，但南溪的輯錄此書，並非創舉，因爲這類型的彙編常見的幾種纂輯方式，均創例於宋代：

一爲綜合性摘鈔式的詩話彙編，如北宋阮閱《詩話總龜》、胡仔《苕溪漁隱叢話》等，前者以內容分類，後者以人來分類。明代此類詩話彙編亦多，

〔註19〕陳田《明詩紀事》（上海：上海古籍出版社，1993 年），戊籤，卷 10，〈程啓充〉，頁 1557～1558。
〔註20〕《四庫全書總目》，卷 197，〈詩文評類存目〉，〈南溪詩話〉，頁 4124。

南溪所輯《南溪筆錄群賢詩話》即是，其後王昌會輯有《詩話類編》、單宇有《菊坡叢話》、俞允文有《名賢詩評》等等，纂輯之風十分興盛。

　　一爲以時代爲界，專輯一代或數代之詩話，如北宋人所輯《唐宋名賢詩話》，據郭紹虞《宋詩話考》稱「彙輯筆記說部以爲詩話者，當以此書爲嚆矢矣」，〔註21〕明代此類詩話彙編則有胡震亨《唐音癸籤》。

　　一爲專就一家之詩而彙集諸家詩評者，如宋方深道輯《集諸家老杜詩評》、蔡夢弼《草堂詩話》等。明代有顧起經《王右丞詩畫評》、唐元竑《杜詩攟》、張時徹《芝園集·諸家評》等。

　　當然，詩話彙編有多樣的形式，除上述之外，又有專輯一地之詩文評論，有專輯一人之詩文評論加以分類整編者。而如胡震亨《唐音癸籤》，兼有纂輯、評述，本不能拘泥以論。南溪的纂輯雖非創舉，卻是現可見元、明之交詩話彙編較早者，具有由宋代過渡到明代的關鍵意義。

　　除了纂輯的形式之外，是書的輯錄大致以詩人爲綱領，以唐代詩人爲主，兼及宋詩，其中以專論杜甫詩者爲最多。所錄諸書包括《葛常之詩話》、《唐子西語錄》、《東坡志林》、《文昌雜錄》、《李商老詩話》、《玉壺野史》、《西清詩話》、《呂氏童蒙訓》、《孫莘老詩話》、《古今詩話》、《王直方詩話》等，亦有「蕭禹道詩序」、「劉孚齋詩序」、「陳生詩序」、杜甫詩「歲暮行詩注」、李白詩「士贇詩註」、「芷堂劉光庭自昭云」等等輯錄，保存不少詩話之外的資料。但所錄蕪雜，又好改書名，且前後不一，如著錄《葛常之詩話》，又別作《葛常之韻語陽秋》者。既有《王直方詩話》，又有《王立之詩話》，而二者實爲一書。又如既引錄「士贇詩註」，又另引錄所謂《士贇詩話》者，而實則蕭士贇刪補了宋代楊齊賢集註的《分類補註李太白集》，並無詩話之著作。諸如此類，均益增混亂，此亦爲摘鈔式「詩話彙編」容易產生的缺點，常使其閱讀的價值減少而資料保存的功能無法更加提升。

　　此外，是書的門類區分相當含混，也使得內容更顯蕪雜，檢閱困難，故《四庫全書總目》謂：「其書雜引諸家詩話而不置議論，略如阮閱《總龜》之例，但不分門類耳。所引詩話雖習見者多，然如所引《呂氏童蒙訓》，今本皆不載，惟好標立名目，非其本書，如祖孝徵論沈約崖傾護石髓句，即題曰『祖孝徵詩話』之類，不一而足，亦殊舛陋也」，評騭稱公允。

〔註21〕郭紹虞《宋詩話考》，頁195。

詩法

三篇，黃褧著，存。

黃褧，字仲褧，《千頃堂書目》卷三二「文史」類著錄其《詩法三篇》，其下有小字云：「字仲褧，成化時人」。《列朝詩集小傳》乙集亦著錄：「黃褧，字仲褧，文江人，撰《詩法》三篇」。《明詩紀事》甲籤卷三〇「黃褧」條下陳田的按語則稱：「仲褧有〈寄黃玄之詩〉，當亦洪武時人也」。〔註22〕按，《詩法》今見於朱權所編纂之《西江詩法》一書中，為朱權取元人《詩法》與黃褧《詩法》，互為取捨參校而編成，據明嘉靖十一年（1532）重刊之《西江詩法》卷前，朱權寫於宣德五年（1430）的〈詩法序〉云：

> 如文江詩人黃褧《詩法》三篇，予初以為迂之甚也。後徵而得之，深有理趣，極其精妙，則見其詩之為志，大不凡矣。……今又得元儒所作《詩法》，皆吾西江之聞人也。其理尤有高處。乃與黃褧《詩法》，互相取捨，芟其繁蕪，校其優劣，自謂不由乎我，更由乎誰？除〈文法〉及〈詩宗正法〉不取外，擇其可以為法者，編為一帙，使知吾西江人傑地靈，氣勁趣高，有如此之才人，有如此之詩法，使高明孰不拱手而歸之也，其何偉焉！其何盛焉！

是故，黃褧應為洪武時人，而非成化時人。至於此書之內容等相關討論，見下一則「西江詩法」的論述。

西江詩法

一卷，朱權（1378～1448）纂輯，存。

朱權，號臞仙、涵虛子、丹丘先生，明太祖朱元璋之第十六子，〔註23〕封寧王，生於洪武十一年（1378），卒於正統十三年（1448），年七十一，卒諡獻。焦竑《國朝獻徵錄》卷一〈寧獻王權〉謂其「好學博古，諸書無所不窺，旁通釋老，尤深於史」，著作極夥，有《通鑑博論》、《漢唐祕史》、《異域志》、《采芝吟》等，編有《太和正音譜》、《西江詩法》等。

〔註22〕 《明詩紀事》，甲籤，卷30，頁578，「黃褧」條。黃玄之名玄，福建侯官人，官泉州訓導，與閩縣周玄並稱「二玄」，均曾學詩於林子羽。

〔註23〕 《明史》列傳、《明史稿》列傳、《罪惟錄》列傳皆謂朱權乃「太祖第十七子」，誤。張秀民於《中國印刷史》引《藩獻記》及〈壙志〉為證，即言其為太祖第十六子。今查焦竑《國朝獻徵錄》卷1，〈寧獻王權〉，亦云：「寧獻王諱權，高皇帝十六子也」。

　　是書今有明嘉靖十一年（1532）重刻本，現藏於寧波天一閣，收入周維德教授所編《全明詩話》。是書見《萬卷堂書目》、《千頃堂書目》、《明史藝文志》著錄，均作「西江詩法，一卷」。《百川書志》則作「江西詩法，一卷，臞仙編，為目二十有二」。《古今書刻》著錄江西弋陽王府刻有「江西詩法」。《天一閣見存書目》則作「詩法」。

　　是書有「西江」、「江西」的異名，其原因在於「西江」即指「江西」，蓋朱權原就藩大寧，後改為江西南昌。根據周維德教授所提供鈔自明嘉靖十一年重刻本的手鈔本，是書卷首有朱權在宣德五年（1430）所撰〈詩法自序〉，該序稱是書係取元人《詩法》及黃鏊《詩法》，加以取捨參校所編成，而元人揭傒斯等及黃鏊皆江西人，故此編之宗旨在於「使知吾西江人傑地靈，氣勁趣高，有如此之才人，有如此之詩法，使高明孰不拱手而歸之也」。〔註24〕

　　此篇序文對於「詩法」，亦有獨到之見。其謂：「詩不在古而在今，非今不能以明古之意；法不在詩而在我，非我不足以明詩之法」，進而由「我」談到「詩之志」，以為「人志不同，其言各異，則見其涵養自得之如何耳。故詩可學而性情不可學，法可學而興趣不可學」。僅管如此，朱權強調「法」仍具有鼓舞志向以及學習詩歌的作用：

> 然人之志，若志好侈麗者，則樂於華屋鐘鼓；若志尚清逸者，則樂
> 於林泉舞鶴；若志在豪邁，則樂於酣歌雄飲。足見其人之志，有所
> 無同也。是法也，雖不能襲其志，實足以鼓其志；雖不能法其詩，
> 實足以法其法。鼓其志，懦者可以效其勇；法其法，曲者可以繩其
> 直。效其勇者妒其氣，繩其直者導其理。理順則脈絡貫通，氣慨則
> 襟懷磊落。貫通則風度好，磊落則膽氣粗。若為人傳神，雖非其真，
> 亦彷彿似之耳，誠為詩家之模範，大有所得也。

這一段話清楚的說明詩法的妙用，也呈現是書的纂輯意旨在於彙刊各家詩法，使讀者有所得。是書所纂輯之詩法，數量很多，分別為：

> 詩體源流、詩法源流、詩家模範詩法大意、作詩骨格、詩宗正法眼
> 藏、詩法家數詩學正源、作詩準繩律詩要法字眼、古詩要法、五言
> 古詩法、七言古詩法、絕句詩法、諷諫詩法、榮遇詩法、登臨留題
> 詩法、征行詩法、贈行詩法、詠物詩法、讚美詩法、賡和詩法、哭
> 挽詩法、作樂府法

〔註24〕明嘉靖十一年（1532）重刊之《西江詩法》，卷前，朱權〈詩法序〉。

其中《詩法源流》原爲傅與礪的《詩法正論》;《詩法大意》即黃子肅《詩法》;《詩宗正法眼藏》是揭奚斯所作;《詩法家數》、《詩學正源》、《作詩準繩》、《律詩要法》均見楊載(楊仲弘)《詩法》。其後所錄之《古詩要法》、《五言古詩法》、《七言古詩法》、《絕句詩法》、《諷諫詩法》、《榮遇詩法》、《登臨留題詩法》、《征行詩法》、《贈行詩法》、《詠物詩法》、《讚美詩法》等,亦均出自楊載《詩法家數》。

至於卷末《作樂府法》,則又別出內容。因爲所謂「樂府」非指樂府詩,而是指曲,所以《作樂府法》開宗明義即謂:「詩不足以盡其意,變而爲詞,名曰『詩餘』;詞不足以盡其意,變而爲曲,名曰樂府」,因爲樂府的法度與詩法相同,所謂「觀賦體,則知作套數之法矣;觀歌行,則知作小令之法矣」,故論述其法,並取新樂府〈夜月瑤琴〉、〈滿庭芳〉等四章作爲示範,以見樂府氣概如此,方便學習其法度。

由於是書乃彙集前代詩法的「彙編」,﹝註25﹞故所輯錄之前人詩法不是原貌收錄,而是經過朱權的撿選分割與整編。因此像《詩法源流》、《詩法大意》諸書,亦收錄於懷悅《詩法源流》、黃省曾《名家詩法》等詩法彙編,所以可以對照內容,知道其原爲元人傅與礪的《詩法正論》、黃子肅《詩法》,但如黃溍《詩法》三篇,則予割裂,散見於是書,無法明確指出其原本風貌,這正是「彙編」在資料的保存上的侷限之處。

「詩法」之所以以「彙編」形式刊行流傳,最主要的原因,及所反映的意義:其一,詩法易於入門,能夠廣被學詩者接受,尤其詩法的篇幅大都短少,閱讀較不具壓力。其二,詩法的內容不故作高深之論,常見濃縮前人詩式詩格詩話等詩學相關論述,歸納歷代詩作的書寫習慣,以作爲法式,故篇幅雖小,內容取材廣泛,且切合實用、分合自如。其三,詩法的內容著重形文聲文的闡述,明白標示詩的格式、句法、字法,乃至情景如何相間,詩意如何承轉,又出以詩例,以便揣摩仿效,故朱權序文即說:「法其法,曲者可以繩其直」、「若爲人傳神,雖非其眞,亦彷彿似之耳」。

在以詩取士的時代,詩法之類書籍極爲風行,明代雖不以詩取士,詩歌仍是文人抒情酬唱的重要創作形式,詩法之書有其需求。只是專在形文聲文下功夫,惟求傳神肖似,有時根本近乎「機械式」的操演,如是書之《登臨留題詩法》謂:

﹝註25﹞關於詩法彙編的相關論述,另見本論文朱紱《名家詩法彙編》條。

此詩不過感今懷昔，寫景嘆時，思國懷鄉，瀟灑游適，或隨意寓歸
美譏刺之意。中間宜寫四面所見山川之景，庶幾移不動。首聯指所
題之處，敘說起。第二聯合詠實景。三聯說人事，或感嘆古今，或
議論，或前聯先說人事感嘆，則此聯寫景。其結句可就題生意，發
感慨，繳前二句，或說何時再來。

以各聯如何佈置、如何寫景、如何詠人事，加以叮囑，卻缺乏真情實性的要
求，畢竟不可取。是故詩法多為初學者所用，對於已有詩學基礎者的作用較
小。然就明代纂輯詩法彙編風氣看來，是書的規模與纂輯的方向均頗具代表
性，也具有引領編纂風氣的作用。

詩學梯航

　　一卷，周敘（1392～1452）纂輯，存。

　　周敘，字功敘，又作公敘，號石溪，江西吉水人，《明人傳記資料索引》
謂其生於洪武二十五年（1392），卒於景泰三年（1452），年六十一。據《明
史》卷一五二〈列傳四十〉謂其中永樂十六年（1418）年進士，授編修，歷
官侍讀，直經筵，官至南京翰林侍講學士，數上書論時政缺失，帝善之。其
負氣節，篤行誼，立志修宋史，不克而卒，著有《石溪文集》。事蹟另見《殿
閣詞林記》卷四、《名山藏》卷九、《列朝詩集小傳》乙集等。

　　此書作者又有一說。光緒《吉安府志》卷二八〈人物‧庶官‧周鳴傳〉
引《分省人物考》載，周鳴，字岐鳳，江西吉水人。洪武中以經明行修，薦
為桐城訓導，永樂初年授國子學正，擢漢府紀善，以諫得罪，下錦衣衛，仁
宗以太子監國，方得昭雪，改長洲儒學，升國子博士，官至職方員外郎，所
著有《詩學梯航》。

　　周鳴較周敘時代為早，籍貫相同，字號、生平則不同，應為二人。考成
化刊本《詩學梯航》卷前，有南京翰林侍講學士周敘寫於正統十三年（1448）
的〈詩學梯航序〉稱：

詩學梯航者，論作詩法、序源流，先職方府君之所藏而考訂焉者也。
永樂初，先君由太學正遷親藩紀善尚京師時，朝廷纂修《永樂大典》，
族伯父溪園先生與東吳王汝嘉先生，皆以學官被徵。每朔望輒過寓
邸，相與酌酒賦詩，或至夜分，因曰：「作文詠詩，雖由天分，未嘗
不本諸法度」，先君曰：「余家有《詩法》一帙，蓋先叔父子霖承先

所修，但未成之書也」，汝嘉先生曰：「試假觀之」，觀畢曰：「余伯
兄汝器亦嘗著此，第其少作，未加討論。請具稿歸子合而成之，可
乎？」先君唯唯。溪園先生喟然嘆曰：「二家俱以經學專門者也，而
兼留心詩學。若以世謂經生難與言詩，詎不誣耶？且各以未備，思
輯其成，豈非大幸乎？」……曩歲，敘丁艱家居，閱故籍，得先君
所校錄讀之，已多殘缺，遂再用編定，間以己意補之。

此段序文，詳細說明整編的經過。最先是周子霖撰作《詩法》，周敘之父再將
之與王汝器所著詩法，合編考訂成《詩學梯航》一書，後又由周敘加以編定
綴補刊行之。

周敘在序中並未明言其父名諱，但提到「先職方府君」、「永樂初，先君
由太學正遷親藩紀善」，對照於前引《吉安府志》謂周鳴「永樂初年授國子
學正，擢漢府紀善」、「官至職方員外郎」，則知周鳴即周敘的父親。所以《詩
學梯航》是由周鳴先予纂編考訂，再由周敘編定刊刻。

是書多見書目著錄，《晁氏寶文堂書目》列之於中卷〈子雜類〉，不著撰
人姓名。《澹生堂書目》置之卷十四〈詩文評·詩式〉，作者為周敘，卷數一
卷。而《明史藝文志》著錄：「《詩學梯航》一卷，宣德中周敘等奉敕編」、《千
頃堂書目》卷三二〈文史類〉亦云：「一卷，宣宗命學士周敘等編」，二書均
謂是書係奉明宣宗敕命而編。《天一閣見存書目》則謂：「一卷，全鈔本，明
周□□撰，子敘編」，撰者名字缺二字，而編者為其子周敘。

是書的成化刊本，〔註26〕除了卷前有周敘於正統十三年所作之序，卷後
則有彭光於正統十三年所作〈後序〉，敘述其主事刊刻之的緣由。彭光，渝
州人，生平不詳，當時任臨淮縣知縣，然其所刊刻之正統十三年刊本今已亡
佚，只剩下兩篇序文。天一閣則藏有明藍絲欄鈔本，筆者未見。

是書所以以「梯航」為名，周敘序文謂：「登山以求玉，必賴乎梯；涉
海以探珠，必資乎航」，則是書的纂輯目的，乃作為詩學入室之階。其內容
則分「敘詩」、「辨格」、「命題」、「述作」、「品藻」和「通論」六部分，分別
為：

「敘詩」論述詩歌的源流與發展。上起舜、禹賡歌，下迄明代，歸結出
「詩之盛衰，與時升降」的看法。

〔註26〕《詩學梯航》臺灣未見，筆者所見為周維德教授所提供鈔自明成化刊本的手
鈔本。

「辨格」敘述古今詩格變化。以為「詩格不同，措詞亦異」，所以從賡歌出於《尚書》，而三代漢唐自為一體開始，推演一句三句五句之歌、律詩、聲律、聯句、歌行謠曲、對偶等，綜論古今之詩格，見其體製之繁亂，並感嘆「世道愈下，變置愈多」，所以歷敘備載，一方面增廣學者見聞，一方面可觀世變之盛衰。

「命題」綜論作詩命題的大要。以為「作詩命題，大為要事。或先立題後賦詩者，或有因詩成而綴題者，隨其賦興，有此二端」，而觀詩命題之純駁，可知作品之高下，可窺作者識見之淺深，同時，歷代詩歌的命題之語又各有不同，所以歷論古今詩歌命題的方式與習慣，以示於學詩者。

「述作」共分上中下三篇。上、中篇總論諸體詩的寫作，以時代為序，歷數賡歌、琴操、樂府、七言古詩、五言長篇、絕句、五言古詩等各體詩的發展，並評價具代表性的詩人與詩作，書寫方式近似詩史。下篇則專論律詩，並以「律詩必截然祖於唐人，蓋唐以前未有此體」，所以專論唐代律詩，少部分兼論宋人及元人律詩，評品詩人與詩作，並論及創作方法。

「品藻」品析歷代著名詩人的風格。上起魏武帝，下至唐代詩人，上下百數十人，未評及宋人的理由是：「夫宋以來，豈無作者？時代既殊，聲韻不協，已無取式，何必繁文？」其評品均為駢偶之句、象徵之語彙，評騭廣泛，頗有新見。然其中如「魏武帝如幽燕老將，氣韻沉雄」、「曹子建如京洛少年，風流自賞」、「陶淵明如浮雲在空，捲舒自若」等評語，均竊自宋敖陶孫的《詩評》。〔註27〕

「通論」共十九條，申言詩歌創作的原則與方法。如：「認處要真，做處要著，聲口要和，斤兩要停。說理要簡易，說事要圓活，說景要微妙」、「血脈相通，辭理俱到。不可切切，不可泛泛，不可罵詈，不可叫嗷，不可徒作，不可強為」、「須是本色，須是當行」等。這些創作原則，極多擷取或濃縮自前賢詩話，如：「小篇欲器局闊大，意趣充足；大篇欲首尾停勻，腰腹肥滿；長篇讀之不覺其長，惟恨盡之太速；短章讀之愈覺意趣深遠，耽玩不休。其間波瀾開闊，如在江湖中，一波未平，一波已作。如兵家之陣，方以為正，又復是奇；方以為奇，忽復是正。出入變化，不可紀極，而法度不亂」，全係

〔註27〕此數條與王世貞《藝苑卮言》（臺北：木鐸出版社《歷代詩話續編》本，1983年），卷5，頁1031，所引敖陶孫《詩評》相似，敖陶孫評曰：「魏武帝如幽燕老將，氣韻沉雄」、「曹子建如三河少年，風流自賞」、「陶彭澤如絳雲在宵，捲舒自若」。

擷取自姜夔的《白石道人詩說》，卻不註明出處。

是書在同類型詩法書中，分類較爲明確，敘述有條理，易於檢閱，是其長處。但標榜整編自周子霖、王汝嘉之詩法，卻屢見剽取前人論詩精華，未註明出處，實不無疵病。

南北朝詩話

一卷（殘本），作者不詳，存。

是書原已佚失，故《明史藝文志補編》、《明書經籍志》之〈詩詞類〉均著錄云：「《南北朝詩話》一冊，闕」。今則可見明《永樂大典》本，鼎文書局影入《歷代詩史長編》。據楊家駱〈歷代詩史長編編刊緣起〉一文云：「《南北朝詩話》殘本爲駱在《永樂大典》中所發現，向未見於著錄」。〔註28〕

是書字跡漫漶，辨識較爲困難，其內容大抵爲記述南北朝詩人詩作與逸事。如謂「謝靈運與隱士王弘之、孔淳之等，放蕩於會稽山水間，有終焉之志，每有一詩至都下，貴賤莫不競寫」、「沈約常云，謝朓語好詩圓靈流轉如彈丸，比見近製，方知此言爲實」之類。

名賢詩法

三卷，作者不詳，存。

是書爲史潛校刊。據光緒刊《金壇縣志》，史潛字孔昭，正統元年（1436）中進士，官至河東鹽運使。所校刊《名賢詩法》三卷，現藏北京圖書館，見《北京圖書館古籍善本書目》著錄，爲「十一行二十六字，小字雙行，同黑口四周雙邊」，書名題作「新編名賢詩法」。孫殿起《販書偶記續編》著錄：「《名賢詩法》三卷，不著編輯姓名，無刻書年月，約明初金壇史潛校刊，黑口本，是書所采皆唐、元名人詩法、詩評」，與北京圖書館藏本相同。此書臺灣未見。

張健〈《詩家一指》的產生時代與作者〉，〔註29〕嘗對此書加以描述：「此書題『前進士河東鹽運使』，則知此書刊于史潛退官歸里之後，但至遲也應在天順年間或成化初年」，又云：「據史潛《新刊名賢詩法凡例》：此書『博

〔註28〕 該文見《歷代詩史長編人名索引》（臺北：鼎文書局，1972 年）。
〔註29〕 該文爲〈《詩家一指》的產生時代與作者──兼論《二十四詩品》作者問題〉，
　　　　見《北京大學學報》，1995 年 5 期，頁 34～45。

采唐、元名人詩法、詩評，舊未分類，今厘爲上中下三卷，庶便觀覽，故總名目曰名賢詩法』。又謂此書『原係鈔本』，有錯字意義不通處，史潛作了改正，其餘並未加改動」，可略知該書之刊刻情形及內容大概。該文也指出此編卷下載有題爲虞集所著的《虞侍書詩法》，即懷悅所編集《詩家一指》的原貌，且書中有《二十四品》，亦即俗稱司空圖所著之「二十四詩品」的眞正出處，故虞集可能爲「二十四詩品」的眞正作者。〔註 30〕其觀點值得參考。

詩法源流

　　一卷，懷悅纂輯，存。

　　懷悅，字用和，浙江嘉興（嘉禾）人。錢謙益《列朝詩集小傳》乙集謂其曾以漕粟入官，又嘗輯一時名士之詩爲《士林詩選》，大率「景泰十才子」之流。朱彝尊《明詩綜》卷二三則謂：「其居在相湖之南，曰柳莊，亦曰柳溪，故自號柳溪小隱，又號相湖漁隱。姚允言詩云：『風流絕勝輞川莊』」，蘇秉衡亦有題其草堂之詩，〔註 31〕可見其居處詩酒人文之盛。《明詩綜》又謂：「而允言有〈送用和納粟入官之京〉作，又有『冠帶從容新帝澤』之句，則知當日以納粟入官，蓋富而好事者，濮樂間之流也」。

　　是書經嘉靖間高儒《百川書志》著錄，並謂：「《詩法源流》一卷，元人著，有正論、家數、詩解、詩格」。《古今書刻》則著錄福建建寧府、汀州府刻有《詩法源流》，但未注明作者。《晁氏寶文堂書目》亦著錄是書，惟無卷數、作者。《趙定宇書目》著錄《稗統續編》有《詩法源流》一卷，無作者名。

　　是書有明初刊黑口本、影鈔明初刊本，均藏於國家圖書館，前者有廣文書局影入《古今詩話續編》發行，流傳最廣。日本內閣文庫藏有明嘉靖三十一年（1552）朝鮮尹春年序刊本，此本收入周維德教授所編《全明詩話》。據周教授所提供的影印資料，此本卷前有尹春年寫於嘉靖三十一年的〈詩法源

〔註30〕張健的說法係針對陳尚君、汪涌豪在第七屆唐代文學年會所發表論文，指出《二十四詩品》非司空圖所作，以及《二十四詩品》出自《詩家一指》，乃是明人懷悅所作的觀點，加以辨析。
〔註31〕姚允言即姚綬，嘉興人，生平不詳。蘇秉衡即蘇平，海寧人，舉賢良方正，不就，與其弟蘇正都爲「景泰十才子」之一，事蹟均見《列朝詩集小傳》及《明詩綜》。

流序〉，卷後附有周廷徵在正德三年（1508）所寫〈詩法源流後序〉〔註32〕：

> 舊本字義模糊，且多魚魯，去歲夏，予被命河東，適安邑知縣鮮冕
> 自肅寧以治繁調來。冕，蜀人也，稱是集在其鄉未廣厥傳，逐（應
> 爲遂字）屬之校正，分予廩以壽之梓，與好詩者共，因識之。

可知是書在正德三年間應有刊行，但此本今已不見。又據前引張健〈《詩家
一指》的產生時代與作者〉一文，謂嘉靖三十一年尹春年所刊《詩法源流》
卷後有懷悅寫於成化元年（1465）之〈詩法源流後序〉云云。筆者未見此序，
不過如屬實，則懷悅在成化元年仍在世，《詩法源流》的纂刻或在此時。

今觀明初刊黑口本，其卷首下署「嘉禾懷悅用和編集」，則是書應爲懷悅
纂輯元人所著詩法諸作，屬於「詩法彙編」之書，而非懷悅所自著，故前述
諸家書目對於是書的記載，或不注明作者，或題作者爲元人所著。

是本卷前有元英宗至治二年（1322）楊仲弘所作〈詩法源流序〉，此序雖
標舉爲「詩法源流」之序，實則爲「京城陳氏子有志於詩，故書舉之傳予、
戒余者貽之」。全文出以書信口吻，似非專爲此書所作之序文。且其內容頗荒
誕，序中所謂「舉」，指杜舉，世以爲其乃杜甫之九世孫。此序標榜杜舉傳詩
法之說，應在強調詩說正統，並用以炫奇。

此本卷末復有清人丁白及魏亨遹所作識語，認定此本爲「元刊本」。丁白
謂：「所見《詩法源流》，以此本爲最善，眞是元槧」，蓋時處元、明之交，本
難於畫分，姑從國家圖書館「明初刊黑口本」的著錄。此本所纂輯的內容包
括：

> 詩法正論（不著作者，然應爲元傅與礪所著）
>
> 詩法家數（題「疏齋盧學士述」，即元人盧摯）
>
> 詩解（不著作者，然即元楊載《詩法》的節錄）
>
> 詩格（以杜詩爲主，共三十六格，不著作者）

嘉靖本之內容與明初本相同，惟卷首除楊仲弘序之外，又有尹春年序，卷末
有周廷徵後序。尹春年，自署坡平人，時官「通政大夫司諫院大司諫知制誥」，
然實爲朝鮮之人，故其序中以「中國」、「我國」對舉。此刊本顯示《詩法源

〔註32〕周廷徵爲弘治二年（1489）舉人，字公賢，湖北麻城人，歷官臨淮教諭、
安福教諭、九江兵備等職，寫作〈詩法源流後序〉時，官巡按山西等處之
監察御史，事蹟見《國朝獻徵錄》，卷86，〈周公傳〉。

流》的傳刻之廣。尹春年在序中以真德秀所選《文章正宗》、楊載（楊仲弘）所選《唐詩正音》，參以嚴羽《滄浪詩話》所謂「學詩以識爲主，入門須正」、李東陽《懷麓堂詩話》所謂「李太白、杜子美爲宮，韓退之爲角」，而領悟詩道以體、意、聲爲正宗，以爲《詩法源流》有有體、有意、有聲之說，足以與其所悟互相發明。〔註33〕周廷徵後序則詳述是書之內容：

> 《詩法源流》一帙，計詩四十有三首，仲弘楊君少遊蜀，得之工部裔孫舉，每一詩著一體格，起承轉合之間，註釋明甚，足以該杜律之全，玩辭索義，如親侍工部，受其指南者。首錄傅與德（按即傅與礪）述范德機《正論》並《家數》、《詩解》者，曲盡詩法之源流，得杜體者也。夫以東坡、山谷號稱風騷之冠冕，極愛杜詩而動變唐風者，二公不能無罪，豈亦未見此要法耶？

這裡所批評的是蘇軾、黃庭堅，其實正代表整個宋詩，周廷徵對楊仲弘的序言深信不疑，他將這本《詩法源流》與杜甫直接聯繫起來，將之典律化，更將宋詩與唐詩風格不同的原因，以「豈亦未見此要法耶」加以解釋，表達出明正德年間文士對《詩法源流》的接受與看法。

　　此類詩法彙編，纂編詩法祕籍加以流傳，作爲學詩入門的指引，在明初相當盛行。懷悅此書較朱權《西江詩法》稍晚，其後則有王用章《詩法源流》、楊成《詩法》、黃省曾《名家詩法》、朱紱《名家詩法彙編》等的陸續纂刊，甚至李贄亦輯有《騷壇千金訣》，各書的纂輯方式與內容的分合，雖有同異，然此風從明初延續到明末，蔚爲長河，也成爲明代詩話的重要形式。

詩家一指

　　一卷，懷悅纂輯，存。

〔註33〕尹春年在序中進一步解釋「體」、「意」、「聲」的意義：「所謂體者，即元稹所謂由詩以下九名，皆屬事以作，雖題號不同，而悉謂詩，如歌行篇詠之類也。所謂意者，子思子曰：『喜怒哀樂之未發謂之中，發而皆中節謂之和。夫中者性也，和者情也』，而其所以主張之者意也。所謂聲者，即沈約所謂：『宮羽相變，低昂殊節，若前有浮聲，則後須切響者也』。然則，曰體，曰意，曰聲之於詩家，猶三達德之於《中庸》也，三綱領之於《大學》也，達德不全，則豈能成《中庸》之德乎？綱領不備，則豈能造《大學》之道乎？由是觀之，滄浪之『正路』主乎意，西涯之『五音』主乎聲，而景元（真德秀）之所謂『正宗』者，乃摠其體、意、聲而言之者也，伯謙（楊載）之所謂『正音』者，乃包其體、意、聲而言之者也」。

懷悅編有《詩法源流》，已見前。是書《百川書志》著錄，題作「皇明嘉禾釋懷悅用和編集」。《萬卷堂書目》、《千頃堂書目》、《明史藝文志》均著錄「懷悅《詩家一指》，一卷」。《晁氏寶文堂書目》分別於上卷「詩詞」類著錄一本《詩家一指》，中卷「子雜」類著錄二本《詩家一指》，均不著作者，不知孰是。《天一閣書目》則謂是書爲「明懷悅編集」，並著錄懷悅敘云：

> 禪家有一指之傳，非取義于指，蓋以明夫心之無二也。詩家有一指之喻，亦以詩法之傳本乎正宗，而貴乎心法之好也。善哉！余偶獲是編，其法以唐律之精粹者，採其關鍵以立則焉。若曰雙抛、單抛、內剝、外剝、鉤鎖連鐶、二字貫穿之類，深有得乎詩格之體，可爲學者之矩度。今不敢匿，命工繡梓，與四方學者共之。

此敘所述《詩家一指》的內容云：「若曰雙抛、單抛、內剝、外剝、鉤鎖連鐶、二字貫穿之類，深有得乎詩格之體，可爲學者之矩度」，與嘉靖二十四年（1545）刊黃省曾所輯《名家詩法》以及萬曆五年（1577）刊朱紱等人所輯《名家詩法彙編》中所收的《詩家一指》不同，〔註34〕反而係節錄自范德機的《木天禁語》，所以是書應是據《木天禁語》加以纂輯，而另題書名。〔註35〕

〔註34〕黃省曾《名家詩法》所收《詩家一指》，未指明作者。朱紱《名家詩法彙編》所收的《詩家一指》，則題作范德機所著。二本內容悉同，分別是「十科」、「四則」、「二十四品」、「普說外編」、「三造」。「十科」指意、趣、神、情、氣、理、力、境、物、事；「四則」即句、字、法、格，是遣詞用字和修辭方法的討論；「二十四品」，則針對司空圖《詩品》，分別援引詩人詩作加以證成；「三造」申說創作中的關鍵問題。最特別的是排列於「三造」之前的「普說外篇」，其內容有謂：「集之『一指』，所以返學者迷途；『三造』所以發學者之關鍵；『十科』所以別武庫之名件；『四則』條達規鍵、指眞踐履；『二十四品』所以攝大道，如載圖經，於詩未必盡似，亦不必有似」云云，像是《詩家一指》的序言，這個疑點，前引張健〈《詩家一指》的產生時代與作者〉一文，引史潛校刊《名賢詩旨》所收《虞尚書詩法》中的〈道統〉部分，正有「集之一指……」諸文字，張健並謂「集之一指」的意思是「虞集」所著《詩家一指》，指出黃省曾、朱紱等人的詩法彙編所收《詩家一指》均非原貌，虞集《虞尚書詩法》可能才是原本。

〔註35〕是書收入周維德教授《全明詩話》，題作懷悅所著，書前有〈明詩話提要〉據所見是書之成化刊本有謂：「此編分十科、四則、二十四品等」云云，則其所選錄之《詩家一指》實同於黃省曾等所入錄的《詩家一指》，而非懷悅自敘中所言具有「雙抛、單抛、內剝、外剝」等內容的《詩家一指》，此外，懷悅是

松石軒詩評

一卷，朱奠培（1418～1491）著，存。

朱奠培，號竹林懶仙，朱權之孫。生於永樂十六年（1418），正統十四年（1449）襲爵，是爲寧靖王，卒於弘治四年（1491）。焦竑《國朝獻徵錄》卷一〈寧靖王奠培〉稱其「臞幹疏髯，尤敏於學，才藻豐贍，一意修文辭，造語驚絕，著〈仙謠〉、〈卻掃吟〉、〈擬古詩〉二百餘篇，皆雋遠有思致，嘗撰《文章大格式》及《古今法書》各十餘卷、《松竹軒詩評》一卷」。事蹟又見《藩獻記》、《名山藏》、《明史》等。

是書多見諸家書目著錄，《晁氏寶文堂書目》、《脈望館書目》、《趙定宇書目》均作「松石軒詩評，一卷」，不著作者姓名。《澹生堂書目》著錄於「詩文評・詩評」類云：「松石軒詩評，一卷，林懶仙」，作者名有脫字；《萬卷堂書目》作「懶仙詩評，一卷，竹林懶仙」。《近古堂書目》及《玄賞齋書目》均作「臞仙，松石軒詩評」，不著卷數，作者則誤題爲朱權。《千頃堂書目》作「寧靖王奠培竹林孏仙，松石軒詩評，二卷」，卷數疑誤。《明史藝文志》則作「寧靖王朱奠培，詩評，一卷」。諸家所錄小異，然實一書。

是書之刊刻，《古今書刻》著錄江西弋陽王府刻有《懶仙詩評》，張秀明《中國印刷史》之〈明代藩府印書表〉即據云弋陽王府刻有《懶仙詩評》，且謂約景泰二年（1451）後至萬曆五年（1577）前刻。該表復著錄成化十年（1474）江西寧王府刊《松石軒詩評》，此本今藏於寧波天一閣，臺灣未見。

據周維德教授提供鈔自成化十年刊本之手鈔本，是書卷前原有〈觀詩錄〉和〈敘〉，俱殘缺，卷末則有朱奠培寫於成化十年之〈詩評後序〉一篇。此〈後序〉追溯「詩評」的源起，並評說歷來「詩評」的得失：

> 詩之有評也，鍾嶸三品之前，蓋未之聞焉。後之詩評，可嗣其美者，張芸叟而已。〔註36〕其他若敖陶孫輩中，無獨見者，則黨於流仿，苟循好惡，下注腳而已。言無先入者，則模稜首鼠，依違附會，打之遠而已。且評詩者，出處得失，皆所弗暇論於此者，亦所謂不以人廢言之道乎？

全書一百四十五條，品評自漢、魏至金、元之作家近二百人，上至帝王將相，

編刊《詩家一指》，而非撰著之人，亦應辨析。
〔註36〕張芸叟即張舜民，其字芸叟，號浮休居士，邠州人，《宋史》有傳。其所作《芸叟詩評》，在敖陶孫《詩評》之前，今存於胡仔《苕溪漁隱叢話》後集

下至僧衲婦女，無不收入，尤以品評唐人唐詩達百餘人，最為可觀。其品評多用駢偶的四字之句、比喻象徵之語彙，亦是承襲鍾嶸《詩品》以來的撰作風格。如評「蘇武之作，稱為高古。非清廟之瑟，朱絃疏豁，一唱三和，更無可喻也」；評「曹子建之作，亦正亦變，駸駸乎《大雅》之製焉」；評「阮籍之作，如剡溪雪夜，孤楫沿流，乘興而來，興盡而已」；評「左思之作，如丹崖翠巘，金象乳壑，晶熒璀璨，光景可挹」。而評唐詩的部分，尤見其評語的縱橫華麗，誇飾比喻，無所不用其極，且其部分觀點亦頗參酌引述前人評騭，如楊載《唐音》、高棅《唐詩品彙》等，均加註明。以其評杜甫之詩為例，即見其評語汪洋弘肆之風格：

> 杜甫之作，如滄溟際空，汪洋浩瀚，鯨奔鰲抃，蠔山蜃屋，天吳吉良，倭檣蜒艕，文庫珠蚌，無所不在。偉觀巨麗，莫與之京。至若鳧鷖鷗鷺，蝦鰻魴鮪，亦往往出沒乎其間。然時亦有可怪者，而不善擇者，乃兼收並拾，鼉鮫嬴蠻，青綸墨袋類，以為盛飾奇羞焉。
>
> 廷禮《唐詩品彙》及楊仲弘《唐音》，咸稱之為「大家」云。

是書頗行於當世，謝榛《四溟詩話》云：「《松石軒詩評》，全是詩料，且深於詩，何以啟發後學？」〔註37〕所謂「全是詩料」，蓋指是書皆俳偶之詞，未及於實際的創作方法，對於初學詩之人並不具啟示性。謝榛這個說法，注意到「讀者接受」的問題，也引起「詩評」與「詩話」的分別何在？初學者又需要什麼樣的詩話？等思索。很顯然的，《松石軒詩評》側重在評品，以象徵的書寫手法，評騭作者的風格，本不盡是為初學者而作，反而是深具詩學涵養及見聞的人讀之，才能有所接受與意會，是故謝榛許其「深於詩」。

至於謝榛認為什麼樣的詩話或什麼樣的陳述方式有益初學？其《四溟詩話》指出，像魏慶之《詩人玉屑》，集唐人句法，悉分其類，方才有裨於初學，但不宜以「公明佈卦」、「東方占鵲」等加以標題，以免與棋譜、牌譜相類。〔註38〕謝榛所謂「集唐人句法，悉分其類」，事實上就是詩式、詩格、

〔註37〕 謝榛之語見《四溟詩話》（臺北：木鐸出版社《歷代詩話續編》本，1983 年），卷 2，頁 1162。所謂「詩料」，一般指作詩的材料，是創作取材的問題，《通俗編》中〈文學・詩料〉引唐詩有「野色供詩料」語，然謝榛所評「全是詩料」者，並非單指此意，重點在指出該書全是俳偶之詞，如江盈科《雪濤詩評》「詩文才別」條，評李白能詩不能文，亦謂：「李即為文數篇，然皆俳偶之詞，不脫詩料」。

〔註38〕 《四溟詩話》，卷 2，頁 1170。

詩法之類著作的撰作方式，專在詩的形文聲文等外在體式上斟酌，其與「詩評」之作根本是不同的。惟此類詩式詩法著作良莠不齊，若謝榛所引「公明佈卦」、「東方占鵲」，即好立名目，炫耀技法者，亦須多加分辨。

竹林詩評

一卷，朱奠培著，存。

朱奠培著有《松石軒詩評》已見前。是書爲《松石軒詩評》之刪節本。見《紅雨樓書目》著錄，然題爲「鶴仙，竹林詩評，一卷」，所謂「鶴」仙者，應爲朱奠培「竹林懶仙」之誤字。

是書刊入明末所輯《古今詩話》，又見於日人所刊《螢雪軒叢書》，二本悉同，然作者皆署「闕名」，《螢雪軒叢書》近藤元粹之批語且云：「此亦似明人之著」。

《竹林詩評》計二十三則，品評大略以作家時代爲次第，集中評論初唐以前詩家，依序爲韋孟、蘇武、張衡、趙壹、曹植、王粲、劉禎、陶潛、陸機、陸雲、顏延年、鮑照、謝脁、王融、沈約、范雲、江淹、丘遲、何遜、陰鏗、徐陵、庾信、虞世南、阮籍及謝靈運，皆以比喻形容之語書寫。每一則詩評均見於《松石軒詩評》，字句悉同，如評「蘇武之作，稱爲高古。非清廟之瑟，朱絃疏豁，一唱三和，更無可喻之」；評「張衡〈四愁〉，遙衷耿慕，猶風騷之餘韻也」；評「曹子建之作，亦正亦變，駸駸乎《大雅》之製焉」；評「劉禎之作，郎潤清越，如攦金考石，故宜稱於建安」；評「阮籍之作，如剡溪雪夜，孤楫沿流，乘興而來，興盡而已也」；評「謝靈運之作，如森蔚璀瑋，而舖敘紛縟處，似《急就篇》」，均與《松石軒詩評》完全一致。

人物排列次序則略有更動，如將阮籍、謝靈運置於全書卷末，而《松石軒詩評》阮籍是在王粲、左思之間，謝靈運在謝脁、江淹之間，其後還有鮑照、王融、丘遲、沈約、范雲、何遜等。此外，《竹林詩評》評王融條，也將《松石軒詩評》原有的〈遊仙〉三首引詩削去，只保留「王融作〈遊仙詩〉，如金莖百尺，仙掌銅盤，集沆瀣於中天，倚清寒而獨矯也」的評論部分，略有出入而已。

是故，《竹林詩評》與《松石軒詩評》應爲一書，而前者爲後人刪節之本，或是因爲流傳到明末而成爲殘缺之本，後之刊刻者不明所以，乃題作者爲「闕名」，致使一書演爲二書。

吟窗小會

卷數不詳，沈周（1427～1509）著，存。

沈周，字啓南，號石田，又號白石翁，江蘇長洲人。據文徵明《甫田集》卷二五〈沈先生行狀〉，其生於宣德二年（1427），卒於正德四年（1509），年八十三。其年十一遊南都，作百韻詩上巡撫侍郎崔恭，比長，卻決意隱遁，《列朝詩集小傳》丙集謂其「所居有水竹亭館之勝，圖書彝鼎，充牣錯列，戶履填咽，賓客牆進，撫翫品題，談笑移日。興至，對客揮灑，煙雲盈紙，畫成自題其上，頃刻數百言，風流文翰，照映一時」，可見其性情之一斑。沈周兼擅詩書畫，然其詩畫又有軒輊，在當時即有不同議論，《列朝詩集小傳》即記錄云：

> 先生既以畫擅名一代，片楮匹練，流傳遍天下，而一時鉅公勝流，則皆推挹其詩文，謂以詩餘發爲圖繪，而畫不能掩其詩者，李賓之（李東陽）、吳原博（吳寬）也；斷以爲文章大家，而山水竹樹，其餘事者，楊君謙（楊循吉）也；謂其緣情隨事，因物賦形，開闔變化，神怪疊出者，王濟之（王鏊）、文徵仲（文徵明）也；謂其獨醜眾流，橫絕四海，家法在放翁，而風度主浣花者，祝希哲（祝允明）也。

李日華《恬致堂詩話》卷三則別有著錄云：「中原七子輩談詩謂，啓南本富詩才，而以題畫取辨倉猝，故遂入別調，此唐猶張旭縱酒、吳生塗鬼，致筆蹤狼籍也」。關於這點，李日華在其《恬致堂集》卷十八〈自題畫膡〉云：「白石翁詩沉著雄快，直闖杜陵營壘，間奪其兵符。……翁畫世已有定價，如寸珠尺璧，語曰：『美則愛，愛則傳』，以必傳之詩，附必傳之畫，是詩以畫壽，非畫掩也」。此詩畫相得益彰的說法，應爲沈周詩畫的較客觀評價。

沈周著有《石田集》、《石田詩鈔》、《石田雜記》等，《吟窗小會》爲其詩話之作。據周維德教授告知，是書今有清抄本，僅存一卷，書藏安徽皖南農學院圖書館。然以沈周之詩語率眞，書寫性情，曲盡物態，不爲一代一家所牢籠，清杜蔭棠《明人詩品》所謂：「其不專仿一家，中晚唐南北宋，靡所不學，每於平衍處，露新警語，人既貞不絕俗，詩亦變而成方」，雖說創作與批評不能等同，但可從中想見其詩學襟抱。

俞弁寫於嘉靖二十六年（1547）的《逸老堂詩話》，卷下，頁一三二六，著錄沈石田《詩話》一則：「沈石田《詩話》載：『薛沂叔〈詠新溪小泛〉詩

云：「柳斷橋方出，雲深寺欲浮」，石田稱『浮』字古人不能道。余見僧泐季潭有〈屋舟〉詩，有『四面水都繞，一身天若浮』，皆本老杜『乾坤日夜浮』之句。石田稱之過矣」。此詩話或即是書之佚文，亦見沈周詩話在當世頗有流傳。

菊坡叢話

　　二十六卷，單宇纂輯，存。

　　單宇，字時泰，號菊坡，江西臨川人。正統四年（1439）進士，歷任嵊縣、諸暨、侯官等縣知縣，以惠政聞名，英宗北狩，單宇上書請罷監軍內官，又請毀大興隆寺，事蹟見《明史》卷一六四、光緒二年（1876）《撫州府志》卷五一本傳。

　　是書見《澹生堂書目》卷一四〈詩話類〉著錄云：「《菊坡叢話》四冊，五卷」，可能卷數有脫誤。《玄賞齋書目》卷七〈詩話類〉則不著卷數。《紅雨樓書目》〈詩話類〉、《天一閣見存書目》、《欽定文獻通考經籍考》著錄是書爲二十六卷。然《天一閣見存書目》、《欽定文獻通考經籍考》著錄書名爲「菊波叢話」，有誤字。

　　今可見明成化九年（1473）原刊本，國家圖書館、北京圖書館藏，廣文書局影入《古今詩話續編》，並收入《全明詩話》。此本卷前有黎擴、黎近二人分別寫於成化九年之〈菊坡叢話序〉二篇，又有單宇寫於成化元年（1465）之〈菊坡叢話序〉，知是書成於成化元年，而刊於成化九年。此外，又有明藍格影鈔成化間本，國家圖書館藏；明刊本，故宮博物院圖書館藏；以及清順治三年（1646）兩浙督學周南李際期宛委山堂刊《說郛》續卷所收錄之一卷本。

　　關於是書之編纂，單宇〈菊坡叢話序〉謂，有鑑於各家詩選、詩話之類，皆古人優於文翰，含章時發，傳播人間者，至論詩法，深有可觀。又謂：「誠詩家之要論，非俗士之所知也，惜乎散漫無統，未易撿覽，遂取其間述作之不苟，事理之有據，議論之純正，談笑之可傳，諷刺吟遣皆可以爲勸懲者，不限古近，錄之以類，題曰『菊坡叢話』」。是書所區分之類目爲：

　　　　卷一：天文類。卷二：地理類。卷三：時令類。卷四：花木類。卷
　　　　五：鳥獸類。卷六：宮室類。卷七：器用類。卷八：人物類。卷九：
　　　　詩人類。卷十：風懷類。卷十一：婚姻類。卷十二：致政耆壽類。

卷十三：釋梵類。卷十四：僊逸類。卷十五：哀謚類。卷十六：科舉類。卷十七：兵戎類。卷十八：送贈類。卷十九：戲謔類。卷二十：身體類。卷二一：服飾類。卷二二：飲食類。卷二三：文史類。卷二四：詩法類。卷二五：四六類。卷二六：樂府類。

故是書體例頗似「類書」，內容則多輯自詩話。以是書所區分的類目觀之，所輯大抵偏重詩人詩事的記載，如「身體類」輯錄《詩人玉屑》杜詩可以治瘧、李頎〈愁詩〉之說及《后山詩話》「巴鼻」說等，也纂錄朱熹足疾、李後主病中感懷、杜甫耳聾、白居易眼病、范成大耳鳴、曾幾齒脫、張文潛病肺、劉後村髮脫等詩人的身體狀況及相關的詩作。

較具理論性質的輯錄，集中於「文史類」、「詩法類」。前者輯錄《六一詩話》、《學齋佔畢》、《溫公詩話》、《誠齋詩話》、《黃氏日抄》、《韻語陽秋》、《後山詩話》、《竹坡詩話》等，多為詩事的漫談隨筆；後者則輯錄「誠齋翻案法」、「江左體」、「蜂腰體」、「隔句體」、「絕絃體」、「五仄體」、「五句法」、「六句法」、「促句法」、「平頭換韻法」、「促句換韻法」、「拗句」、「七言變體」、「絕句變體」、「第三句失粘格」、「進退格」、「雙聲疊韻」等各式體製與詩法。所纂輯的來源包括《西清詩話》、《詩學禁臠》、《學林新編》、《漫叟詩話》、《苕溪漁隱叢話》等。相較於《冰川詩式》等專門性、大型的詩法彙編，是書所錄「詩法類」，雖非全面的綜輯採錄各式詩法、詩式、詩格，卻頗有小型詩法彙編的規模。此外，「詩法類」所輯皆詩法、詩式、詩格之類詩說，主要也是為初學者提供入門的階梯。

《四庫全書總目》卷一九七〈詩文評類存目〉「菊坡叢話」條，謂單宇於論詩不甚當行，並云：「是編大旨欲配胡仔之書，故仍以『叢話』為名，然採摭不及其博，又仔書多論文，此書多記事；仔書多考證，此書但鈔撮舊文。例亦小殊。」此條評述藉《苕溪漁隱叢話》與是書的比較，說明是書纂輯目的，凸顯是書多記事、多鈔撮舊說的特點，間接也寄寓褒貶，呼應前面所評單宇「論詩不甚當行」之語。

詩學權輿

二十二卷（或作四卷），黃溥纂輯，存。

黃溥，字澄濟，自號石崖居士，弋陽人。《四庫全書總目》卷一九一〈總

集類存目一〉「詩學權輿」條，謂其爲正統戊戌進士，然正統年並無「戊戌」，只有「戊辰」，故爲誤字。《明人傳記資料索引》謂其爲正統十三年（戊辰，1448）進士，擢御史，歷官廣東按察史，著有《石崖集》、《漫興集》。

　　是書頗見各公私書目著錄。《晁氏寶文堂書目》上卷〈詩詞類〉著錄，然未註明作者、卷數。《脈望館書目》〈詩話類〉著錄是書「四本」，不著撰人。《千頃堂書目》則著錄是書「四卷」。《古今書刻》著錄江西廣信府刻有《詩學權輿》，但未註明刊行時間。今可見者則爲二十二卷，如明成化五年（1469）自刻本，北京圖書館藏，存二十一卷，第十卷缺；明成化六年（1470）熊斌刊本，南京大學圖書館藏；明天啓五年（1625）復禮堂刊本，以上刊本見蔡鎭楚《石竹山房詩話論稿》著錄，臺灣未見。

　　《四庫全書總目》將是書著錄於〈總集類存目一〉，並大致說明其內容及優缺點：「是書兼收眾體，各爲註釋，定爲『名格』、『名義』、『韻譜』、『句法』、『格調』諸目，復雜引諸說以證之，然採摭雖廣，考證多疏，如卷首〈董少年歌〉，不知鳴平爲韻，古多此格，乃誤以爲七言一句之歌，甚至以楚辭與騷分爲二體，可謂不知而作矣」。以是書之詮釋眾體及區分「名格」等類目來看，是書應爲詩格、詩式之類的詩學著作，或以其卷帙龐雜、採摭豐富，故置於總集類。

　　是書在當世多有流傳，許學夷寫於明崇禎五年（1632）的《詩源辨體》，著錄是書的相關資料，並加入評論，可見當世對是書的接受，值得參考。其云：「黃澄濟《詩學權輿》二十二卷，皆類次晚唐、宋、元人舊說，而多不署其名，其署名者又多謬誤，蓋彼但見纂集之書，初未見全書也。其論以名物爲義者既多穿鑿，以字句相尙者，又入細碎，其他卑鄙，不能一一悉舉。間有一二正論，又與前後相反，蓋彼但類次舊說，初未有己見也。中錄嚴滄浪論，以嚴滄浪誤爲『蘇滄浪』，故或稱『蘇子美』，或稱『蘇滄浪』（按：蘇舜欽字子美，號滄浪），又引陳去非、葉少蘊之論而誤爲杜牧之，尤爲可笑。十卷之後，皆錄古人歌詩，然以李、杜與韓退之、白樂天、馬子才、宋諸公並錄，略不識正變之體，而註解又多穿鑿。至以陸龜蒙『丈夫非無淚』爲五言律，杜子美『紈褲不餓死』爲五言排律，蓋亦類次舊編，不足辯也。澄濟自序云：『是編蓋自早歲已嘗著之，以課家塾，名曰《詩學權輿》，每患其疏略未詳，至是重加纂集，頗爲明白，仍其舊名而不改者，良以後先所述雖有詳略不同，而其爲初學行遠升高之助，初亦未嘗異也』，後《冰川詩式》等書，

類次種種，不復致辨」。〔註39〕

詩法源流

　　三卷，王用章纂輯，存。

　　王用章，字憲伯，荊南（今湖北江陵）人，生平不詳。據楊成寫於成化十六年（1480）之〈詩法源流序〉有謂：「同寅王君用章刊定諸詩法得肯綮者」，〔註40〕此序文下署「賜進士第中順大夫知直隸揚州府事前監察御史三山楊成」，可知當時楊成是揚州知府，王用章爲楊成之「同寅」，意即同僚，爲成化年間之人。

　　《千頃堂書目》卷三二〈文史類〉著錄是書，云：「王用章《詩法源流》三卷」。《古今書刻》則著錄福建建寧府、汀州府刻有《詩法源流》，但未注明作者。《四庫全書總目》卷一九七〈詩文評類存目〉著錄是書云：「不著撰人名氏，末有至治壬戌（元英宗二年，1322）楊載舊序一篇，稱少年遊浣花草堂，見杜甫九世孫杜舉，問所藏詩律，舉言甫之詩法不傳諸子而傳其門人吳成、鄒遂、王恭，舉得之於三子，因以授載。其說極荒誕。……卷末又有嘉靖癸未（二年，1523）邱道隆後序，稱憲伯荊南王公用章取《詩法源流》，增入古人論述與詩足法者，釐爲三卷云云，然則此書爲王用章所輯。諸家著錄有作傅若金撰者，當以開卷第一篇提若金名，因而致誤耳」。

　　王用章之同僚楊成，於成化十六年（1480）將是書刊行，並寫有〈詩法源流序〉謂：

> 古詩《叁百篇》蓋後世所謂經者，其變爲選、爲律，而律斯極矣。
> 同寅王君用章刊定諸詩法得肯綮者，以傳其猷，注意選律之間乎。
> 夫經未易學，求諸選；選未易學，求諸律。律其易學乎？觀老杜斯
> 亦不易矣，此王君示教之微意也，然則學者奈何。是故必有忠愛懇
> 切之心，則杜可幾矣；有沖澹和平之氣，則選可幾矣。由是而深於
> 所謂溫柔敦厚者焉，斯達之經矣。使或不然，顧別寫一通以便觀覽。
> 然又自思，與其私諸己，孰若公諸人，迺捐俸繡梓，以與學詩者共

〔註39〕　《詩源辨體》（北京：人民文學出版社杜維沫校點本，1987年），卷35，頁342。

〔註40〕　此序見於楊成纂刊《詩法》（北京：國家圖書館出版社《中國古籍珍本叢刊‧天津圖書館卷》影印明嘉靖二年1523刊本，2013年），卷前，頁606。文末有印三方，分別爲「成玉」、「古二千石」、「甲申進士」。

之。但其間魯魚亥豕，尤望四方博雅君子爲改而正之，幸甚。〔註41〕

嘉靖二年（1523），福建按察司副使邵銳奉敕視學仁和（杭州），重刊楊成纂輯之《詩法》，將王用章《詩法源流》刊入，合爲一本。

　　按，此嘉靖二年刊本已由北京：國家圖書館出版社於二〇一三年影入《中國古籍珍本叢刊・天津圖書館卷》出版。觀此本序文及內容，依序爲邵銳〈重刊詩法序〉、楊成〈詩法源流序〉，接著爲《詩法》五卷，其後爲《詩法源流》三卷，卷後有至治壬戌楊載〈詩法源流舊序〉、丘□□（字跡殘缺）〈詩法源流後敘〉，及不知何人所著的〈跋詩法源流〉（只有第一頁，其餘殘缺）。連繫前引《四庫全書總目》，可知丘□□爲邱道隆，其〈詩法源流後敘〉謂：「詩作概古今天下持法，故非一家梓行，亦多訛闕。憲伯荊南王公用章，遂取《詩法源流》，增入古人論述與詩足法者，釐爲三卷，錄梓以傳」。〔註42〕

　　此本《詩法源流》分上中下三卷，上卷收錄詩法，標題及署名分別爲：

　　　　《詩法正論》（傅與礪述德機范先生意）

　　　　《詩文正法》（傅與礪述）

　　　　《詩法》（黃子肅先生述）

　　　　《詩法正宗》（揭曼碩先生述）

　　　　《詩宗正法眼藏》（未署名）

此卷承襲懷悅《詩法源流》的內容及體例，包括沿用《詩法正論》，改《詩法家數》爲《詩文正法》，刪去《詩解》，增入《詩法》、《詩法正宗》、《詩宗正法眼藏》。

　　中卷及下卷爲〈選詩〉。中卷署「後學傅若川次舟編次」，收錄漢魏古詩，包括亡名氏〈古詩〉十九首、蘇子卿（蘇武）〈別李陵〉四首、李少卿（李陵）〈別蘇武〉三首、張子平（張衡）〈四愁詩〉四首、亡名氏〈古樂府〉〈傷歌行〉〈長歌行〉、魏武帝（曹操）〈短歌行〉四首，及曹丕、曹植、王粲、劉楨、阮籍、左思、陸機、劉琨、郭璞、陶潛之詩，諸作皆引全詩以作範例。

　　卷下署「門人吳成、鄒遂、王恭編次」，專收杜甫之詩，並標立詩格，內容沿襲懷悅《詩法源流》之〈詩格〉，而數量增多。《四庫全書總目》卷一九七〈詩文評類存目〉曾予評述，可資參考：「所載凡五言律詩九首，七言律詩

〔註41〕同前註。

〔註42〕同前註，此序見楊成纂刊《詩法》，卷後，頁 698-699。

四十三首，各有吳成等註釋，標立結上生下格、拗句格、牙鎖格、節節生意格、抑揚格、接項格、交股格、纖腰格、雙蹄格、續腰格、首尾互換格、首尾相同格、單蹄格、應句格、開合格、開合變格、疊字格、句應句格、敘事格、歸題格、續意格、前多後少格、前開後合格、興兼比格、興兼賦格、比興格、連珠格、一意格、變字格、前實後虛格、藏頭格、先體後用格、雙字起結格，凡三十三格，其謬陋殆不足辨」。

據周維德教授告知，是書另有嘉靖三十八年（1559）刊本，藏於天一閣。蔡鎮楚教授《石竹山房詩話論稿》則謂，重慶圖書館藏有明刊之殘本，僅存上卷。二本筆者未見。是書日後亦有傳刊，萬曆五年（1577）朱紱、徐珪等所輯《名家詩法彙編》之卷八，收錄：傅與礪《詩法正論》、傅與礪《詩文正法》、黃子肅《詩法》、揭曼碩《詩法正宗》、揭曼碩《正法眼藏》，各書下署：「王用章刊定，朱紱校正，談　編次」，則朱紱等人所輯之書，即以王用章纂輯《詩法源流》當底本再次編刊。

詩法

五卷，楊成輯刊，存。

楊成，字成玉，三山人，天順八年（1464）進士，官揚州知府。是書有嘉靖二年（1523）邵銳重刊之本，其著〈重刊詩法序〉謂：

> 唐、宋以來詩人所著詩法非一家，近世板行者，范德機《木天禁語》、楊仲弘《古今詩法》二集，人皆寶之，不啻拱璧。余承乏維揚之明年，偶得寫本《詩法》一部，不知何人所編，如德機、仲弘之集亦皆載之，中間略有檃括，其後又有《金針集》、《詩學禁臠》、《沙中金》等集，皆人所罕見者。余反覆再四，深喜，以為詩之為法，莫備於此者矣。奈何傳寫字樣舛訛甚多，用是過不自量，粗加考訂，讀區區體式之求，抑末矣。本之則無如之何。銳不佞，庸引其端，請質諸善學詩者。〔註43〕

按，此嘉靖二年刊本已由北京：國家圖書館出版社於二〇一三年影入《中國古籍珍本叢刊‧天津圖書館卷》出版。邵銳〈重刊詩法序〉下署「賜進士出身福建按察司副使奉敕視學仁和邵銳敘」，可知是書為其視學杭州時所刊。

〔註43〕同前註，此序見楊成纂刊《詩法》，卷前，頁605。

〔註44〕此本刊入《詩法》五卷，其標題及內容：

卷一：木天禁語（内篇，范德機）。

卷二：詩家一指（外篇）。

卷三：嚴滄浪先生詩法、詩體、體製名目、用韻、總論、名公雅論、
　　　詩法家數（楊載仲弘）、作詩準繩、律詩要法、五言古詩、七
　　　言古詩、絕句、榮遇、諷諫、登臨、征行、贈別、詠物、讚
　　　美、賡和、哭挽。

卷四：金鍼集（白居易）、詩學禁臠（清江范德機）。

卷五：沙中金集。

是書在嘉靖二年之後有進一步的傳刊，據劉德重《詩話概說》之〈歷代詩話要目〉，謂是書有嘉靖三十一年（1552）刊本，現藏寧波天一閣。筆者未見。萬曆五年（1577），朱紱、徐珪等所輯《名家詩法彙編》，卷一至卷七收錄范德機《木天禁語》、范德機《詩家一指》、嚴滄浪〈詩體〉、楊仲弘《詩法》、白樂天《金鍼集》、范德機《詩學禁臠》，及《沙中金集》，各卷之下均題署「明三山楊成考訂」。是故《名家詩法彙編》以楊成《詩法》為底本，又輯入前述王用章《詩法源流》，可謂集詩法彙編之大成。〔註45〕

〔註44〕考察張健論文〈《詩家一指》的產生時代及作者〉，著錄佚名氏《群公詩法》、嘉靖二十九年（1550）《詩法》及《詩法源流》合刊本、謝天瑞《詩法大成》等三部詩法彙編，並引楊成寫於成化十六年（1480）的〈重刊詩法序〉：「唐、宋以來詩人所著詩法非一家，近世版行者，范德機《木天禁語》、楊仲弘《古今詩法》二集，人皆寶之，不啻拱璧。余承乏維揚之明年，偶得寫本《詩法》一部，不知何人所編，如德機、仲弘之集亦皆載之，中間略有櫽括，其後又有《金針集》、《詩學禁臠》、《沙中金》等集，皆人所罕見者。余反覆再四，深喜之，以為詩之為法，莫備于此矣。奈何傳寫字樣舛訛甚多，用是過不自量，粗加考訂，別寫一通，以便觀覽。然又自思，與其私諸己，孰若公諸人，乃捐俸繡梓，以與學詩者共之。但其魯魚亥豕，尤望四方博雅君子為改而正之。幸甚。」檢視此序，與嘉靖二年刊本邵銳所著〈重刊詩法序〉雷同，頗疑係時人刊刻時，將邵銳〈重刊詩法序〉與前引楊成〈詩法源流序〉（此文見王用章「詩法源流」條）重新拼貼組合。

〔註45〕前引張健〈《詩家一指》的產生時代及作者〉，曾歸納根據楊成本翻刻或整編校刊的至少有六個版本：一、佚名氏《群公詩法》本；二、黃省曾《名家詩法》本；三、嘉靖二十九年（1550）的《詩法》及《詩法源流》合刊本；四、朱紱《名家詩法彙編》本；五、謝天瑞《詩法大成》本；六、《格致叢書》本，可參考。

詩話

十卷，楊成纂輯，存。

楊成嘗輯刊《詩法》，已見前。是書見《欽定文獻通考經籍考》著錄，《萬卷堂書目》則作：「《十子詩話》十卷，楊成玉」，故是書又名「十子詩話」。《四庫全書總目》卷一九七〈詩文評類存目〉「詩話」條著錄云：「《詩話》十卷，明楊成玉編。成玉始末未詳，其彙輯此書時，官揚州府知府，重刊於宏治庚戌（三年，1490），則繼任知府馬忠也。所列宋人詩話，凡劉攽、歐陽修、司馬光、陳師道、呂居仁、周紫芝、許顗、張表臣、葉夢得、陳巖肖十家，在近時皆爲通行之本，在當時則皆秘笈，故十書雖已各著錄，而仍存本書之目，以不沒其蒐輯之勞焉」。由此項著錄可知，是書爲楊成官揚州知府時所纂輯，並由繼任知府的「馬忠」於弘治三年（1490）重刊行世。《叢書大辭典》亦著錄是書之明弘治三年序刊本，內容有：

> 劉攽《劉邠貢父詩話》、歐陽修《六一居士詩話》、司馬光《司馬溫公詩話》、陳師道《後山居士詩話》、呂居仁《東萊呂紫微詩話》、周紫芝《竹坡老人詩話》、許顗《許彥周詩話》、張表臣《張表臣詩話》

《叢書大辭典》所錄，未見葉夢得《石林詩話》、陳巖肖《庚溪詩話》，則其所據之本已有缺漏。據蔡鎮楚《石竹山房詩話論稿》，此本多有佚失，如弘治三年本今爲上海圖書館所藏，只存七卷，第八、九、十卷佚；又有一明刊本，見鄭振鐸《西諦書目》著錄，亦只存五卷，第一、二、八、九、十卷佚。

劉德重、張寅彭所著《詩話概說》，論及明代的「詩話叢書」時，以爲現存最早者即爲此本《詩話》，其云：「這套叢書重刊於弘治庚戌（1490），其初刊本當更早」。〔註 46〕蔡鎮楚《詩話學》談及詩話叢書，亦云：「詩話叢書的編輯，始于明代。明代揚州知府楊成玉編輯的《詩話》，收錄歐陽修《六一詩話》、司馬光《溫公續詩話》、劉邠《中山詩話》等十部宋人詩話之作，釐爲十卷，明孝宗弘治三年（1490）馬忠刊本，今僅存七卷。這是中國詩話史上最早的詩話叢書」。

上述學者都指出此書的重要性。不過，結合馮忠於弘治年間所刊之《宋詩話五種》（詳見下文「宋詩話五種」條）省視，有幾點應該注意：其一，《詩

〔註46〕《詩話概說》，頁 152。

話》與《宋詩話五種》兩部詩話叢書同在弘治年間刊行，且楊成所輯《詩話》已為重刊。其二，兩部叢書同為收錄詩話之「祕笈」，而所收詩話悉同，《宋詩話五種》應即《詩話》的前半部。其三，《宋詩話五種》的刊行者馮忠，曾出任揚州知府。

由以上三點可知，《四庫全書總目》謂重刊楊成《詩話》的揚州知府，應該是「馮忠」，而不是「馬忠」，此乃訛誤。〔註47〕再者，馮忠重刊楊成所編的十卷本《詩話》，自己另外選取前五卷，刊成五卷本《宋詩話五種》行世，其選取原則不詳，或與這五種詩話時代較前、較受歡迎、較為稀見或較為重要有關。

所以，《詩話》與《宋詩話五種》其實是一部書，刊行者同為馮忠。馮忠的身分是揚州知府，並非牟利的書賈，編刊《宋詩話五種》，可能係基於方便推廣、饋贈、詩話知名度或刊刻成本等理由。而從讀者的角度來看，一書重刊，一書則為「節本」，反應出當時江南詩風之盛，及讀者視宋人詩話為「祕笈」的好奇心理，特別是「詩話叢書」提供讀者的是完整性、多樣性與自主性的詩話閱讀，不同於摘鈔式、分類式化整為零的「詩話彙編」，必須受制於編者的選錄與支配。

若從文獻保存的角度來看，這種體例對於保存詩話的全貌，非常具有史料價值，所以「祕笈」因之得以普及。「詩話叢書」的創例意義極大，不惟當代即繼有接踵者，入清更加發揚光大，今日可見諸如《歷代詩話》、《續歷代詩話》、《清詩話》、《清詩話輯佚》等等，都是眾多前人詩話賴以流傳與盛行的重要媒介。

值得一提的是，陳音也曾纂集《宋名人詩話》（詳見本論文下冊「宋名人詩話」條），該書卷數也是十卷，見曹寅《棟亭書目》著錄。陳音生於正統元年（1436），卒於弘治七年（1494），與楊成、馮忠的編刊《詩話》、《宋詩話五種》，有時間上的交集。惟《宋名人詩話》今未見，無法作進一步的比對或分析，姑置於此，以供互見。

蘭莊詩話

一卷，閔文振著，存。

〔註47〕《四庫全書總目》誤將「馮忠」作「馬忠」，張健〈《詩家一指》的產生時代
　　　　與作者〉亦曾在「附註二」中論及。

閔文振，字道充，浮梁人（今江西景德鎮）。據清同治十一年（1872）刊《饒州府志》〈閔文振傳〉謂其「博綜文詞，尤長於詩，以歲貢教授嚴州，徵修《福甯州志》及《甯德縣志》，所著有詩話、文話等書五十餘種，祀福甯名宦」。

是書見《晁氏寶文堂書目》卷中〈子雜類〉、《紅雨樓書目》〈詩話類〉、《千頃堂書目》卷三二〈文史類〉及《明史藝文志》著錄。據蔡鎮楚《石竹山房詩話論稿》之〈明代詩話考略〉謂是書有明弘治九年（1496）序刊本，日本早稻田大學圖書館藏。《北京圖書館古籍善本書目》則著錄是書有明鈔本。

臺灣可見惟有明末刊《古今詩話》本。此本作者題「闕名」，內容僅有〈曹子建〉、〈陶潛〉、〈劉太眞〉、〈漢魏〉四則。其中〈曹子建〉條謂「予每讀其詩，灑然有千古之思」；〈陶潛〉條謂：「吾獨感於處陶焉」，可知對曹植、陶潛的欽慕。〈漢魏〉條謂：「大概學詩須以《三百篇》詞及漢魏間人詩爲主，方見古人妙處，自無齊梁間綺靡氣味也」，可略見其論詩主張。

周維德《全明詩話》收錄此書，並於〈明詩話提要〉據所見明鈔本，謂：「文振雖主張學習《三百篇》及漢魏古詩，推崇曹植、陶潛，但他不尙復古。他說：『世路日下，好尙隨之，詩之不能復古，宜哉！』他提倡『詩貴有韻，然過泥則拘矣』，主張『音近而協者皆可押』」。然考察《全明詩話》所收《蘭莊詩話》，亦僅〈曹子建〉、〈陶潛〉、〈劉太眞〉、〈漢魏〉四則，是故周教授所見明鈔本與《古今詩話》本內容相同，至如其所引用閔文振「世路日下，好尙隨之……」諸語，則不見於四則詩話之中，或許周教授別有所據？

瓊臺先生詩話

二卷，蔣冕（1463～1533）著，存。

蔣冕，字敬之，〔註48〕廣西全州人。據《明人傳記資料索引》，其生於天順七年（1463），卒於嘉靖十二年（1533），年七十一。《殿閣詞林記》卷

〔註48〕《四庫全書總目》，卷175，〈別集類存目二〉，「湘臯集」條，謂其字「敬所」，並以按語謂：「《明史》本傳，冕字敬之，然編首王宗沐、黃佐、陳邦偁、呂調陽四序，俱稱『敬所』，同時之人不應有誤，疑《明史》乃刊本之訛」，然檢視丘濬《瓊臺詩文會稿》，卷21，有〈蔣冕敬之字辭有序〉；《殿閣詞林記》，卷2，〈謹身殿大學士蔣冕〉傳；《名臣言行錄新編》，卷37，〈蔣冕〉傳；《國朝獻徵錄》，卷15，〈內閣大學士蔣公傳〉等明代傳記，俱謂其字「敬之」，則敬之、敬所均爲蔣冕的字號，《明史》本傳著錄亦有其據。

二〈謹身殿大學士蔣冕〉傳謂其中丁酉（成化十三年，1477）鄉試，丁未（成化二十三年，1487）舉進士，選庶吉士，授編修，歷官右中允、侍講學士、少詹事、吏部侍郎、禮部尚書、戶部尚書謹身殿大學士等。其個性持正不撓，明世宗初年擔任首輔，僅二月即以齟齬而去，卒諡文定。事蹟另見《名臣言行錄新編》卷三七〈蔣冕〉傳、《國朝獻徵錄》卷十五〈內閣大學士蔣公傳〉、《嘉靖以來內閣首輔傳》卷一、《明史》卷一九〇、《明詩綜》卷二五、《明詩紀事》丙籤卷九等。

是書見《脈望館書目》〈詩話類〉、《玄賞齋書目》卷七〈詩話類〉、《趙定宇書目》、《千頃堂書目》卷三二〈文史類〉、《欽定文獻通考經籍考》等著錄。並收入周維德教授《全明詩話》。此書有異名，《脈望館書目》題作「璚臺詩話」，或係誤字。《玄賞齋書目》、《趙定宇書目》所錄，書名則題作「丘文莊詩話」。

據蔡鎮楚《石竹山詩話論稿》〈明代詩話考略〉，是書有明萬曆二十六年（1598）許自昌刊本，吳縣圖書館藏；明崇禎十一年（1638）愛吾廬刊本，遼寧圖書館、桂林圖書館藏；影鈔本，北京圖書館藏。以上臺灣均未見，僅藏有是書之鈔本，此本由臺灣學生書局於一九七二年影印發行。

是書書前有蔣冕之序，謂其戊戌（成化十四年，1478）來京師，拜丘濬為師，辛丑（成化十七年，1481）會試不第，將南歸省母，因蒐集平日聆聽之師訓，成詩話二卷，以呈其師。可知是書寫於成化十七年，蔣冕年方十九，是其早年之作。

其師丘濬，字仲深，廣東瓊山人，據《明人傳記資料索引》，其生於永樂十六年（1418），卒於弘治八年（1495），年七十八。其正統九年（1444）中鄉舉，景泰五年（1454）中進士，官至文淵閣大學士，直內閣，卒諡文莊。《列朝詩集小傳》丙集謂其「博極群書，尤熟國家典故。平生作詩幾萬首，口占信筆，不經持擇，亦多緣手散去。今所存《瓊臺集》，尚千餘首」。事蹟又見《西園聞見錄》卷二七〈宰相中〉《殿閣詞林記》卷二、《吾學編》卷四四、《國朝獻徵錄》卷十四〈丘公傳〉等。

是書之內容全為記錄丘濬的詩作以及相關詩事。蔣冕〈瓊臺先生詩話序〉自謂此書著述從學之所聞見，凡其師之鄉人暨當世士大夫談論有及於此者，均加以記錄，就如同昔日程朱門人之著錄師說一般。但此書所論止於詩詞，

因此以詩話爲書名。周維德〈明詩話提要〉引馮驥聲〈重刊瓊臺先生詩話序〉謂：「錄一人之詩以爲詩話者，始於《瓊臺先生詩話》」。按，馮驥聲之說將是書置於中國詩話發展史上，肯定其開創錄一人之詩以爲詩話的體例，然宋方深道《集諸家老杜詩評》，已專就一人之詩而彙輯前人詩評，而宋人吳涇《杜詩九發》，則專錄杜甫之詩，自發胸臆加以品評，〔註49〕兩種體例均前有古人。蔣冕以其師作詩隨手散佚，並爲誌平日之所聞，故是書重在記錄丘濬的詩作，並結合他人品評與自我看法爲一，性質與宋人詩話雖略有不同，但開創意義並非極大。《四庫全書總目》卷一九七〈詩文評類存目〉「瓊臺詩話」條，即以吳沆門人輯《環溪詩話》之例擬之，謂是書「因裒輯濬生平吟詠，各詳其本事，蓋即吳沆門人輯《環溪詩話》之例」。

關於是書的評價，《四庫全書總目》謂：「詞多溢美，蓋濬以博洽著，詩非其所長，冕以端謹不阿著，論詩亦非其所長也」，而是書謂：「先生之詩固多雄渾奇偉者」、「先生應酬之作，率多佳句」、「以冕觀之，鐵崖（楊維楨）不過蒐摭奇僻以成文耳，先生之詩語句渾雄，氣格悠裕，可謂無忝其所稱哉」等，〔註50〕則「詞多溢美」之評頗不誣也。至如是書引丘濬與友人論詩之詩：「吐語操詞不用奇，風行水上繭抽絲。眼前景物口頭語，便是人間絕妙辭」，以爲「先生之詩無愧此詩之所云矣」，〔註51〕仍能見出丘濬詩作的特色與風格。

至於蔣冕自己的詩觀，俞弁《逸老堂詩話》曾引蔣冕評論當世評詩者「詩不可解」之主張，謂：

> 蔣少傅冕云：「近代評詩者，謂『詩至於不可解，然後爲妙』。夫詩美教化，敦風俗，示勸戒，然後足以爲詩。詩而至於不可解，是何說邪？且《三百篇》何嘗有不可解者哉？」〔註52〕

當世申言「詩之不可解」者，最有名的是謝榛，其《四溟詩話》有謂：「詩有可解、不可解、不必解，若水月鏡花，勿泥其跡可也」。〔註53〕此說影響極大，如編選《歷代詩話》的何文煥，在所著〈歷代詩話考索〉即謂詩「斷

〔註49〕以上二本宋人詩話的相關論述，詳見郭紹虞《宋詩話考》，頁30、212。
〔註50〕以上見《瓊臺先生詩話》（臺北：臺灣學生書局影印鈔本，1972年），卷上，頁19；卷下，頁19、22。
〔註51〕同前註，卷下，頁28。
〔註52〕《逸老堂詩話》，卷下，頁1318。
〔註53〕《四溟詩話》，卷1，頁1137。

無不可解之理，謝茂秦創爲『可解、不可解、不必解』之說，貽誤無窮」。
謝榛所論的「不可解」，是針對詩歌寫作有「不立意造句，以興爲主」者，
重視詩歌有悠遠模糊的審美情趣，同時對穿鑿的解詩表示反對。

　　蔣冕反對詩「不可解」者，應係針對嘉靖年間之詩壇風氣而言，爲其晚
年的言論。其主要的著眼點在於詩必須能解，才能「美教化，敦風俗，示勸
戒」，所以「《三百篇》何嘗有不可解者哉？」如此方能達到詩歌的功能與任
務，此乃儒家的傳統詩觀。

　　惟《毛詩序》解《三百篇》有作：「〈關雎〉，后妃之德」、「〈葛覃〉，后
妃之本也」、「〈卷耳〉，后妃之志也」、「〈螽斯〉，后妃子孫眾多也」、「〈桃夭〉，
后妃之所致也」。詩之託諷，固然有之，但諸如此類之說解，過於牽強穿鑿，
則僅爲詩教，並非詩旨。是故蔣冕反對詩歌有「不可解」之妙，係本於儒家
詩觀而言，忽視詩歌的美感成分，過於重視詩歌的教化功能，則反映當世儒
生的意見，所以爲俞弁《逸老堂詩話》所引錄。詩歌必須能解，才有利於用
世、教化，這種「可解」的務實詩觀，與「不可解」的抒情浪漫詮釋，都是
不可或缺的，詩歌的世界必須有多元的詮釋與論辯，才會更加寬闊無邊。

七人聯句詩紀

　　一卷，楊循吉（1458～1546）著，存。

　　楊循吉，字君謙，江蘇吳縣人。生於天順二年（1458），卒於嘉靖二十
五年（1546）。其於成化二十年（1484）中進士，授禮部主事，以病乞歸，
著有《松籌堂集》、《菊花百詠》、《攢眉集》、《齋中拙詠》等書，事蹟見自著
〈禮部郎中楊循吉生壙碑〉等。

　　楊循吉在當日頗爲特立，《明世說》卷六〈任誕〉謂其多病好讀書，最
不喜人間酬應，開卷自得輒起而哮掉不休，人呼「顛主事」。錢允治於萬曆
三十七年（1609）刊刻其《合刻楊南峰先生全集》，撰有序文，稱其「資性
敏，若有宿習，於書無所不好，無所不窺」、「自經史而外，稗官小說、佛老
方書、興曆象數，罔不羅列胸中」。

　　是書多見各書目，惟入錄的類別多有歧出。《澹生堂書目》卷一二著錄
於〈總集〉之〈逸詩類〉，題作「《七人聯句》，一卷，四十家小說本」。《玄
賞齋書目》卷七著錄於〈集部・詩話〉類，題作「七人聯句詩話」，不著卷

數。《千頃堂書目》卷三一則著錄於〈集部‧總集〉類，題作「楊循吉等，《倚玉集》一卷，又，《七人聯句詩紀》一卷」。《四庫全書總目》卷六四〈傳記類存目六〉亦著錄《七人聯句詩記》一卷。

各家書目入錄類別分歧，係由於此書乃楊循吉記載與同官王仁甫、徐寬、陳章、王弼、侯直、趙寬等六人會飲聯句之事，卷後並附六人小傳，以及自著之小傳。是故書中記有聯句唱和詩事，又有傳記軼事，因此入錄於「詩話」、「總集」、「傳記」、「逸詩」諸類目皆有。是書之流傳，多刊入叢書以行。現有明嘉靖間刊《顧氏明朝四十家小說》本及明崇禎三年（1630）淮南李氏刊《璅探》本，惟書名作《聯句詩紀》。

是書寫於成化二十二年（1486）八月二十六日，僅記一時、數人之會，意義與價值不甚高，《四庫全書總目》謂是書「所載勝事以六官一隱者為大奇，亦未能免俗矣」，誠然。至於楊循吉之詩學理念，所著〈朱先生詩序〉有云：

> 予觀詩不以格律體裁為論，惟求能直吐胸懷、實敘景象，讀之可以諭，婦人小子皆曉所謂者，斯定為好詩！其他鈤餖攢簇，拘拘拾古人涕唾，以欺新學生者，雖千篇百卷，粉飾備至，亦木偶之假線，索以舉動者耳，吾無取焉。大抵景物不窮，人事隨變，位置遷易，在在成狀，古人豈能道盡，不復可置語，清篇新句，目中競列，特患吟哦不到耳。〔註54〕

可見其論詩與時下講究「格律體裁」不同，反而力贊「直吐胸懷、實敘景象」的好詩，肯定「清篇新句」的可貴，在當日崇尚復古的詩風中頗顯獨特。而其「大抵景物不窮，人事隨變，位置遷易，在在成狀，古人豈能道盡」，也傳遞出詩必己出、書寫真詩的精神，不強合於古人，不作繫以假線的木偶，堪稱真誠的詩學體驗。

楊循吉的詩學觀念不苟同於世俗，與其性格有很大的關係。他在序中自謂：「蓋吾平生觀詩率如此，自知鄙性偏僻，不合大雅，然自謂好詩到手，亦自易見，惟有失取，固無失不取也」，儘管自知「不合大雅」，但對於「好詩」有一定的堅持與自信。而《七人聯句詩紀》一書的撰作，標榜「勝事」、「大奇」，與一般詩話的體例略有不同，應該也是其詩學觀念下的產物。

〔註54〕《合刻楊南峰先生全集》（日本內閣文庫藏：明萬曆三十七年（1609）錢允治刊本），《燈窗末藝》，頁10。

第二章　明代中期的「現存」詩話
——弘治至隆慶年間

玉枕山詩話

　　一篇，張弼（1425～1487）著，存。

　　張弼，字汝弼，號東海，江蘇華亭人，洪熙元年（1425）生，景泰四年（1453）領鄉薦，成化二年（1466）中進士，官南安知府，治績頗著，卒於成化二十三年（1487），年六十三。其以草書稱揚當世，與李東陽等交遊，著有《東海張先生文集》，是集今有明正德十年（1515）華亭張氏刊本，書藏國家圖書館，當中即收有〈玉枕山詩話〉、〈六同詩話〉、〈續夢詩話〉。又，《東海張先生文集》八卷，有正德十五年（1520）書林劉氏日新書堂刊本，《中國科學院圖書館藏中文古籍善本書目》著錄。

　　〈玉枕山詩話〉為成化十八年（1482）陳獻章（1428～1500）北上過南安時，會晤張弼，兩人論詩唱和的記錄。

六同詩話

　　一篇，張弼著，存。

　　〈六同詩話〉版本同前述〈玉枕山詩話〉。此本僅為一篇，為張弼與刑部郎中王景明的詩歌贈答經過，因與王景明同鄉、同志、同年、同官、同事、同游，共計「六同」，故作為篇章之名。

續夢詩話

一篇，張弼著，存。

〈續夢詩話〉版本同前述〈玉枕山詩話〉。此本僅存一篇。爲張弼記錄夢中與中書舍人張文元訪南陵守方文美，彼此作詩唱和的情形。

張弼〈玉枕山詩話〉、〈六同詩話〉、〈續夢詩話〉僅爲三篇關於詩的故事與記錄，即以「詩話」命篇，顯示出明人對「詩話」體製的看法寬鬆，也顯見詩話自由書寫的特色。

宋詩話五種

五卷，馮忠（1438～1502）編刊，存。

馮忠，字原孝，號松崖，浙江慈谿人，成化十四年（1478）進士，授刑部主事，歷員外郎、揚州知府等，著有《松樵集》，事蹟見劉春所撰〈馮公墓誌銘〉。

是書見郭紹虞《宋詩話考》「紫微詩話」等條徵引，筆者未見。所謂「宋詩話五種」，包括歐陽修《六一詩話》、司馬光《溫公續詩話》、劉攽《中山詩話》、陳師道《后山詩話》及呂本中《紫微詩話》。郭紹虞只謂「明弘治馮忠刊」，餘無多述，或爲其所親見之本。是書應係馮忠節錄楊成所編《詩話》的前半部而成。

詩學啓蒙

不著卷數，華宗康（1409～1497）著，疑存。

華宗康，字思淳，江蘇無錫人。生於永樂七年（1409），卒於弘治十年（1497），年八十九。是書見張慧劍編《明清江蘇文人年表》，徵引自《錫山書目考》卷七，〔註1〕筆者未見。

夢蕉詩話

一卷，游潛著，存。

游潛，字用之，江西豐城人。《明詩紀事》丁籤卷九謂其爲弘治十四年（1501）舉人，官賓川（按，應爲雲南賓州）知州，著有《夢蕉存稿》。道光

〔註1〕《明清江蘇文人年表》，頁130。

五年（1825）刊《豐城縣志》卷一二〈仕績〉，謂賓州風俗摽悍，游潛以文教
敷之，又平苗亂有功，其「博綜天文地理人物器數，著述甚富，學者稱爲几
山先生」。

　　是書見《晁氏寶文堂書目》上卷〈子雜類〉著錄，然不著卷數，書名則
作「夢樵詩話」。又見《千頃堂書目》卷三二〈文史類〉著錄，卷數亦無，
書名則爲「夢蕉詩話」。據《明詩紀事》所引《夢蕉詩話》，游潛自謂故居鍾
山之麓，小橋流水，結茅數椽云：「室之最後爲小亭，窗戶靜朴，環植芭蕉
如幄，朝夕偃仰，視天下得失之故，灑如也，署曰夢蕉亭」，〔註2〕則書名應
爲「夢蕉詩話」。

　　是書今有明嘉靖二十七年（1548）豐城游氏家刊萬曆及康熙間遞修補《夢
蕉三種》本，書藏北京圖書館，收入周維德《全明詩話》。又有清道光十一
年（1831）《學海類編》本，廣文書局影入《古今詩話叢編》，新文豐圖書公
司影入《叢書集成新編》，此爲今日流傳最廣之本。

　　《四庫全書總目》卷一九七〈詩文評類存目〉謂是書「所論諸詩，明人
居其大半，率無深解，或借以自擄不平，尤爲褊淺。如河源襲都實之說、嫦
娥祖史繩祖、白珽之論，未免剿剟陳言。論洪武正韻一條，謂沈約在宋齊梁
陳時並居鈞要，譜韻以詞賦取士，積習久矣，及唐有天下，亦竟因之云云。
考沈約卒於梁代，實未入陳，以詩賦試進士，始於唐高宗調露二年，梁代安
有是制？更爲杜撰。惟駁《許彥周詩話》論杜牧詩一條，特有深解，非他家
之所及耳」，指出是書因襲與錯誤之處，也肯定游潛論詩別有見解。然《總
目》並未深入討論是書所呈現的詩學主張，如：

> 宋詩不及唐，固也，或者矮觀聲吠，併謂不及于元，是可笑歟！方
> 正學（方孝孺）論之詩云：「前宋文章配兩周，盛時詩律亦無儔。
> 今人未識崑崙派，卻笑黃河是濁流。天歷諸公制作新，力排舊習祖
> 唐人，粗豪未脫風沙氣，難詆熙豐作後塵」，「祖」字上便正學立論
> 尺寸。若劉後村（劉克莊）顧謂宋詩豈惟無愧於唐，蓋過之，斯言
> 不免固爲溢矣。近又見胡纘宗氏作〈重刻杜詩後序〉，乃直謂「唐
> 有詩，宋元無詩」，「無」之一字，是何視蘇黃公之小也，知量者將
> 謂之何？

此則詩話反應游潛的詩觀：其一，游潛認爲宋詩固不如唐詩，但也反對詆抑

〔註2〕《明詩紀事》，丁籤，卷9，頁1248。

或推崇太過，尤其反對胡纘宗所謂「唐有詩，宋、元無詩」的論調。他在另一則詩話曾藉由問答來陳述宋、元詩的價值云：

> 或問謂元詩似唐，當代之詩似宋，然歟？曰，元有唐之氣，當代得宋之味，氣主外，蓋謂情之趣；味主內，蓋謂理之趣，要之皆爲似而已矣。又問，以元詩與當代詩較如何？曰，元浮而麗，當代沉而正，此其大約也。若以元之虞楊范楊諸大家，與當代以來諸名世宗匠較之，則固各有所就，非予所可知也。先正詩云：「讀書未到康成地，安敢高聲議漢儒」，須俟執權度立堂上者語之。

其所謂「宋詩有理趣」、「元詩有情趣」，又以爲元代及當代詩人「各有所就」，並直言「非予所可知也」，都可看出其不絕對偏執某代也不強作解人的論詩風格。

其二，游潛在上述詩話記述了胡纘宗〈重刻杜詩後序〉有謂：「唐有詩，宋、元無詩」，此序原題作〈杜詩批注後序〉，見明嘉靖間刊《鳥鼠山人小集》卷十一，其原文爲：「敘曰：漢、魏有詩，陳、隋無詩；唐有詩，宋、元無詩。梁、陳、隋非無詩，有詩不及漢、魏耳；宋、元非無詩，有詩不及唐耳」，〔註 3〕所以，其所謂「宋、元無詩」原是有後續的說明，而其謂「宋、元非無詩，有詩不及唐耳」，事實上與游潛的觀念並無不同，只是游潛較爲包容，肯定了宋代部分詩人如蘇軾、黃庭堅的作品，尤其他揭出「宋詩有理趣」、「元詩有情趣」的看法，這是不同於胡纘宗之處。

游潛的詩觀如此，其創作亦加以實踐。《明詩紀事》論述游潛的詩作，陳田即以按語說明：「用之古詩，摹李長吉、溫飛卿，襲調而窘於才。近體絕句，頗近晚唐，兼雜宋調，於明人中又刻意學陳白沙。大約絕句工於律體，惟古詩近拙，選家多不見收。余擷其菁華，情致風韻，正復獨絕，寶氣珠光，終不湮於埃壒中也」。〔註4〕

是書多述典故源流，亦頗好於史事之論評，部分見解涉及藝術與眞實的

〔註 3〕關於「宋、元無詩」的討論，在明中葉以後是一個受矚目的詩學議題，胡纘宗這篇後序寫作於嘉靖三年（1524）以前，在他之前，李夢陽約於正德十年（1508）著有〈潛虬山人序〉、〈缶音集序〉，亦述及「宋無詩」，且被同時人稱引討論，其目的均爲強調學詩當取法於唐。簡錦松《李何詩論研究》（臺灣大學中國文學研究所碩士論文，1980 年）及筆者《明代茶陵派詩論研究》（東吳大學中國文學研究所碩士論文，1989 年）皆有討論，可參考。

〔註 4〕《明詩紀事》，丁籤，卷9，頁 1249。

問題。如謂：「詩人題詠多出於一時之興遇，難謂盡有根據」，他首先以「牛女七夕之說，轉相沿襲，遂以爲眞矣」加以說明，又以「范蠡歸湖，以西施自隨事，傳籍無考」，而評論杜牧〈秋娘〉詩：「夏姬滅兩國，逃作巫臣妻。西施下姑蘇，一舸隨鴟夷」、東坡戲書吳江三賢畫像詩：「卻遣姑蘇有麋鹿，更憐夫子得西施」及楊鐵崖詩：「越中美女嫁姑蘇，敵國自破還陶朱」，以爲：

　　蘇之言本杜，不知杜之言復何所據？竊意鴟夷子明哲有謀，必不以

　　此尤物自惑，況潔身以去，何暇更爲多慮，甘自污以取不韙之議哉？

此則詩話所引據的牛郎織女、范蠡西施兩件例證，應屬傳說典故，無法以傳籍考證相責求，最後的推論也多道學夫子的想當然耳，並非解析評賞詩歌的較理想方式。

　　以傳說或史事的眞實責求於詩歌創作，是當時多數文人的看法，與游潛同時的何孟春，在《餘冬詩話》卷上亦云：「賦范蠡五湖，而附以載西子事；賦秦長城，而附以婦哭城崩事；賦漢四皓於商山，而言圍棋之事，皆無本源出處，特見唐人詩句中，而好事者又從而實之耳。張騫無乘槎事，乘槎是海上客；毛寶無放龜事，乃武昌軍毛寶所統之人，而今例以張騫乘槎、毛寶放龜爲言，噫，事類此，失實者多矣」，何孟春的記述，將史事的失實與典故的誤用，混爲一談，自應辨明，然所述「好事者又從而實之」，與游潛所謂「轉相沿襲，遂以爲眞矣」，則見當時必有以傳說爲眞實的說法，故彼等進而於所著詩話中，汲汲責求於詩歌之「失實」。

　　以史事典故入詩，究非史家之寫史，必須力求客觀與眞實，反而是著重史事與個人情志的創發，既不必全然局限於歷史的眞實，甚至驅遣、翻用、濃縮、簡化、跳接、虛實相擬等，將史事作極個人式的變化安排和發抒懷抱的憑藉，均是常見的作法，〔註5〕何況運用的是傳說語彙，更有自由的書寫空間。不過，是書以史事的討論解詩，亦非全然無取。如《四庫全書總目》所云駁《許彥周詩話》論杜牧詩語，確爲的論。另評張良以商山四皓爲惠帝輔翼之事，引溫庭筠、王安石、楊維楨等翻案之詩，質疑四皓或爲張良作贋，亦頗精彩。〔註6〕

─────────────

〔註 5〕關於中國文學作品對歷史的安排與運用，可參見張火慶〈中國文學中的歷史世界〉(《抒情的世界》，蔡英俊編，聯經出版事業公司，1989 年)。

〔註 6〕此書評論張良以商山四皓爲惠帝輔翼之事，另見本論文「藝苑巵評」條的相關討論。

渚山堂詩話

三卷，陳霆著，疑存。

陳霆，字聲伯，浙江德清人，弘治十五年（1502）進士，歷官刑科給事中、山西提學僉事等，後致仕隱居渚山四十年，著有《水南稿》十九卷、《兩山墨談》十八卷、《閒居錄》八卷、《渚山堂詞話》三卷、《草堂餘音》九卷、《唐餘紀傳》二十四卷等，著作甚夥。事蹟見陳田《明詩紀事》丁籤卷九「陳霆」條及同治十三年（1874）刊《湖州府志》卷七五〈人物傳・文學二〉。

《澹生堂書目》卷一四「詩文評・詩話」類著錄：「《渚山堂詩話》三卷，陳霆」。《明史藝文志》、《欽定文獻通考經籍考》、《千頃堂書目》及前引《湖州府志》卷五八〈藝文略〉二，均著錄三卷，作者為陳霆，故該書有單行之三卷本。然民國九年刊《吳興叢書》本清鄭元慶修《湖錄經籍志》卷六著錄「陳霆《渚山堂詩話》四卷」，又別立一說。

《四庫全書總目》所錄較為複雜，卷一九七〈集部・詩文評類存目〉著錄《渚山堂詩話》三卷。卷一九九〈集部・詞曲類二〉「渚山堂詞話」條則云：「是編與所作《詩話》並刊，而較《詩話》為稍勝，蓋霆詩格頗纖，於詞為近，故論詞轉用所長……」，是則《渚山堂詩話》曾與《渚山堂詞話》一併刊行。《總目》卷一七六〈集部・別集類存目三〉「水南稿」條又謂：「是集……末附《詩話》一卷」，則是書亦有附於《水南稿》刊行之一卷本。

據大陸學者劉德重、張寅彭《詩話概說》附錄〈歷代詩話要目〉稱，此書三卷有天一閣藏本。蔡鎮楚《石竹山房詩話論稿》著錄此書有八千卷樓鈔本，書藏南京圖書館。《臺灣公藏善本書索引》、《國立中央圖書館藏善本書索引》均著錄「明陳霆渚山堂詩話三卷，明嘉靖刊本」，然查原書，均係《渚山堂詞話》之誤，張冠李戴，實無《渚山堂詩話》之收藏。又查國家圖書館所藏明嘉靖四十三年（1564）陳㹴所刊《水南集》十七卷，卷末並無《詩話》之附錄，陳㹴《水南文集後跋》並謂其叔水南先生著述「所板行者，《兩山墨談》、《唐餘紀傳》、詩詞二話、瑣語而已」，而所刊此書則「缺略甚多」。另，中央研究院史語所傅斯年圖書館藏民國八年吳興嘉業堂刊《水南集》十七卷，亦未見附錄《詩話》者。〔註7〕是故臺灣可能沒有是書之收藏。

俞弁寫於嘉靖二十六年（1547）的《逸老堂詩話》，著錄一則陳聲伯《渚

〔註7〕據《北大圖書館善本書目》著錄《水南稿》十九卷，其寫作年代為正德五年（1510），該本或可見一卷本《渚山堂詩話》，附記於此，待查考。

山詩話》云:「近世士大夫遇世退恕,則曰『過背之後,不知和尙在缽盂在』。其擔任者,則曰『做一日和尙撞一天鐘』。聲伯戲以此言作絕句云:『短世驚風驟雨中,是非利害竟何從?身謀過背誰知缽,日記升堂且撞鐘』」,俞弁並以爲非「退恕」,而是「浮燥」,云:「觀此則非退恕者矣。吾吳中亦有諺云:『暴時得長老做,半夜裡起來撞鐘』,此語蓋譏諷當世浮燥者。余偶得一絕以繼之云:『處世眞如一夢中,英雄得失總成空。存亡身缽何須計,入定那聞半夜鐘』,聲伯名霆,吳興人」。〔註8〕可見是書在當世頗有流傳。

　　是書之內容,前引《四庫全書總目》「渚山堂詩話」條謂:「是書雜論唐宋以來詩句工拙,而明詩爲多,又喜自載其詩,如《冷齋夜話》、《珊瑚鉤詩話》之例。如論古人作詩用事,當如水中著鹽,寓意當如空中散花,因舉所自作『獨背小闌無一語,門前吹進落花風』句,謂爲『空中散花』;『風月多情自進樓』句,謂爲『水中著鹽』,殊爲未確」,並引例證說明書中引據古人之處,亦有疏舛之失。《四庫全書總目》之說頗可參考,惟只從細處著眼。

　　關於陳霆論詩之大旨,前引嘉靖陳獅刊《水南集》卷一七有〈答人論詩〉一文,陳霆品評其人所示詩作,怪其「一聯一句,時復可喜,而全篇亦不能皆稱。譬之錦繡爛然,而疵類亦滿眼。要之濃鮮奇魂,雖長吉所長,而牛鬼蛇神,鬼頭怪面,亦其所短。且其理不迶,詞氣不勝,韻流而爲晚唐之習,大雅君子或者少之」,其下復云:「諺云:『取法乎上,僅得其中』,足下何不舍此而進參盛唐正宗耶?」,是知其論詩以嚴羽爲宗,以盛唐爲尙,不脫復古風向。

　　《水南集》卷一七另有陳霆所作〈渚山堂詩話序〉,說明撰作詩話之由。是文側重談論對「詩話」的看法,頗可注意。文中,陳霆首先提出對「詩話」起源的意見,其云:「詩有序古也。三百篇意深遠,非序無以發其隱,後世沿此,有詩話之作」,將詩話的起源歸之於〈詩序〉,可謂極度的提高「詩話」的地位與作用,有將之典律化的意圖。他認爲隨著詩歌體製演變,詩話也有越趨於繁複的發展:

　　　凡以探作者之意,而示說詩者以辭,則其始猶夫序也。漢魏以降,
　　　詩變于古,至其道人情,喻物理,即事以興而引類以賦,其背于古
　　　者無幾也。自夫江左之學興,於是排比對偶,拘忌聲病,創立體製,

──────────────────────────
〔註8〕《逸老堂詩話》,卷下,頁1327。

> 詩至于是，多術矣。夫詩以道性情也，降而變，變而至於多術，則
> 後世之詩，欲無説得乎？嗚呼，此詩話之所爲繁于序也。

這樣繁複的發展，是因爲詩既多術，就必須更講究詩法，了解詩的遞嬗演變。
其云：「是道也，商句法，擿語病，泳風旨，掄詞料，糾謬誤，示宗向，必熟
詩法而後可言，必具史筆而後全美，非是殆妄矣」，其所謂「詩法」係針對詩
話作者的語言掌控能力和認知等而言，所謂「史筆」則指詩話撰作的態度與
內容，應如史家寫史之愼重。至如「商句法，擿語病，泳風旨，掄詞料，糾
謬誤，示宗向」，正是詩話說解剖析詩歌之道的諸多面相與途徑。

其下，陳霆質疑時人以爲「詩言志，古豈有法也。自詩話作而學士大夫
不易出語，閭巷田野小夫女婦之詞不敢登什」的說法，有謂：

> 然則今之詩，其遠乎性情而不三百篇若者，斯實病之也，安用是？
> 則應曰：詩話以衛詩也。夫人情易流，詞易靡，廢棄禮法，而放乎
> 邪淫，詩能導之。故詩話之作，用以範人性情，而止乎禮義。譬之
> 用藥然，詩則方也，話則佐使之道，斟酌增損之宜也。故非處方，
> 則難乎藥之良；非究詩話，則難乎詩之善。由是言之，謂詩話病詩
> 者，非誣則愚也。

由此觀來，陳霆所認定的「詩話」，並非歐陽修以來「以資閒談」的撰著，而
是詩歌的重要創作權衡及規範，是「摘句法，擿語病，泳風旨，掄詞料，糾
謬誤，示宗向」，使詩之道貫通，「範人性情，止乎禮義」，使詩足以達到善的
境地，一種不二的法門。其說將「詩話」與詩序比併，推尊至高，又提出「詩
話以衛詩」的觀念，否定時人詩不必有法的說法，具有一定的意義。但就實
質而言，其說不脫傳統詩止於至善的價值觀，也依循詩須導正人情諸說，故
其沒有標舉才具天份，反著重「必具史筆而後全美」，基本上仍屬儒家詩教的
路數。

詩談

一卷，徐泰著，存。

徐泰，字子元，浙江海鹽人，弘治十七年（一五○四）舉人，授桐城教
諭，改蓬州學正，遷光澤知縣，康熙二十年（1681）刊《嘉興府志》卷一七
〈人物三〉謂其：「遷光澤令，未幾，解綬歸林，居四十年，手未嘗一日釋

卷，嘗爲縣令夏公浚修志六卷，較前志尤爲簡核。所著有《玉池稿》、《玉池談屑》、《春秋鄙見》、《皇明風雅》、《詩談》、《女學》諸書，年九十卒」。

是書篇幅短小，單行本流傳不易，多刊入叢書以發行。故有明嘉靖三十三年（1554）原刊隆萬間增補《明世學山》本；明隆慶二年（1568）刊萬曆十二年（1584）重編印《百陵學山》本，此本上海涵芬樓收入《景印元明善本叢書十種》，新文豐圖書公司影入《叢書集成新編》；明天啓三年（1623）《鹽邑志林》本，此本上海涵芬樓亦收入《景印元明善本叢書十種》，題作「徐豐崖詩談」；清順治三年（1646）宛委山堂刊《說郛》續卷本，以及清道光十一年（1831）六安晁氏刊《學海類編》本，廣文書局影入《古今詩話叢編》。蔡鎮楚《石竹山房詩話論稿》則著錄清咸豐元年（1851）刊《遜敏堂叢書》亦收錄是書。

《四庫全書總目》卷一九七〈詩文評類存目〉謂：「是編皆論明代之詩，自劉基、高啓以下，至黃省曾，附以女子朱靜庵；道士盧大雅；僧來復、宗泐、守仁、梵琦，各爲品目。大抵宗旨不出七子門庭，其造語多用四言二句，務摹敖陶孫《詩評》，亦頗嫌學步」。按，敖陶孫《詩評》爲宋人所著詩評中最富盛名者，郭紹虞《宋詩話考》中卷「敖器之詩話」條有關於「詩評」形式的論述，其云：「詩評之體，遠本於袁昂之書評，近出於張說之論近代文士及皇甫湜《論業》。蓋用象徵手法，以狀作者之風格，此實詩話中之別體」，其以宋人此類著述極多，如張舜民《芸叟詩評》、蔡絛《百衲詩評》、喻良能《喻良能評詩》等，故仍列入《宋詩話考》的討論。明人延續此種創作形式，出以新意，如朱奠培《松石軒詩評》、徐泰《詩談》、王世貞《詩評》等，只就所謂「四言二句」形式上的相同，即謂之「學步」，並不公允。

徐泰在《詩談》之前言自謂：「昔梁鍾嶸有《詩品》，元劉會孟（按即劉辰翁）有《詩評》，我明不詩取士，作者不下盛唐開，居輒于知者人筆一二語，非敢肆評品也，用寫吾嚮慕，既成編，名『詩談』云」，是則其所嚮慕實在鍾嶸《詩品》及劉辰翁之評詩。特別是徐泰《詩談》一書的寫作，與其所編《皇明風雅》應是互有關聯，故《明詩紀事》陳田按語云：「徐子元《詩談》，評騭洪、永以來詩人，頗稱眞賞。所輯《明風雅》四十卷，搜採極博，楊升庵譏其浮濫，未爲定評也」。

至於是書之論詩宗旨是否「不出七子門庭」，筆者以爲並非如此。徐泰評論明初及中葉詩壇的詩人與詩作，雖不無溢美，然尚稱獨見。如論李東陽

爲「大韶一奏，俗樂俱廢，中興宗匠，藐焉寡儔。獨擬古樂府乃楊鐵崖史斷，此體出而古樂府之意微矣」，已指出李東陽在明代詩壇居於興起復古格調一派的關鍵位置，然其擬古樂府之作，不取古題，不詠時事，不諧於金石，自出機杼，是一種創新變易的擬作，也是李東陽最引人注意的作品，在當時已有正反面的評價，〔註9〕徐泰「史斷」的評語，可謂別出一見。

又如評論何景明云：「信陽何景明，上追漢唐，下薄初唐，大匠揮斤，群工斂手。惜其立論甚高，亦未能超出谿徑」，其說寧非的論？又如評論當時以學杜詩、論杜詩聞名的鄭善夫，〔註10〕云：「獨惜鄭（鄭善夫）師杜，宛然一生愁也，殊乏懽悰耳」，直揭其學杜僅學得杜之一端的實情。至如評蘇州文苑之盛，對沈周「出入宋元」，給予「成一機軸」的肯定。評當時詩壇「異端」，所謂「性理詩」的重要作者陳獻章與莊昶，亦云：「海南陳獻章，根據理學，格調高古，當別具一目觀之；江浦莊昶同調，海南江北，雙峰並秀」，顯見其對不同風格的詩作，是具有包容性的。而其「當別具一目觀之」的說法，正是採取了不同的閱讀詩作的角度，《總目》之評「不出七子門庭」，或失之率易。

詩學體要類編

三卷，宋孟清纂輯，存。

宋孟清，字元澂，山東萊陽人。據民國四年重印清孫葆田修《山東通志》卷一二九〈藝文〉，著錄所著《孝經集說》謂其中「弘治庚申（十三年，1500）歲貢，歷官宜川教諭」。是書見《晁氏寶文堂書目》卷上〈詩詞類〉著錄，書名作「詩學體要」，不注作者與卷數。又見《百川書志》、《千頃堂書目》卷三二〈文史類〉以及《明史藝文志》著錄，《百川書志》云：「《詩學體要類編》三卷，國朝漢中訓導萊陽宋孟清廉夫編，爲目五十有二，雜取詩家詩話」，是書今有弘治刊本，藏北京圖書館，見《北京圖書館古籍善本書目》著錄，筆者未見。

〔註9〕 關於李東陽擬古樂府在當時及後世的評價，筆者著有《明代茶陵派詩論研究》，可參考。

〔註10〕 鄭善夫對於杜甫的深入體會與涵泳，在明代頗著稱，如胡震亨在《唐音癸籤》，卷32，「國朝詩話」條即謂：「吾嘗謂近代談詩，集大成者，無如胡元瑞。其別出勝解者，惟鄭繼之老杜詩評，可與劉辰翁諸家詩評並參」。

晦庵先生詩話

一卷，沈瀹纂輯，疑存。

是書見《晁氏寶文堂書目》上卷〈詩詞類〉，及《千頃堂書目》卷三二〈文史類〉等著錄，《千頃堂書目》並著錄沈瀹爲弘治中人，郭紹虞《宋詩話考》中卷「清邃閣論詩」條，附論《晦庵詩說》時謂：「……此後明沈燩纂集《晦庵先生詩話》一卷，《也是園》、《澹生堂》、《述古堂》、《近古堂》等書目均著錄，余所獲者爲鈔本。……瀹字世明，一字伯遠，嘉定人。考文徵明《莆田集》卷十七有〈晦庵詩話序〉，稱『練川沈文韜氏，……取凡朱子平日論詩之語，萃而爲書，曰晦庵詩話』，當即此書，但余藏本無此序。吳其昌《朱子著述考》疑爲佚書，且以爲即《清邃閣論詩》而別行者，非是」，則是書疑存，惜筆者未見。

文徵明〈晦庵詩話序〉針對是書之纂輯有謂：「練川沈文韜氏，以明經遊學官，而特好爲詩，取凡朱子平日論詩之語，萃而爲書，曰『晦庵詩話』，豈將會理與詩而一之耶？夫自朱氏之學行世，學者動以根本之論，劫持士習，謂六經之外，非復有益，一涉詞章，便爲道病，言之者自以爲是，而聽之者不敢以爲非，雖當時名世之士，亦自疑其所學非出於正，而有悔卻從前業小詩之語，沿僞踵敝至於今，漸不可革，嗚呼，其亦甚矣。說者往往歸咎朱氏，而不知朱氏未始不言詩也，觀文韜之書可概見矣」。是故此書纂輯朱熹論詩之語，實有針砭當世以朱子道學劫持士習而排斥詩學創作的風氣，並用以證明「朱子未始不言詩」，進而樹立一個朱子說詩的典範。

懷麓堂詩話

一卷，李東陽（1447～1516）著，存。

李東陽，字賓之，號西涯，湖南茶陵人。據法式善〈明李文正公年譜〉，其生於正統十二年（1447），卒於正德十一年（1516），年七十。其於天順八年（1464）中進士，選庶吉士，授編修，歷官翰林院侍講、左庶子兼翰林院侍講學士、太常寺少卿、禮部右侍郎、禮部尚書兼文淵閣大學士、戶部尚書謹身殿大學士、吏部尚書兼華蓋殿大學士等職，立朝五十年，柄政十八年，尤喜獎掖後進，退朝則與門生友朋談文論藝、詩文唱和，故後人以「茶陵派」目之。〔註11〕然晚年逢劉瑾敗亂朝政，未能及時去位，反與之周旋，因而得

〔註11〕關於「茶陵派」的得名與成立，筆者有〈試論明代茶陵派之形成〉，見《古典

到正反不同評價，且至清代猶有爭議。〔註12〕其詩作春容恬適，清新委婉，頗能反映朝廷重臣的氣度與憂國憂民的情懷，雖有意矯正楊寓、楊榮、楊溥等「三楊」所主導「臺閣體」的膚廓，以性情的抒寫爲創作的金石，然受限於地位與經歷，終不脫臺閣體的籠罩。詩作中以擬古樂府最具特色，形式內容不拘於古事、古題，能自出新意，可視爲復古詩論的實踐，而清人王士禎《師友詩傳錄》歷數古樂府的演變，也以爲「元楊廉夫、明李賓之各成一家，又變之變也」。其論詩則有相當高的評價，堪稱開創明代以格調論詩的先聲、復古風氣的前驅，故王世貞有謂「長沙之于何、李，其陳涉之啓漢高乎」，李維楨謂「本朝文章沿宋元之陋，茶陵李文正起而後返古」，〔註13〕其詩論即體現於《懷麓堂詩話》。

是書又稱「麓堂詩話」，〔註14〕見《澹生堂書目》卷十四〈詩話類〉、《趙定宇書目》著錄。《玄賞齋書目》〈詩話類〉著錄作「懷麓堂詩話」，《邵亭知見傳本書目》著錄是書有淡生本、再續百川學海本、知不足齋本。

是書之流傳主要有附載於全集以及單行兩種方式。附載於全集者，最早是李東陽於正德十一年（1516）臨終前所編《懷麓堂稿》，列之於《雜記》部分，此本副本爲熊桂取得，並於正德十三年（1518）刊刻完成，改題作「懷麓堂集」。其後，此書或以卷帙繁多而流傳不廣，明崇禎十五年（1642）有《懷麓堂集》之鈔本（現藏湖南省圖書館），清初方才多所刊刻，如清康熙二十年（1681）蔣永修等刊《懷麓堂稿》，並撰〈懷麓堂稿序〉；清嘉慶八年

文學》（臺北，臺灣學生書局，1992年），第12集，頁143～176。

〔註12〕李東陽在政治上的功過，清人迭有文章評論，如李紱有〈狄文惠公李文正公論〉、沈德潛有〈李東陽論〉、彭維新有〈文正公論〉、法式善有〈李東陽論〉等，周寅賓校點《李東陽集》（長沙：岳麓書社，1985年），將相關文章收於〈附錄〉，可參看。

〔註13〕王世貞之說出自《藝苑巵言》卷6。李維楨之說見明萬曆間金陵刊《大泌山房集》，卷132，〈羅先輩制義題辭〉。

〔註14〕「懷麓堂」乃寄寓懷念祖籍湖南長沙嶽麓山之意，以示不忘根本，故李東陽於正德十一年（1516）整編生平著作，即題作「懷麓堂稿」，其友楊一清亦爲是書作〈懷麓堂稿序〉。然其門生靳貴於正德十三年（1518）爲其師文集作序，題作〈麓堂集後序〉。門生邵寶於正德十二年（1517）亦作〈李文正公麓堂續稿序〉，故正德年間即有將「懷麓堂」稱爲「麓堂」者，原因不明。此稱被後人延用，如王鐸有〈麓堂詩話序〉，稍後陳大曉於嘉靖二十一年（1542）寫有「麓堂詩話跋」。鮑廷博在清乾隆四十年（1775）刊刻《知不足齋叢書》，據仁和人倪建中的手鈔本，而刊入《麓堂詩話》。故「麓堂」之稱實通行於明、清時期。

（1803）則有隴下學易堂及仰斗齋均刊有《懷麓堂全集》。今又有湖南師範大學中文系周寅賓教授點校之《李東陽集》本，岳麓書社一九八四年出版。

是書之單行，最早應為遼陽王鐸刊本，今《歷代詩話續編》本《麓堂詩話》卷前尚可見王鐸〈麓堂詩話序〉，並謂：「是編乃今少師大學士西涯李先生公餘隨筆，藏之家笥，未嘗出以示人，鐸得而錄焉」。然而王鐸刊刻是本的時間沒有註明，王鐸的生平又無可考，只其序有稱「今少師大學士李先生公餘隨筆」者。考法式善〈明李文正公年譜〉，李東陽於正德元年（1506）十二月由「少傅兼戶部尚書謹身殿大學士」進「少師兼太子太師吏部尚書華蓋殿大學士」，正德五年（1510）又特進「左柱國少師兼太子太師吏部尚書華蓋殿大學士」，一直到正德八年（1513）致仕。是故是書的完成最晚應在正德初年，因為王鐸得到《麓堂詩話》稿並鈔錄刊刻之，是在李東陽進「少師」之後，亦即正德初年，此單行之刊本也比李東陽臨終前整編《懷麓堂稿》時列為《雜記》部分的《懷麓堂詩話》本為早。此又令人聯想，是否是書的稿本原即題為「麓堂詩話」，故王鐸所刊之本題作「麓堂詩話」，至李東陽整編《懷麓堂稿》才一併改題「懷麓堂詩話」？

單行之《麓堂詩話》，又有嘉靖十一年（1532）番禺陳大曉翻刻，並著〈麓堂詩話跋〉，今亦存於《歷代詩話續編》本《麓堂詩話》卷後。其跋謂：「《麓堂詩話》，實涯翁所著，遼陽王公始刻於維陽。余家食時，手鈔一卷，把玩久之。雖然，予非知詩者，知其有益於詩教為多也，將載刻以傳而未果」，後與葉坡南、陳棐庭同刊行之。在此之後是書多刊入叢書以行，今可知者至少有：

一、明末刊《古今詩話》本。

二、清順治三年（1646）刊《說郛》續卷本三、清乾隆四十年（1775）刊《知不足齋叢書》，此書又有清乾隆同治間鮑氏刊本、民國十年上海古書流通處影本，新文豐圖書公司並影入《叢書集成新編》，民國五年丁福保並據以刊入《歷代詩話續編》，此書北京中華書局有標點本，木鐸出版社有翻印本。

三、清《七子詩話》本。

四、清光緒十一年（1885）長沙玉尺山房刊《談藝珠叢》本。

五、民國元年上海國學扶輪社排印《古今說部叢書》八集本。

六、民國間商務印書館《叢書集成初編》本。

七、明治二十五至三十年間排印《螢雪軒叢書》本，弘道文化事業

公司民國六十年影入《詩話叢刊》。

據《知不足齋叢書》鮑廷博〈麓堂詩話跋〉謂是書為：「仁和倪君建中手鈔見贈，亟為開雕，俾與《滄浪詩話》、《白石詩說》鼎峙騷壇，為風雅指南云」，則是書又有清倪建中手鈔本。此外，又有清乾隆《四庫全書》之本。而明周子文《藝藪談宗》、清陳夢雷《古今圖書集成》亦皆入錄是書詩說。

綜合上述，可見是書有附載於全集、有單獨刊行、有收錄於叢書、有刊本、有鈔本、有被詩話彙編徵引、有被大型類書所收錄。變化多端的傳播方式，顯示其影響之大，與被讀者接受程度之高，在明代中期文壇的詩話中可謂首見。其論說的重要性與啟示性，特別是對於明代詩壇走向的關鍵性地位，不惟前引明人王世貞、李維楨加以肯定，精於考評的鮑廷博在其跋語中將是書上推，跳過明初與元代，直接與《滄浪詩話》、《白石詩說》並列，以為三本詩話「鼎峙騷壇，為風雅指南」。

是書之內容雖不無瑕疵，如多載同官阿諛之詞、喜自我標榜、過於誇讚其子兆先等等。然其論詩的精要，包括辨體的觀念、以聲調論詩、不拘一代一家的復古等，仍受到推崇。

李東陽論詩，首重辨體。《詩話》云：「詩與文不同體」，〔註15〕認為前人所謂杜甫以詩為文，韓愈以文為詩，未必是可以如此互通，且當世名家寫作詩文亦一味的崇尚典雅平正，不知詩歌別有其藝術特色。李東陽主張嚴明詩文之別，他在〈春雨堂稿序〉有進一步的說明：「夫文者言之成章，而詩又其成聲者也。章之為用，貴乎記述鋪敘，發揮而藻飾，操縱開闔，惟所欲為，而必有一定之準。若歌吟詠嘆，流通動盪之用則存乎聲，而高下長短之節亦截乎不可亂，雖律與度未始不通，而其規制則判而不合」。〔註16〕此說特別舉出詩歌「流通動盪之用」、「高下長短之節」的特色，除了是與文「判而不合」之處，也是他論述詩歌藝術的焦點。

除了詩與文不同體，李東陽主張即使同是詩歌，不同體製的詩也有不同的藝術講求，必須加以分辨：「古詩與律不同體，必各用其體乃為合格」。而古詩與律的分別，不是在字句平仄，其關鍵就在於「流通動盪之用」、「高下

〔註15〕《懷麓堂詩話》（臺北：木鐸出版社《歷代詩話續編》本，1983 年），頁 1373。
〔註16〕此文見《懷麓堂文後稿》（臺北：臺灣學生書局景印明正德徽州刊《懷麓堂文稿》本），卷 3，頁 15。李東陽文集中提及詩與文不同體，尚有〈鮑翁家藏集序〉、〈滄州詩集序〉、〈鏡川先生詩集序〉等。

長短之節」，亦即聲調的問題。《詩話》引陳公父論詩專取聲的說法，將各種詩作風格統以宮、商、角、徵、羽五聲來說解，李白、杜甫的詩爲宮聲、韓愈的詩則爲角聲。〔註17〕

　　他又由季札觀樂得到啓示，除了提出「觀《樂記》論樂聲處，便識得詩法」，也以爲詩之聲調光是吟誦無法明確感受，必須透過歌詩來體察，但後世詩、樂分離，即使要歌詩，也多有困難，故云：「古詩歌之聲調節奏，不傳久矣。比嘗聽人歌〈關雎〉〈鹿鳴〉諸詩，不過以四字平引爲長聲，無甚高下緩急之節」。因此他汲汲於尋找，以爲詩之歌法保存於吳、越：「今之詩，惟吳、越有歌，吳歌清而婉，越歌長而激，然士大夫亦不皆能」。〔註18〕又由歌詩體悟詩道：

> 今之歌詩者，其聲調有輕重清濁長短高下之異，聽之者不問而知其爲吳爲越。漢以上古詩弗論，所謂律者，非獨字句之同，而凡聲之平仄，亦無不同也。然其調之爲唐爲宋爲元者，亦較然明甚。此何故耶？大匠能與人以規矩，不能使人巧。律者，規矩之謂，而其爲調則有巧存焉。苟非心領神會，自有所得，雖日提耳而教之無益也。
> 〔註19〕

所以「律」是詩歌外在的平仄規矩，是有一定的規律，可以輕易學得，但聲調有輕重清濁長短高下之異，是無窮的奧妙，像吳歌與越歌的不同，就是聲調的影響。李東陽的辨體，在聲調的作用下，不僅古詩與律詩不同體，即使同爲律詩，其爲唐律、宋律、元律都是可以分辨的，當然李白、杜甫、韓愈的詩也各自有其口吻，所以可以依「五聲」的特質來加以歸類。

　　若以時代來說明，聲調又與天地氣化、時代土壤有關，《詩話》謂：「漢、魏、六朝、唐、宋、元詩，各自爲體，譬之方言，秦、晉、吳、越、閩、楚之類，分疆畫地，音殊調別，彼此不相入。此可見天地間氣運所動，發爲音聲，隨時與地，無俟區別而不相侵奪。然則人囿於氣化之中，而欲超乎時代土壤之外，不亦難乎」。〔註20〕其說又將聲調加入人力無法抗拒的因素，亦正是聲調所以爲吳、爲越，所以足以分辨且必須加以分辨的根由。但「人囿於氣化之中，而欲超乎時代土壤之外，不亦難乎」的說法，卻不是絕對的，

〔註17〕以上見《懷麓堂詩話》，頁 1369、1373。
〔註18〕同前註，頁 1376。
〔註19〕同前註，頁 1379。
〔註20〕同前註，頁 1383。

至少以明代的詩歌創作來說，李東陽企圖經由清楚的體察辨別「漢、魏、六朝、唐、宋、元詩，各自爲體」，來作爲創作的基礎，然後廣泛的推求聲調的奧祕，廣泛的取法前人優點、揚棄前人缺點，結合明代的氣運與風土，來營造詩歌創作的另個高峰。所以「不亦難乎」之說，是總結前代而言的，並沒有下及當代，當代還待開展。

李東陽能見及「聲調」這個失傳的古今詩歌之祕，是其所以自得自是的關鍵，他將之演爲具體的創作方法，作爲詩人努力的方向，《詩話》謂：

> 古、律詩各有音節，然限于字數，求之不難。惟樂府長短句，初無定數，最難調疊，然亦有自然之聲。古所謂聲依永者，謂有長短之節，非徒永也，故隨其長短，皆可以播之律呂，而其太長太短之無節者，則不足以爲樂。今泥古詩之成聲者，平側短長，句句字字，摹仿而不敢失，非惟格調有限，亦無以發人之情性。若往復諷詠，久而自有所得，得于心而發之乎聲，則雖千變萬化，如珠之走盤，自不越乎法度之外矣。〔註21〕

他並揭示李白〈遠別離〉、杜甫〈桃竹枝〉，皆不按古人聲調，而能極其操縱，且和順委曲，具體說明「珠之走盤」的境界。《詩話》頁一三八三有謂：「詩有純用平側字而自相諧協者，如『輕裾隨風還』五字皆平，『桃花梨花參差開』七字皆平」云云，也是說明詩句自然諧協的可貴，要學詩者不必盡爲格律所拘。

至於其言「平側短長，句句字字，摹仿而不敢失，非惟格調有限，亦無以發人性情」，顯示對時人字摹句仿的不贊同。他在〈鏡川先生詩集序〉亦謂：「今之爲詩者能軼宋窺唐已爲極致，兩漢之體已不復講，而或者又曰必爲唐、必爲宋，規規焉俯首縮步，至不敢易一辭，出一語，縱使似之，亦不足貴矣」，又謂：「豈必模某家、效某代，然後謂之詩哉？」〔註22〕對摹擬的強烈挑戰，成爲其詩論的鮮明特色。

對照前述明辨歷代詩體，意欲營造詩歌創作高峰的推論，他對摹擬的反對立場，特別是對「規規焉俯首縮步」的指斥，自然是不意外的。〈鏡川先生詩集序〉中，他也著重指出理想的學詩創作方法：「必博學以聚乎理，取物以廣夫才，而比之以聲韻，和之以節奏，則其爲辭，高可諷，長可詠，近可以播，遠可以傳」，在聲調之上，他加上博學聚理、取物廣才的努力方向。

〔註21〕同前註，頁 1370。
〔註22〕《懷麓堂文後稿》，卷 8，頁 12。

此外，「非惟格調有限，亦無以發人情性」一語，可見其心中「格調」一詞是連貫的，其涵義超乎平仄字句的「律」，而涵融兼涉聲調的奧妙，是詩歌形式、體製與風格綜合的煥發，也與情性有相依存的關係。而「發人情性」之說，則顯示李東陽不廢詩歌必須抒寫個人情性的重要性，只是與格調相形之下，顯得是附帶的，在整本詩話中也被其以聲調說詩給掩蓋了。

　　李東陽揭示辨體論，雖云「大匠能與人以規矩，不能使人巧」，但他仍提出「具眼」、「具耳」兩個省視詩歌的角度，這也是格調詩觀在鑑賞方面的應用：

> 詩必有具眼，亦必有具耳。眼主格，耳主聲。聞琴斷知爲第幾絃，此具耳也；月下隔窗辨五色線，此具眼也。費侍郎廷言嘗問作詩，予曰：「試取所未見詩，即能識其時代格調，十不失一，乃爲有得」。
> 〔註23〕

此則詩話中，李東陽實際應用「具眼」、「具耳」，識出白居易的詩。「具眼」是檢視詩歌外在體製形式，強調視覺的作用，故曰「眼主格」，但「格」除了是「律」、是「規矩」，也包括所營構的意象，這是承襲嚴羽《滄浪詩話》「看詩須著金剛眼睛」、「大歷以前，分明是一副言語；晚唐分明是一副言語；本朝諸公分明是一副言語。如此見，方許具一隻眼」的說法，因爲是「金剛眼睛」，所以「眼主格」就不會只見詩歌的外在形式，而是由形式進一步透視所營構的意象，領悟出同時代詩人的共性，如此才是「具眼」。

　　「具耳」則是李東陽以聲調論詩的產物，發前人所未發。「具耳」主聲，即重視詩歌聲調節奏的鑑賞，當然這也只是初步，「耳主聲」最終是要聽出「而其爲調則有巧存焉」的聲調奧妙。李東陽以聲調論詩事實上是時風的匯聚，因爲明初高棅《唐詩品彙》已經運用「審音」來分辨詩歌的高下，如〈五排正宗〉有云：「開元後，作家之盛，聲律之備」、〈七絕羽翼〉有謂：「儲光羲、常建、高適之流，雖不多見，其興象聲律一致也」，其所言「興象聲律一致」，「興象」即「具眼」所視，「聲律」即「具耳」所聽，與李東陽詩論是符合的，只是高棅沒有演爲具體理論。

　　「具眼」、「具耳」雖爲兩種審視的角度，實則同時進行，方可識出時代格調。李東陽強調「識」的重要，「識」是鑑賞的眼光和能力，「具眼」、「具耳」則是鑑賞的方法角度，彼此是一而二、二而一的。故《詩話》以選詩爲

〔註23〕　《懷麓堂詩話》，頁 1371。

喻：「必識足以兼諸家者，乃能選諸家；識足以兼一代者，乃能選一代」，而「識」要如何成就？其實就是其論聲調、論創作時主張的「心領神會，自有所得」、「往復諷詠，久而自有所得」，所以鑑賞與創作原是互相關係。因此《詩話》謂：「予嘗謂『識得十分，只做得八、九分，其一、二分乃拘於才力，其滄浪之謂乎？若是者往往而然。然未有識分數少而作分數多者，故識先而力後」，就將「識」與創作結合而論，使「具眼」、「具耳」的意義又更加拓展。〔註24〕前引〈鏡川先生詩集序〉謂「必博學以聚乎理，取物以廣夫才」的說解，顯見「識」的累積除前述「心領神會」、「往復諷詠」之外，博學聚理、取物廣才也是重心。故《詩話》又謂：

> 漢、魏以前，詩格簡古，一切細事長語，皆著不得，其勢必久而漸窮。賴杜詩一出，乃稍為開擴，庶幾可盡天下之情事。韓一衍之，蘇再衍之，於是情與事無不可盡，而其為格，亦漸粗矣。然非具宏才博學，逢原而泛應，誰與開後學之先路哉？〔註25〕

李東陽採用較為開闊的「識」，體察時代格調，認為漢、魏詩格雖簡古，但有其內容與題材的囿限，杜甫、韓愈、蘇軾則是開展詩歌寫作領域的三個重要人物，他們以博學宏才，廣泛書寫天下情事，詩格雖漸「粗」，卻是詩歌發展之必然。這樣的「識」，使得李東陽在實際推求時代格調時，雖不免受嚴羽「取法乎上」的影響，有漢、魏、唐、宋、元依序而下的排行，但其不廢凸顯各代博學宏才的作者，肯定其成績，如杜甫、韓愈、蘇軾等，即如元代劉因、虞集，他亦不吝肯定，即《詩話》評云：「予謂高牙大纛，堂堂正正，攻堅而折銳，則劉有一日之長；若藏鋒斂鍔，出奇致勝，如珠之走盤，馬之行空，始若不見其妙，而探之愈深，引之愈長，則於虞有取焉」，而其對虞集的評語，正是前論聲調「雖千變萬化，如珠之走盤，自不越乎法度之外矣」的實踐。〔註26〕

李東陽自己的創作，實踐其「識」的見解與博學宏才的主張，廣泛取法前代以及包括虞集在內的前人，所以錢謙益《列朝詩集小傳》丙集「李少師東陽條」有謂：「西涯之詩，原本少陵、隨州、香山，以迄宋之眉山、元之道園（虞集），兼綜而互出之」。但是李東陽的不主一格，雖然寬容，卻也存在著一定的模糊性，就有明一代詩歌風氣的建立而言，李東陽雖具有成化、弘

〔註24〕以上同前註，頁 1376、1371。
〔註25〕同前註，頁 1386。
〔註26〕同前註，頁 1371。

治詩壇的領袖地位，但氣魄與力度不夠，「霸氣」不足，因之無法明確的自出
一格，這也是他與明中葉以後李夢陽、何景明等人的復古觀最顯著的不同處。
王世貞《藝苑卮言》之所以比之爲「陳涉」，就在其「楷模不足」，而在《明
詩評》中，王世貞又謂：「惜乎未講體格，徒逞才情」，其關鍵就在李東陽論
詩未能更嚴格的標舉一格，以豎立詩歌創作的取法楷模，完成復古大業。當
然，評價是正負相對的，李東陽在王世貞眼中之「失」，可能正爲其「得」，
在復古風氣越演爲偏執或公安、竟陵詩論演爲流弊時，李東陽的詩作、詩論
又成爲「引年之藥物，攻毒之箴砭」了。〔註27〕

談藝錄

　　一卷，徐禎卿（1479～1511）著，存。

　　徐禎卿，字昌穀，一字昌國，江蘇吳縣人。據《國朝獻徵錄》卷七三王
守仁撰〈太學博士徐昌國墓誌銘〉，其生於成化十五年（1479），卒於正德六
年（1511），年三十三。弘治十八年（1505）進士，除大理寺左寺副，降國
子博士。

　　王兆雲《詞林人物考》卷五〈徐昌穀〉傳謂其「貌侵（按：應即寢字），
善屬文，弱冠作《談藝錄》，以究詩體之變，斷自漢魏而止，晉以下弗論也」。
其「弱冠作《談藝錄》」之說，頗有問題，陳錦盛《徐禎卿詩論之研究》已
略辨其非，以爲當撰作於弘治十八年中進士以後。〔註28〕而錢謙益《列朝詩
集小傳》丙集〈徐博士禎卿〉則謂徐禎卿以屢試不捷，「感屈子《離騷》而
作《嘆嘆集》」，「又斷作詩之妙，爲《談藝錄》。弘治乙丑舉進士，除大理寺
左寺副」云云，觀其著錄的順序，錢謙益似以《談藝錄》成於《嘆嘆集》之
後，中進士之前。

　　張慧劍《明清江蘇文人年表》則引「《明詩綜》卷三一」，謂徐禎卿於正
德三年（1508）自定所作《迪功集》六卷、《談藝錄》一卷，以爲是書爲徐禎
卿自定於正德三年。然考《明詩綜》卷三一〈徐禎卿〉條，詳觀所引李夢陽、
顧璘、鄭善夫、皇甫子循、王世貞、王世懋、陳子龍等評語，以及朱彝尊自

〔註27〕關於李東陽《懷麓堂詩話》的其他討論，筆者寫有《明代茶陵派詩論研究》，
　　　　可參考。
〔註28〕《徐禎卿之詩論研究》（政治大學中國文學研究所碩士論文，1991年）針對《皇
　　　　明獻實》卷40所謂：「（禎卿）弱冠作《談藝錄》」加以辨駁。

著《靜志居詩話》，發現所謂「自定所作《迪功集》六卷、《談藝錄》一卷」
語，並不是朱彝尊的說法，而是出於鄭善夫所云：

> 昌穀年二十外，厭薄吳聲，一變遂與漢魏盛唐作者馳騁上下，今之
> 世絕無而僅有也。年三十，選平生所為文，曰「迪功集」。今行於洛
> 陽者，獻吉多為更定，失昌穀真，蓋獻吉雖與同調，其丰神氣魄，
> 自有不相能者矣。

鄭善夫與徐禎卿同時，所言足為參考，其文係所著〈迪功集跋〉，朱彝尊引用
時略有刪節，原文是：「年三十，調迪功，幽憂中，遂選平生所為文，曰『迪
功集』」、「此本余得諸其家藏選本，其子手抄者。今所行於洛陽者，獻吉多為
更定，失昌穀真，蓋獻吉雖與同調，其丰神氣魄，自有不相能者矣」，並有「昌
穀死，今十年」語，〔註29〕則此跋應為明正德十五年（1520）所刊《迪功集》
而作，此本邵懿辰《增訂四庫簡明目錄標注》著錄。

鄭善夫謂徐禎卿年三十，選平生所為文為《迪功集》，是為正德三年，
但其平生所為文是否包括《談藝錄》？觀李夢陽〈迪功集序〉有謂：「《徐迪
功集》六卷并《談藝錄》，子容（按：即徐縉）寄我豫章，予即豫章刊焉」、
「予曰，《談藝錄》備矣，夫追古者未有不先其體者也。然守而未化，故蹊
徑存焉」云云。〔註30〕則《迪功集》的確包括《談藝錄》，係出於徐禎卿自
訂。而鄭善夫所言：「昌穀年二十外，厭薄吳聲，一變遂與漢魏盛唐作者馳
騁上下」，透露出《談藝錄》的寫作並不在早年，而是在其詩學觀念轉變之
後，亦即錢謙益《列朝詩集小傳》丙集〈徐博士禎卿〉所謂：「登第之後，
與北地李獻吉游，悔其少作，改而趨漢魏盛唐」之後的作品。

是書堪稱明代中期最受歡迎、影響力最大的詩話之一。歷見諸家著錄，
如《晁氏寶文堂書目》中卷〈子雜類〉、《玄賞齋書目》卷七〈文說類〉著錄，
不著卷數；《百川書志》、《千頃堂書目》卷三二〈文史類〉、《明史藝文志》、
《國史經籍志》、《八千卷樓書目》均著錄此書一卷；邵懿辰《增訂四庫簡明
目錄標注》著錄：「《迪功集》六卷，附《談藝錄》一卷，明正德庚辰刊本、
嘉靖戊子刊本、清乾隆鞠履厚校刊本」等。周子文《藝藪談宗》、《古今圖書
集成》亦均轉錄此書論詩語，畢桂發、張連第等主編《精選歷代詩話評釋》

〔註29〕〈迪功集跋〉見鄭善夫《少谷集》（臺北：臺灣商務印書館影印《文淵閣四庫
全書》本，1983年），卷16。

〔註30〕李夢陽〈迪功集序〉，見《迪功集》（臺北：臺灣商務印書館影印《文淵閣四
庫全書》本，1983年），卷前。

收有此書，並予註釋。

　　由於是書篇幅短小，刊行流傳的方式主要有附載於全集及刊入叢書兩種，現可知的版本，至少有以下二十七種：

一、明正德七年（1512）顧璘序刊本，此本今未見。《夷門廣牘》本《談藝錄》卷前仍保留顧璘〈談藝錄序〉。其序有謂：「餘姚王伯安與予書云：『昌穀臨終不戚，驗其有養』，濟南邊廷實過汴，予告其事，相向大泣，因出是編，委予刻之」。按：此本為徐禎卿過世不久時刊刻，所以，王守仁致書顧璘提到徐禎卿臨終的情景，顧璘言於邊貢，兩人相向大泣，顧璘時任開封知府。〔註31〕

二、李夢陽豫章刊本附，此本今未見，《四庫全書》本《迪功集》卷前有李夢陽〈迪功集序〉，見前引。

三、徐伯虬家塾刊《迪功集》本附。見徐縉寫於正德十五年的〈迪功集跋〉，謂：「右《迪功集》六卷，吾友故國子博士昌穀徐君之所作也，予嘗校焉，以寄獻吉，遂刻於豫章。然吾鄉猶不多見，於是昌穀之子伯虬復刻之家塾」，此序保留在明嘉靖七年刊《迪功集》卷末。

四、明正德十五年刊《迪功集》本附，邵懿辰《增訂四庫簡明目錄標注》著錄，未見。

五、明嘉靖七年刊（1528）《迪功集》本附，邵懿辰《增訂四庫簡明目錄標注》著錄，國家圖書館藏。此本前有李夢陽序。明嘉靖間刊《顧氏明朝四十家小說》本，此本又有宣統排印本、民國石印本。

七、明嘉靖刊《漢魏詩紀》本，中研院傅斯年圖書館藏。

〔註31〕陳錦盛碩士論文《徐禎卿之詩論研究》頁 63 謂：「查中央圖書館藏本書末有《徐縉跋》，署年正德庚辰（十五年，1520）；又有《顧璘序》，署名嘉靖七年（1528），因此，《四庫全書》本若是正德十五年刻本，那麼當有《徐縉跋》，不該有《顧璘序》」云云。筆者以為此處立論僅憑署名，未詳考顧璘序文的內容，且顧璘時官於開封知府，據《明史》卷 174〈文苑二〉謂顧璘「正德四年出為開封知府，數與鎮守太監廖堂、王宏忤，逮下錦衣衛，謫全州知府。秩滿，遷台州知府」，所以，顧璘的序文是寫於正德七年無誤，《四庫全書》本的著錄並沒有錯誤。

八、明萬曆三十一年（1603）胡文煥刊《格致叢書》本

九、明萬曆胡文煥刊《詩法統宗》本，此本見《澹生堂書目》卷一四〈文式文評類〉著錄云：「《談藝錄》一卷，徐禎卿，《詩法統宗》本」，此本應與《格致叢書》本相同。

十、明萬曆間金陵荊山書林刊《夷門廣牘》本，此本上海涵芬樓有《景印元明善本叢書十種・夷門廣牘》；新文豐圖書公司影入《叢書集成新編》。

十一、明末《古今詩話》本，廣文書局有影本發行。

十二、明刊本，北京圖書館藏，《北京圖書館古籍善本書目》著錄，筆者未見。

十三、清順治三年（1646）刊《說郛》續卷本。

十四、清乾隆《四庫全書》本《迪功集》附，臺灣商務印書館有影本發行。

十五、清乾隆摛藻堂《四庫全書薈要》本《迪功集》附。

十六、清乾隆二十五年（1760）朱琰自刊《學詩津逮》八種本，北京圖書館藏，《北京圖書館古籍善本書目》著錄，筆者未見。此書所收的八種詩話分別為《詩品》、《詩式》、《二十四詩品》、《滄浪詩話》、《白石道人詩說》、《談藝錄》、《藝圃擷餘》、《古夫于亭詩問》，各書為歷來詩話之精華，故以學詩之津逮標榜。

十七、清乾隆三十五年（1770）刊《歷代詩話》本，此本藝文印書館、新興書局有影本，中華書局有校點本。

十八、清乾隆鞠履厚刊《迪功集》本附，邵懿辰《增訂四庫簡明目錄標注》著錄，未見。

十九、清乾隆嘉慶間刊《詩觸》本，《叢書大辭典》著錄，未見。

二十、清道光十一年（1831）六安晁氏刊《學海類編》本。

二十一、清道光十三年（1833）太倉東陵氏刊《婁東雜著・金集》本，《叢書大辭典》著錄，未見。

二十二、清光緒十一年（1885）長沙玉尺山房刊《談藝珠叢》本，《叢書大辭典》著錄，未見。

二十三、清光緒二十一年（1895）張氏湘雨樓刊《弘正四傑詩集》
　　　　本附。此本有《徐迪功詩集》四卷、《徐迪功外集》三卷、
　　　　《談藝錄》一卷，故宮博物院圖書館藏，大立出版社於一
　　　　九八一年有影本發行。

二十四、清鈔《徐迪功集》本，北京圖書館藏，未見。據《北京圖
　　　　書館古籍善本書目》所錄，該館所藏清鈔《徐迪功集》六
　　　　卷，附《談藝錄》一卷，共有兩本：一有周星詒校並跋及
　　　　周喜寅題款；一無跋語，但多《重選外集》四卷。

二十五、清惠氏紅豆齋鈔本，上海圖書館藏，未見。《石竹山房詩話
　　　　論稿》之〈明代詩話考略〉著錄。

二十六、日本享保十一年（1726）合刻《三家詩話》本，國家圖書
　　　　館藏。

二十七、明治二十五至三十年間（1892～1897）排印《螢雪軒叢書》
　　　　本，弘道文化事業公司影入《詩話叢刊》發行。

錢謙益《列朝詩集小傳》謂，徐禎卿早年與唐寅、祝允明、文璧齊名，號稱
「吳中四才子」，他於唐代詩家中特喜劉禹錫、白居易，又「沉酣六朝散華流
豔文章風月之句」。登第之後，受李、何影響，改趨漢、魏、盛唐，並與二人
鼎足為三。〔註32〕不過《明史・文苑傳》謂「然故習猶在」，而前引李夢陽〈迪
功集序〉也謂其「然守而未化，故蹊徑存焉」。前述批評都是針對徐禎卿的詩
歌創作終不脫吳中之風而言，亦即沉山子所云：「昌穀既見獻吉，悔其少作，
然所操仍是吳音，第洗除少日浮豔字句，歸於六代三唐而已。未嘗北學獻吉，
獻吉譏其『蹊徑未化』，職此故與」。〔註33〕

　　筆者以為，徐禎卿論詩所以一以情為本，主張「因情立格」，與其身為吳
人有關，蓋吳中之風，文法齊梁，詩則雖言格調、師古，但純任性情，重視
趣味，講究自然，如明初長洲詩人高啓在〈獨庵詩集序〉中說：

〔註32〕如《明詩綜》，卷31，〈徐禎卿〉條所引陳子龍云：「迪功存詩無多，乃與二雄
　　　　鼎足，觀其談藝，皆深造之言」、《靜志居詩話》亦云：「是時李、何並陳，未
　　　　決雌雄，迪功精銳無多，能以偏師取勝，遂成鼎足。其詩不專學太白，而仿
　　　　佛近之，七言勝於五言，絕句尤勝諸體」，徐禎卿於三人中實自成一格，故宋
　　　　犖云：「何、李刻意少陵，迪功獨宗太白，神到之作，自成一家，不若嘉靖七
　　　　子同派也」。
〔註33〕見《明詩綜》，卷31，〈徐禎卿〉條所引。

詩之要有三，曰格，曰意，曰趣而已。格以辨其體，意以達其情，
趣以臻其妙。體不辨則入於邪陋，而師古之意乖；情不達則墮於浮
虛，而感人之實淺；妙不臻則流於凡近，而超俗之風微。〔註34〕

與李東陽交誼深厚的長洲吳寬（1435～1504），也在為沈周所作的〈石田稿
序〉中指出，唐人詩所以妙，在於胸中有高趣，所以寫之筆下，往往出於自
然，無雕琢之病，他以為「發乎興致，蕩乎胸懷，景美而意自奇，蹟爽而趣
自妙，不期乎詩而詩隨之」。〔註35〕吳中的詩歌創作風氣，與當地山川風土、
士風習尚有關，徐禎卿出自吳中，受到陶染，雖日後因為李夢陽、何景明的
影響，詩學觀念略有轉變，但其「因情立格」之說，實根源於吳中之風，與
李、何的嚴明格調、刻意學杜，終究不同。而「因情立格」的主張，也是徐
禎卿詩論中最受到重視的部分，他視「情」為詩歌的根源，《談藝錄》謂：

情者，心之精也。情無定位，觸感而興，既動于中，必形於聲。故
喜則為笑啞，憂則為吁戲，怒則為叱吒。然引而成音，氣實為佐；
引音成詞，文實與功，蓋因情以發氣，因氣以成聲，因聲而繪詞，
因詞而定韻，此詩之源也。

徐禎卿指出人類的感情無論喜怒哀樂，都來自心神與外物的交互作用，進而
產生音聲、形成詩文，他也描繪由情發氣、因氣成聲、因聲繪詞、因詞定韻
的連串詩歌形成過程，以更加確立「情為詩之源」的觀點。「情」除了是詩作
的源頭，也是詩歌所以能感動人的原因，其云：

夫情能動物，故詩足以感人。荊軻變徵，壯士瞋目；延年婉歌，漢
武嘆慕。凡厥含生，情本一貫，所以同憂相瘁、同樂相傾者也。故
詩者風也，風之所至，草必偃焉，聖人定經，列國為風，固有以也。

這一段詩話講得很入細，他解釋了讀者不必是荊軻、不必是壯士，對易水之
歌卻一樣會動容；漢武帝不是李延年，但聽了他的歌吟，一樣會嘆慕。他所
舉的例子，好比今日聽西洋普契尼的歌劇，雖然未必聽懂「蝴蝶夫人」唱的
是什麼，但一樣可以感受她的悲苦；不必聽懂「杜蘭朵公主」的詠歌，卻可
感受她的任性自肆一般。徐禎卿指出此種審美經驗的根源，就在「情能動物，
故詩足以感人」，亦即凡有生命的物都有感情，詩歌作品既成於「情」，也以
「情」喚起讀者的「同憂相瘁、同樂相傾」，產生情的交流，產生閱讀的樂

〔註34〕見《四部叢刊》本高啟《鳧藻集》，卷2，頁25。
〔註35〕見《四部叢刊》本吳寬《匏翁家藏集》，卷43，頁265。

趣。徐禎卿也話鋒一轉，將這種「詩足以感人」的說闡，由個人情感的私密部分，放大到超越時間、空間限制的教化人心作用，用以解釋儒家爲何說「詩者風也」、「聖人定經，列國爲風」，並以詩歌進行教化的原因。

人皆有「情」，所以能體物、能感動、能創發，但是不是就可以成爲大詩人？徐禎卿以爲「情」縹緲豐富、多變而難以捉摸，如其謂「朦朧萌坼，情之來也；汪洋漫衍，情之沛也；連翩絡屬，情之一也」云云，故須有其他條件的作用與配合，其謂：

> 然情實眇渺，必因思以窮其奧；氣有麤弱，必因力以奪其偏；詞難妥帖，必因才以致其極；才易飄揚，必因質以禦其侈，此詩之流也。
>
> 繇是而觀，則知詩者乃精神之浮英，造化之秘思也。

指出詩人必須以想像來增加情感的深邃，以學力修養來適度導引文章的氣勢，避免偏頗，以才華來達到詩歌書寫的極至，以內容的質實來避免因騁才而造成文采綺靡浮誇。

由「才易飄揚，必因質以禦其侈」的說法，也可觀察徐禎卿對文與質的觀念。他說：「由質開文，古詩所以擅巧；由文求質，晉格所以爲衰；若乃文質雜興，本末並用，此魏之失也」，視內容的質實爲詩作的根本，文采的表現爲詩作的末節，並把詩歌中文與質的搭配，區分成三種情況，分別是古詩的首重內容而文采能夠相得益彰、晉詩的致力文采輕忽內容、魏詩的內容與文采並重。三者之中，古詩自然最爲美好，晉詩本末倒置最下，而最違反中庸「常理」的，在於徐禎卿指出「文質雜興，本末並用，此魏之失也」，也就是他認爲魏詩將內容與文采一併考慮，並不符合以質爲本、由質開文的精神，而「本末並用」就是主從的不分明，這是魏詩與古詩的最大分野。他也將文與質的看法，歸結出詩歌取法標的，認爲「繩漢之武，其流也猶至於魏；宗晉之體，其弊也不可以悉矣」，以爲魏詩雖「文質雜興」、「本末並用」，但仍有可取法之處，這也是其「魏詩，門戶也；漢詩，堂奧也，入戶升堂，固其機也」說法的由來。

徐禎卿以「情」爲詩之源，並主張「情」在想像、學力、才華以及追求內容質實的作用下，總而薈萃成詩歌，也交融形成個人的風格，再蔚爲時代的格調。所以「情」的作用在先，格調歸結形成在後，這就是徐禎卿「因情立格」說的基礎。其謂：

> 夫情既異於形，故辭當因其勢。譬如寫物繪色，倩盼各以其狀；隨

規逐矩，圓方巧獲其則。此乃因情立格，持守圜環之大略也。

情既豐富多變，又牽涉想像、學力、才華、內容的經營等因素，自然有隨人而異的展現，辭采就隨著情的流轉變化，描繪各種物色的真實，進而凝聚成各種規矩法度。就因爲詩歌的規矩法度是成於情的抒發，情的變化導致不同規矩法度的形成，所以徐禎卿的「因情立格」，在復古的格調詩論中，顯示出彈性，也加大了詩人自由創發的空間。這個觀念反應在實際的創作上，正爲徐禎卿的詩爲何不同於李、何的學杜，反而接近於李白，提出了最佳的解釋。

南濠詩話

二卷（或作一卷），都穆（1459～1525）著，存。

都穆，字玄敬，號南濠居士，江蘇吳縣人。據《國朝獻徵錄》卷七二胡纘宗〈都公墓誌銘〉，其生於天順三年（1459），弘治十二年（1499）中進士，歷官工部都水司主事、南京兵部武庫司主事、工部虞衡司署員外郎，正德七年（1512）進禮部主客司郎中，加太僕少卿致仕，卒於嘉靖四年（1525），年六十七。〈墓誌銘〉謂其「文祖韓歐，詩宗陶孟，尤長於纂述」，其文行於世者有《南濠文跋》、《南濠詩話》、《玉壺冰》、《聽雨紀談》等。《紀錄彙編》卷一○四有傳謂其清修博學，網羅舊聞，考訂疑義，多所著述，好遊山水，雖居官曹，奉使命，有閒即臨賞名勝，有得必撰一記，並輯爲《西使記》等巨帙，又廣錄古金石遺文爲《金薤琳琅集》，而齋居蕭然，樂奉賓客，銜杯道古以消永日。《列朝詩集小傳》丙集「都少卿穆」條也記載其歸老之日，齋居蕭然，或至乏食，輒笑謂：「天壤間，當不令都生餓死」，又記其讀書之勤，有謂：「吳門有娶婦者，夜大風雨滅燭，遍乞火無應者，雜然曰：『南濠都少卿家有讀書燈在』，扣其門，果得火，其老好學如此」。事蹟另見《名山藏》卷九五〈高道記〉、《詞林人物考》卷九〈都玄敬〉、《西園聞見錄》卷十七、《本朝分省人物考》卷三二等，其中《本朝分省人物考》謂其「正德中舉進士」，有誤。

是書多有別名，如《百川書志》、《澹生堂書目》卷十四〈詩話類〉、《玄賞齋書目》〈詩話類〉、《趙定宇書目》作「都玄敬詩話」；《脈望館書目》〈詩話類〉、《國史經籍志》、《千頃堂書目》卷三二〈文史類〉、《天一閣見存書目》以避諱緣故，作「都元敬詩話」；《明史藝文志》作「都穆詩話」；光緒九年刊《蘇州府志》卷一三六〈藝文一〉作「南濠詩話」，以上書名雖異，但均

作「二卷」。惟《四庫全書總目》卷一九七〈詩文評類存目〉著錄《南濠居
士詩話》一卷、《欽定文獻通考經籍志》作「都穆《南濠居士詩話》，一卷」、
《八千卷樓書目》著錄「《南濠詩話》一卷，《知不足齋》本、《七子詩話》
本」。而《晁氏寶文堂書目》上卷〈詩詞類〉及中卷〈子雜類〉各著錄「都
玄敬詩話」、「都南濠詩話」一本，均不著卷數。周子文《藝藪談宗》收明周
子文《藝藪談宗》收錄「南濠詩話」十一則；清陳夢雷《古今圖書集成》〈文
學下〉亦輯有此書數則。

是書最早有明正德八年（1513）黃桓和州刊本及明嘉靖十一年（1532）
文璧吳郡刊本，然此二本今未見，只有鮑廷博《知不足齋叢書》本《南濠詩
話》卷前保留二本之序。鮑廷博〈南濠詩話跋〉云：「都少卿詩話，前明刻本
有二：其一黃桓刻於和州，凡七十二則；其一文衡山刻於吳郡，僅四十二則。
兩本銓次不同，互有增損，予因正其謬誤，合而刊之，庶爲完善矣」，此本刊
於清乾隆三十八年（1773），復於清乾隆同治間再刊，民國十年上海古書流通
處則予影印，臺灣新文豐圖書公司也影入《叢書集成新編》，而民國五年無錫
丁福保也將此本收入《歷代詩話續編》，北京中華書局加以標點，臺灣木鐸出
版社予以翻印。《知不足齋叢書》本《南濠詩話》共計七十九則，爲是書之完
整版。《四庫全書總目》所據應是此本，然謂此本共七十五則，數量有誤。綜
合前述書目，有題作二卷，有作一卷，差別在於各本條目的繁簡。

是書在明代的刊本，尚有明琴川徐縉家塾刊本，此本題作「都玄敬詩話，
二卷，國家圖書館藏，廣文書局影入《古今詩話續編》發行，此本共七十六
則。又有明末《古今詩話》本，爲刪節之本。清以後則有清順治三年《說郛》
續卷本、清《七子詩話》本及明治二十五至三十年間排印《螢雪軒叢書》本，
此本由弘道文化事業公司影入《詩話叢刊》發行。

嘗親聆都穆詩法的文璧，在〈南濠居士詩話序〉中提及都穆論詩：「君於
詩別具一識，世之談者，或以元人爲宗，而君雅意於宋；謂必音韻清勝，而
君惟性情之眞」，是故其論詩與明代中期如李東陽等人推崇元詩、講究聲調不
同。《詩話》論宋詩即云：

　　昔人謂「詩盛于唐，壞于宋」，近亦有謂元詩過宋詩者，陋哉見也。
　　劉後村云：「宋詩豈惟不愧于唐，蓋過之矣」，予觀歐、梅、蘇、黃、
　　二陳至石湖、放翁諸公，其詩視唐未可便謂之過，然眞無愧色者也。
　　元詩稱大家，必曰虞、楊、范、揭，以四子而視宋，特太山之卷石

耳。方正學詩云：「前宋文章配兩周，盛時詩律亦無傳。今人未識
崑崙派，卻笑黃河是濁流」，又云：「天曆諸公製作新，力排舊習祖
唐人。粗豪未解風沙氣，難詆熙豐作後塵」，非具正法眼者，烏能
道此。〔註36〕

這一則詩話引錄劉後村、方孝儒反對崇唐抑宋之說，從而揭示對宋詩的推崇，
可見明中葉論詩宗宋的部分意見。但此說主要引前人詩說爲「攻擊」崇唐抑
宋的主力，自己的意見顯得貧乏而無力。特別是相較於楊愼《升庵詩話》卷
十二所記載對何景明辨識唐宋詩能力的試煉，〔註37〕及數見「誰謂宋無詩乎」
的反詰，顯得不夠鮮明、具變化。

都穆也由蘇軾、黃庭堅的詩學言論得到啓示。如謂：「東坡云：『詩須有
爲而作』，山谷曰：『詩文惟不造空強作，待境而生，便自工耳』，予謂今人
之詩，惟務應酬，眞無爲而強作者，無怪其語之不工」，以蘇、黃之論針砭
當日詩壇，也略爲帶出自己的意見。至於以古今唱和詩作比較，認爲至元、
白、皮、陸諸公，始尙次韻，爭奇鬥險，其流弊至當世而極矣，其以爲「非
沛然有餘之才，鮮不爲其窘束。所謂性情者，果得而見邪？」〔註38〕以唱和
詩的流弊，提出詩須得見性情的觀念。

綜觀是書實以古今詩人詩事的記錄爲主，遍及唐、宋、元，以迄當代，
然其詩學觀念之呈現卻是較少的，且如前所引述者，多係徵引劉後村、方
孝儒、蘇軾等前人詩說加以評騭詩壇風尙，己見則顯薄弱，無怪《四庫全
書總目》評謂：「此編刻意論詩，而見地頗淺」。

汝南詩話

一卷，強晟著，存。

強晟，汝南人，生平不詳。據《百川書志》錄其《汝南詩話》條下云：
「皇明秦藩長史汝南強晟著，紀其應接遭際之事以代客談」，張秀民《中國

〔註36〕《南濠詩話》（臺北：木鐸出版社《歷代詩話續編》，1983 年），頁 1344。
〔註37〕《升庵詩話》，卷 12，以鮮活的詩學記錄，說明崇唐抑宋者的矛盾：「亡友何
仲默（景明）嘗言：『宋人書不必收，宋人詩不必觀』，余一日書此四詩（指
張耒〈蓮花〉、杜衍〈雨中荷花〉、劉才邵〈夜渡娘歌〉、寇準〈江南曲〉），訊
之曰：『此何人詩？』答曰：『唐詩也』，余笑曰：『此乃吾子所不觀宋人之詩
也』，仲默沉吟久之，曰：『細看亦不佳』，可謂倔強矣」。
〔註38〕以上二則引文俱見《南濠詩話》，頁 1351、。

印刷史‧明代藩府印書表》亦謂其曾任秦府紀善，弘治七年（1494）秦簡王刊強晟所著《羅川剪雪詩》一卷，弘治十一年（1498）強晟則校刊秦簡王所著《經進賓竹小鳴稿》十卷。〔註39〕郭紹虞《宋詩話考》「全唐詩話」條謂，正德丁卯（二年，1507）秦中所刊《全唐詩話》，有強晟所作〈後序〉，〔註40〕是知強晟為弘治、正德間人。

是書《晁氏寶文堂書目》卷中「子雜」類著錄，然不著卷數；《千頃堂書目》則作一卷，作者為強晟。《北京圖書館古籍善本書目》則收錄明正德九年（1514）楊椮刊本，故是書現存，惟臺灣未見。

藝苑玄機

一卷，邵經邦（1491～1565）著，存。

邵經邦，字仲德，號弘齋，浙江仁和人，學者稱弘毅先生。陳田《明詩紀事》戊籤為其中正德辛巳（十六年，1521）進士，除工部主事，改刑部，進員外郎，以建言廷杖，發鎮海衛充軍，著有《宏藝錄》三十二卷等。《明史》、《明史稿》及民國十一年鉛印清人龔嘉雋《杭州府志》卷一二四〈名臣〉二皆有傳。此外，其熟習史學，自著〈弘齋先生自傳〉、〈弘齋先生自誌銘〉，記載生平尤為詳盡。〔註41〕

是書見《千頃堂書目》著錄，有一卷之本；前引《杭州府志》卷九五〈藝文〉十亦著錄，惟因避諱關係，書名作「藝苑元機」。則是書有一卷之單行本，惟今日不見此單行之本。

《四庫全書總目》卷一七六〈別集類存目〉三著錄所著《宏藝錄》云：「經邦以講學自任，嘗採古今論學語，發明其旨，為《宏道錄》，又刪撮諸史為《宏簡錄》；所為詩文則別為此錄。……考其自作小傳，稱榷稅荊州時裒所著為《宏藝錄》，故卷首自序題嘉靖四年乙酉，而集中所載併及於暮年絕筆，則又後人續編，非其手定之本矣」，《總目》復云：「卷首『藝苑元機』七十三條，專明作詩之法」，則知是書約成於嘉靖四年（1525），最先並未單行，而是附於《宏藝錄》之卷首。

〔註39〕《中國印刷史》，頁 411、417。所謂「長史」、「紀善」等職，相當於藩王的祕書及教員，多由學者出任，強晟即為陝西秦王府中知名學者。
〔註40〕《宋詩話考》，頁 121。
〔註41〕見《武林往哲遺著》本《弘藝錄》附錄。

　　是書隨《宏藝錄》另刊入叢書，即今可見清光緒二十年（1894）錢塘丁氏嘉惠堂所刊《武林往哲遺著》本。此本《宏藝錄》題作《弘藝錄》，《藝苑玄機》作《藝苑玄幾》，卷前並有邵經邦於嘉靖四年（1525）所寫〈弘藝錄序〉，及其四世孫邵遠平於康熙乙丑春（二十四年，1685）所寫〈重刻弘藝錄序〉，知其書於康熙年間曾隨《弘藝錄》刊行，然今未見。而《武林往哲遺著》本《藝苑玄幾》是附於全書之卷末。

　　關於是書之內容，《四庫全書總目》謂該書：「專明作詩之法，以嚴羽詩有別才非關學之說為不然，且謂清廟緝熙，莫非至理所寓，未可不謂之詩。人惟狃於習俗，謂與經生不同，故往往黏皮帶骨。觀其持論，其宗旨概可知也」。今觀是書，大抵以詩為「道之餘事而未敢棄也」，然其平生最自豪者首在史學，其次為道，詩文則最末矣，嘗為治經史，而盡棄所業詩文，並云：「凡余理學讓宋儒，詩學讓唐人，至於論史頗有獨出之見」，〔註42〕可知《四庫全書總目》所言並非無據。

　　細觀是書所論七十三條，包括詩之教、文之教、詩之體、文之體、詩與文不可分古今、詩之才、詩之思、詩之格、詩之律、詩之病、詩之意、詩之情、詩之景、詩之讖、詩之義、詩之調、詩之趣、詩與文貴有氣骨、詩有動人處不必學、詩貴妙悟超脫、詩要有見識、詩之魔、詩之品等，詩文兼論。邵經邦於是書首條即云嘗試：「將以上下古今，顛倒英傑，張皇葩藻，綜核理要，無所不備」，而「展卷以話玄幾」。由於所論範圍很廣，所以書中大抵標榜原則，所論無法入細。

　　是書論詩以《詩經》為詩之本源，如言詩分近體、古體，殊無意味，如果一定要分辨，則「律者，物情景態，對待聯屬，風之體也；選者，沖和純正，瞻麗典則，雅之體也；古詩，精粹嚴毅，端重閒淡，頌之體也」，標舉三體以承接風雅頌，意欲盡言後世詩體之變貌，不無粗略偏頗之嫌。又云詩不必註，惟須評，此說原本見仁見智，然其理由為「蓋《爾雅·釋文》而後胡能益一詞耶？」則以一語即全盤否定後世的詩註，亦失之輕率。

　　至於其論「詩有別才，非關學也」，以為古代婦人女子莫不能詩，仍是由於「學」而來，時人只埋首於章句訓詁，反而以為係成就於風雲月露之才。在這個觀點之下，其於「讀班馬者」條云「今人家子弟只數本經書，尚然節

<hr>

〔註42〕以上見邵經邦所著〈弘藝錄原序〉及〈弘齋先生自傳〉。

去，止讀大字」，而「古人資質原高，看來如此，尚有寓目囊箱手鈔，目誦便不遺忘者，于今可多得耶」，其「詩要見識」、「詩之魔」條，亦以季札觀樂知興亡，主張必須多讀多學，有一字近俗、一字鄙俚者，當如淫聲惡色遠之，勿令流入肺腑。則其所論雖多「貴古賤今」之經生陳言，實則旨在矯正時弊。

因此，在當日復古時風之下，其主張「若非是脫悟於心，而欲句句字字尋古人糟粕來摹仿，如何得有進益」，又云「古人几案間無一俗子書，若今時套如『詩學大成』、『翰墨全書』、『事文類聚』等，斷然捨去」，進而言「臨文須將古人谿徑放在一邊，不問先秦兩漢、初盛中晚，且只暢發我胸中一段議論，卻將他言語比併看是如何，如此啓憤，煞有增益」，則是書在詩文創作的討論上，具有較為積極奮發的意義。

西崑詩話

殘本，簡紹芳著，存。

簡紹芳，字西崑。朱孟震《玉笥詩談》卷上謂：「新喻簡西崑」，則其為江西新喻人。其事蹟不顯，據前引《詩談》，知其弱冠客遊滇南，與楊慎一見如故，定為忘年交，出入必引與俱，而楊慎藏書甚多，紹芳一覽輒記，每清夜劇談，應答如響，其在滇南唱和及評較文藝多矣，年將六十才回蒙山，數年後卒。《詩談》復載，其卒後，子往謁楊慎，慎臥病中，聞訊悲之，不數日亦卒。按，楊慎卒於嘉靖三十九年（1560），則紹芳卒於此年之前，為正德、嘉靖年間之人。

所著《西崑詩話》，僅存四則，收錄於朱孟震《續玉笥詩談》。其中一則全文如下：

> 西崑詩話云：殷璠集李白詩有沙邱城下寄杜甫云：「我來竟何事，高臥沙邱城。城邊有古樹，日夕連秋聲。魯酒不可醉，齊歌空復情。思君若汶水，浩蕩寄南征。」其風骨音節為白詩無疑，後人不之見，以為李無寄杜詩，乃偽作〈飯顆〉一絕，淺俗特甚，未有一字似白語。予觀白集，又有〈魯郡東門送杜二甫〉一首云：「醉別復幾日，登臨遍池臺。何時石門路，重有金樽開。秋波落泗水，海色明徂徠。飛蓬各自遠，且盡手中杯。」蓋不止沙邱一首也。然攷殷集無沙邱詩，意近日新刻者省工費而刪之耳，近百家唐詩亦然，至有取一人

之詩僞作三四人者，可歎也。

按：簡紹芳所引李白〈飯顆〉一絕，多見討論，而〈沙邱城下寄杜甫〉詩，其謂「後人不之見」，其實當時即不乏議論者，如都穆《南濠詩話》即云：「李太白、杜子美微時爲布衣交，並稱於天下後世。今考之《杜集》，其懷贈太白者多至四十餘篇，而太白詩之及杜者，不過沙邱城之寄，魯郡東石門之送，及飯顆之嘲一絕而已。……」都穆《詩話》最早有正德八年（1513）刊本，〔註43〕則其說可能在簡紹芳之前，惟簡紹芳長期處於雲南，資訊較封閉，不知是否別有所承？

另一則引莊昶〈節婦詩〉：「二十夫君棄妾身，諸郎癡小舅姑貧。自甘薄命同衰葉，不掃峨眉嫁別人。化石未成猶有淚，舞鸞雖在不驚塵。瑣窗獨對東風樹，歲歲花開他自春。」，評曰：「起俚俗而中穠冶，似非本色」，按：莊昶（1437～1499）爲明代著名理學家，所著詩以富理學氣著名，〔註44〕是詩則意象穠麗，頗爲特殊。紹芳所言頗有道理，該詩前四句俚俗不雕琢，頗有古詩風味，但後四句，「舞鸞」難見其貧，「瑣窗」因東風、花樹而不見蕭索，雖然可以解作反襯，旨在對應其貧且孤也，但就全詩整體風格而言，前似樸拙古詩，後則爲雕琢律句，〔註45〕較不協調，此即簡紹芳所謂「似非本色」之意，由此觀之，其確爲知詩之人。

頤山詩話

一卷（或作二卷），安磐著，存。

安磐，字公石，一字鴻漸，號頤山，四川嘉定人。據《列朝詩集小傳》丙集〈安給事磐〉謂其中弘治乙丑（十八年，1505）進士，改庶吉士，授兵科給事中，又進都給事中，以議大禮，被笞，免官，萬曆改元，贈太常少卿。

〔註43〕見是書卷前黃桓〈都南濠先生詩話序〉。

〔註44〕如楊慎《升庵詩話》卷9〈莊定山詩〉條謂：「莊定山（莊昶）早有詩名，詩集刻於生前，淺學者相與效其『太極圈兒大，先生帽子高』，以爲奇絕。又有絕可笑者，如『贈我一壺陶靖節，還他兩首邵堯夫』，本不是佳語，有滑稽者，改作〈外官答京官苞苴詩〉云：『贈我兩包陳福建，還他一足好南京』，聞者捧腹。然定山晚年詩入細，有可並唐人者……。」王世貞《藝苑巵言》卷5即謂：「莊孔陽佳處不必言，惡處如村巫降神，里老罵坐。」

〔註45〕王世貞於《藝苑巵言》卷6言：「講學者動以詞藻爲雕搜之技，工文者則舉拙語爲談笑之資，若枘鑿不相入，無論也。七言最不易工，吾姑舉諸公數聯……」，即引「化石未成猶有淚，舞鸞雖在不驚塵」一聯，爲七言之工者。

又著錄其嘗與楊慎論詩，其云：「論詩如品花木，牡丹、芍藥，下逮苦楝、刺桐，皆有天然一種風韻。今之學杜者，紙牡丹、芍藥耳」，楊慎以爲知言。《明詩綜》卷二八「安磐」條亦著錄楊慎述安磐論詩之旨：「唐之名家，自立機軸，譬猶群花各有丰韻，乃或翦綵以像生，或繪畫而傍影，終非眞也」。其事蹟又見《掖坦人鑑》卷十二、《明史》卷一九二、《明詩紀事》丁籤卷十。

是書《晁氏寶文堂書目》上卷〈詩詞類〉、《玄賞齋書目》〈詩話類〉著錄，惟不著卷數；《千頃堂書目》卷三二〈文史類〉、《明史藝文志》、《欽定文獻通考經籍考》及《邵亭知見傳本書目》均著錄是書爲二卷，應別有二卷本之刊行，然《四庫全書》〈詩文評類〉《頤山詩話》卷前〈提要〉謂：「是書《明史藝文志》作二卷，此本僅一卷，而首尾完具，殆史偶誤歟？」〈提要〉所據僅爲《明史藝文志》，不及其他公私書目，其說姑且存疑。

是書之版本，《八千卷樓書目》著錄有鈔本二卷，然今未見。其一卷之本則有北京圖書館所藏之明鈔本及清顧氏藝海樓傳鈔《四庫全書》本，另有清乾隆《四庫全書珍本·初集》本及清乾隆《四庫全書》本，臺灣商務印書館有影本發行。

《四庫全書》本《頤山詩話》卷前，附有嘉靖七年（1528）安磐所撰〈頤山詩話原序〉，可知是書之撰著時間。序中並謂是書係與學士大夫論詩的實錄，而寫詩固難，論詩又難也，蓋歷來作者皆稟靈含異，各充其極，所以「以淺涉者不能深，以泛獵者不能得，以已見者不能該，以辭類者不能達」，因此是書秉持「詩話以論詩」的宗旨，不只「以資閒談」，也對詩歌創作較嚴肅的省視。

是書所論以嚴羽詩說爲宗，並針對嚴羽「參禪」、「妙悟」說及對陸機詩的評品，加以引申說明。其又對「漢無騷，唐無選，宋無律」的說法，提出「所謂無者，非眞無也，或有矣而不純，或純矣而不多，雖謂之無亦可也」的解釋。

對於當時著名的詩說或詩話，亦加以檢驗品評。如評《松石詩評》，[註 46]以爲「李陵、潘、石、二張、二陸、茂先、景純、仲文、叔源，皆一時名家，乃遺而不收，況人著數語，祇以取譽爲高，體裁聲韻，多不中的，而劉因、虞集高下之間，未爲定論，識詩之難如此」，除了質疑是書對李陵、潘岳、石崇、張載、張協、張華、陸機、陸雲、郭璞、殷仲文、謝混等名家

[註46] 此即朱奠培所著《松石軒詩評》，相關論述詳見本論文上編「松石軒詩評」條。

之「遺而不收」，及元代詩家劉因、虞集之高下未爲定論之外，其「人著數語，祇以取譬爲高，體裁聲韻，多不中的」的批評，認爲僅以數語比喻來論定詩人，而未及於詩歌體裁聲韻的實際創作問題，是此書的不足之處，也可見「識詩之難」。此與謝榛《四溟詩話》卷二云：「《松石軒詩評》，全是詩料，且深於詩，何以啓發後學？」一由評論詩歌的識見立論，一由啓發後學的角度批評，看法其實接近。因爲「詩料」即指駢偶取譬，是《松石軒詩評》的著述方式，該書以品評爲宗旨，自然無法論及各詩人的實際創作手法，對於詩歌體裁聲韻較無深入說明，對於初學者的學習作用較不大。而二書針對《松石軒詩評》的評論與責求，也可見出《松石軒詩評》在當世流傳頗廣，在詩壇頗具影響力。

此外，對於李東陽的論詩，是書除多次徵引，也加以檢驗。其引李東陽言「晦翁（朱熹）深於古詩，其效漢魏，至字字句句，平仄高下，亦相依仿」語，證之以朱熹答鄭文振語，有云：「向見擬古，將謂只是學古人之詩，元來卻是學古人說話，意思語脈皆要似他」、「蓋意思、句語、血脈、勢向皆效之也」，所以安磐謂：「觀於此言，益信西涯之說，以晦翁學作古詩，乃如此精密用功，後之人以鹵莽之識，動云學選，吾未見其可也」，此則詩話評李東陽論朱熹之學古詩，亦正見安磐復古學古的理念。然而，「學古人說話」應致力的精密用功處，在安磐而言，主要是針對詩歌的正確識見，以及寫作方式的學習。對於詩歌情感的表現，他仍以「眞實」加以推求，其評謝靈運詩，以爲雖涉于對偶，然而繁密錯綺，一句一字，極具深思，其中〈初發石首城〉一詩尤妙，此詩稍尙風骨，不類諸作，甚至有建安之風，安磐推求其「尤妙」的原因即云：「豈其被誣見釋之後，情發之眞歟？此詩之所以貴情性也」。

至於是書所論，以海棠爲杜甫母名等，仍沿小說之誤。《四庫全書總目》卷一九六〈詩文評類二〉「頤山詩話」條已言之矣，而《總目》又謂：「王士禎《池北偶談》嘗載其數篇，深許其工，故其評論古人，多中窾會，蓋深知其甘苦，而後可定其是非，天下事類如是也」，仍給予肯定。

六朝詩彙・詩評

一卷，張謙纂輯、王宗聖增輯，存。

關於編者，明代較爲著名的張謙有二人，一爲保定清苑人張謙，其字益

之，生於正統七年（1442），成化二年（1466）中進士，官至南太僕少卿，卒於弘治六年（1493）。一爲慈谿人張謙，字子受，號鄮西，生於正德六年（1511），嘉靖十一年（1532）中進士，歷官刑部主事、大名知府、福建副使、廣西參政、按察使等，卒於萬曆二十三年（1595）。而是書見《北京圖書館善本書目》著錄，有嘉靖三十一年（1552）金城陸師道刊本，陸師道字子傳，長洲人，生於正德六年（1511），嘉靖十七年（1538）中進士，卒於萬曆二年（1574），其時代與慈谿張謙較爲接近，推測是書或爲慈谿張謙所編著。

　　《六朝詩彙》共一一四卷，又有《目錄》九卷、及附錄《詩評》一卷，卷帙龐大。《詩評》應即彙錄前人對六朝詩之品評，此爲當時詩歌總集編輯之常例，如馮惟訥《古詩紀》有《別集》十二卷專門收錄相關詩話品論；顧起綸《國雅》有《國雅品》一卷，此卷另爲單行，較總集更爲流傳，均是此例。此外，個人全集亦有類似的編著，如邵經邦整編詩文著作爲《弘藝錄》，亦特輯自己對於詩歌的意見成《藝苑玄幾》一卷，附於全集刊行，此書並成爲單行之本。張時徹的詩文集《芝園集》或《芝園定集》，則是附上《諸家評》一卷，將他人對自家詩文的品評加以搜羅。清乾隆時人編刊何景明著作爲《大復山人詩集精華錄》，則係另輯其詩學言論成《詩話》一卷附於集中刊行，可見編刊風氣如此。惜《六朝詩彙》之《詩評》，筆者尚未見及，無法進一步考述。

石陽山人蠡海

　　二卷，陳德文著，存。

　　陳德文，號石陽山人，江西吉水人。《四庫全書總目》卷一二七〈雜家類存目四〉「孤竹賓談」條謂其於「嘉靖中以順天府尹行部永平，館於夷齊廟，公事餘閒隨筆記載，以永平爲古孤竹國，故以『孤竹賓談』名書」。然《石陽山人蠡海》未見《總目》以及其他書目的著錄，其流傳可能不廣。

　　是書二卷，上卷爲詩話，下卷爲其整編所作古詩之詩集，據下卷卷前小序云：「己亥夏」、「預梨此冊，投之北山」等語，則是書之下卷當編成於嘉靖十八年己亥（1539），其上卷詩話或應同時纂集或撰寫。是書今可見明刊藍印本，藏國家圖書館，另，北京圖書館藏有明嘉靖間刊本，惟此本筆者未見，蔡鎮楚《石竹山房詩話論稿》謂北京圖書館所藏爲「明嘉靖間刊藍印本」，則

與國家圖書館所藏應為同時刊行之本。

是書上卷論詩，由《詩經》談起，下及兩漢魏晉唐宋，倡論時代詩風，亦兼及各別詩人之評品。其論詩首在強調詩與時代的關係，以詩經之詩、漢魏之詩、唐詩等為例，反覆申說「道隨時趨，詞由運變」、「觀乎人文，以察時變」、「聲音之道與時政通」的意見，佔此卷極多篇幅，惟新義不多。其次由論世而知人，闡釋儒家「詩言志」、「興觀群怨」等詩學觀，如云「詩本性情，辭形真偽，聽其言也，人焉廋哉」、「忠臣去國者，詞多援古以證今；墨客放言者，情多訾人而玩世，是以詩言志」，進而以「孔子謂興于詩，而又曰小子何莫學夫詩」，解說詩的定義，並歸結於教化：「故詩也者，理性情而標媺惡，先王以占風焉」。

是故其所推重之詩作與詩人，皆以「溫柔敦厚」、「婉約含蓄」為要件、以「正」為依歸，這是依循儒家詮釋詩歌的傳統。如評陶潛「命意既別，造語更工，以婉順稀哀傷，寓放逸于沖澹，其緘機不露，旨趣莫尋，高雅貞玄，精深蹈厲，豈惟詩中之伯夷乎？」評杜甫云：「沉鬱忠厚，其〈北征〉、〈兵馬行〉、〈哀江頭〉、〈垂老別〉諸篇，流離患難，而志在憂時，信如金鵶擘海，香象渡河者矣，宜冠名家而集大成」。至如對張中丞（張巡）守睢陽之〈聞笛詩〉，亦極度讚揚：「寓慷慨於篇章，發忠勇於情性，哀而不激，怨而不傷，其粹然一出於正乎？所謂風塵色、天地心者，其未識人倫，為知天道語中來耶？唐人詩尚意興而理在其中，滄浪殆為中丞是詩而發」。此則詩話將詩品與人品結合而論，至謂《滄浪詩話》「唐人詩尚意興而理在其中」語，係為張巡〈聞笛詩〉而發，則頗為偏執，不具說服力。

由於極力推重詩之正，陳德文認為《詩經》「鄭衛之聲，宣淫而道邪，長惡而倡靡，使人亂風雅之正，生非辟之心，仲尼於為邦，放之使遠矣。秦燄既冷，漢儒收其逸篇，附會以成足數，為陋不淺」。此說為孔子刪詩卻保留鄭衛之詩提出解釋，認為責任在於漢儒。他也對蕭統所選《昭明文選》有意見，其云：

> 蕭統以六朝委靡之聲，綺麗之習，尚論於漢魏，選掄其篇詩，混紫為朱，列鄭于雅，所必至者，而世乃翕然宗之，何邪？吾嘗謂兩漢三國之詩，恐不止此數篇，蓋經統刪後，貴耳賤目者，因舉而棄置之，希響寂寥，遺慨千古。

這在當代推崇漢魏之詩，並以《昭明文選》所選者為「選體」加以取法的風

氣中，其質疑於「蕭統以六朝委靡之聲，綺麗之習」，選論漢魏篇詩的公正客觀性，或者是正當性，自然是不隨俗俯仰，頗見新義。

任何一部「詩選」之所以選輯，目的都在保存編者所認爲的最佳作品，其篇章的去取，維繫於編者的識見與眼光，而此識見與眼光，又決定全書選錄的精當與否，是故李東陽在《懷麓堂詩話》即謂：

> 選詩誠難，必識足以兼諸家者，乃能選諸家；識足以兼一代者，乃
> 能選一代。一代不數人，一人不數篇，而欲以一人選之，不亦難乎？

李東陽指出選家面對「一代不數人，一人不數篇」，這是選錄上的不易，其實選家還必須面臨「不數代」讀者的閱讀考驗，這是詩選流傳上的不易。陳德文質疑「蕭統以六朝委靡之聲，綺麗之習」選論漢魏詩，並評爲「混紫爲朱，列鄭于雅」，自是一種閱讀，但從蕭統〈文選序〉所述，其論於詩，仍本儒家「詩序」、「六義」之說，重申「詩者，志之所之也，情動於中而形於言」與「賦比興」之義，與陳德文實無二見。陳德文所疵病者或即「義歸乎翰藻」耳，何況認爲蕭統處六朝必有六朝之積習，乃片面且主觀的認定，一個好的選家正如李東陽所言，應是「識足以兼一代者，乃能選一代」，至於蕭統之「識」是否足以兼數代？應該這麼看，他所選錄的《昭明文選》，能夠通過「不數代」讀者的閱讀，贏得「不數代」讀者的接受，已是最好說明。

唐詩品

一卷，徐獻忠著，存。

徐獻忠，字伯臣，號長谷，江蘇華亭人。據《國朝獻徵錄》卷八五王世貞所著〈徐先生獻忠墓誌銘〉，謂其卒於「嘉靖己巳秋」，享年七十有七，此說有所失誤，蓋「己巳」爲隆慶三年（1569）矣，而徐獻忠之生年則爲弘治六年（1493）。又據何三畏《雲間志略》卷一四〈徐奉化長谷公傳〉，其中嘉靖四年（1525）舉人，赴禮部試不利，出任奉化縣令，後以倨傲忤同鄉寧波守沈愷，去職，隱居吳興。該傳並著錄其論詩，五言重魏晉，七言取高、岑，近體則師大曆。所著有《樂府原》、《唐詩品》、《洪範或問》、《四明平政錄》、《四書本義》等。其事蹟另見《詞林人物考》卷一「徐伯臣」、《明書》卷一四八、《列朝詩集小傳》〈丁集上〉及嘉慶二十二年修《松江府志》卷五三〈古今人物傳五〉。

是書有明嘉靖十九年（1540）華亭朱警刊《唐百家詩》本，及明藍格鈔

本配補鈔本，均藏國家圖書館。傅增湘《藏園群書經眼錄》有云：「《唐百家詩》附《唐詩品》一卷，明嘉靖庚子（十九年，1540）華亭朱警刊本，……凡初唐二十一家，盛唐十家，中唐二十七家，晚唐四十二家，其家數詳載《彙刻書目》。目後有朱警後語一篇，言先大夫雜取宋刻衷爲百家，友人徐君伯臣作《唐詩品》一卷，乃徇其所尚，差爲品目，於舊本之外補入十二家，而徐君所撰冠諸篇首云。是徐氏《詩品》非爲此刻而作，故《詩品》所列八十五家中，朱氏所收祇有七十四家，其王維以下十一家不見此刻也。」可知是書非爲《唐百家詩》所撰，而是兩書並刻刊行。

筆者所見嘉靖十九年朱警刊《唐詩品》，共品評八十三人，起唐太宗、唐玄宗，迄魚玄機、羅虬，與傅增湘所見八十五家不同。周維德教授〈明詩話提要〉「唐詩品」條亦據明嘉靖朱警刊本謂：「其品評八十一人，上自太宗、玄宗，下至魚玄機、羅虬」，其間之差別，不知是刊刻時已自有異？或係流傳散佚的緣故？

朱警〈唐百家詩後語〉謂：「友人徐君伯臣作《唐詩品》一卷，其論三變之源委，探諸子之悷意，各深其義，如抵諸掌，雖古之善言者，曷以加焉」，是書之內容體例與行文方式，頗仿效鍾嶸所著《詩品》，以駢麗的、比喻的語言品評論述唐代重要詩人，雖沒有明確的區分等第，而褒貶自在其中，其品評宗向亦有一己之定見，顯示其對唐代詩人、詩作的熟悉，所以朱警謂之「如抵諸掌」。

徐獻忠在〈唐詩品序〉中，極力強調時代的治亂得失對創作的影響，這也是他貫注全書、品評詩作的主要理念。其謂：「詩之來尙矣。然生人所含風氣不齊，而感遇之情異向，其聲詩之變，亦何能已耶？」所以《詩經》三百篇中，國風與雅、頌聲調即不相及，而國風中各國又有不同的歌詩，僅管如此，詩的變化並非不能捉摸、不能論定的，其謂：「律生于心，係乎治亂得失之感，而發于歡暢悲思之會，協諧雖異，而感遇之適不可誣已。參約其變，雖百代殊風，五方異氣，亦安能無定論耶？」

因此，徐獻忠以爲，唐初承六朝的餘緒，詞華大備，但風軌尙微。盛唐則英主與群賢共諧景會，意主渾融，音節舒緩。開元以來，雖綺文之士習氣尙存，但暴亂之後，感思之情不能無作，所以舒緩的音節逐漸被深密的情致所取代，而模寫之言開始盛行。元和以下，調變音殊，意浮文散，上者氣格猶存，詞旨漓薄，下者調卑詞促，心靈流蕩。徐獻忠歸納其原因謂：「究觀其

時，元氣日削，國體傷變，而藝人風格要亦與之俱下，蓋至於開成極矣」，對於唐末部分詩人詩藝雖精其亦無取，何況當日以倔奇疏怪爲尙的詩人，更是「意象疏略，音旨直致，無尙於風人之軌」。

徐獻忠雖以時代風氣對人心的影響爲評論前提，然其仍以「風人之旨」爲權衡，只要能符合這個標準，雖身處衰世的詩人與詩作，亦能加以選錄評品，以盡見詩之正變。其謂：「國風之旨，裁於風教，發於性情，唱於人倫，合於典義，雖不盡屬絃歌之品，要皆有君子之道。持是而觀，雖晚唐諸子，或能登茲采錄，亦可存其變焉」，其說爲該書的選錄找出一個知人論世的「典範」，也使「衰世」之詩的選錄成爲必要且合理。

大體看來，是書對於唐詩的分期，仍踵接高棅《唐詩品彙》的說法，並無新義。但高棅以詩歌體製格調區隔分論詩人與詩作，所以同一個詩人，可能在不同的詩歌體製上得到各異的評價與地位，看起來很客觀，作爲詩歌的創作取法時，分體羅列也便利於互勘學習，但這樣的論述方式，卻較不利於「史」的觀照與聯繫。徐獻忠則純以詩人個人的經歷與詩作風格立論評品，由知人而論世，所以《唐詩品》可謂唐詩史的雛型。這兩種不同的寫作方式，或可以窺出明代由明初重視詩歌體製格調，到嘉靖中期論詩逐漸轉向重視詩人情性、經歷的探討，乃至萬曆會有凸顯眞詩、標榜性靈的詩學見解產生，其中的變化端倪。

當然，徐獻忠的品評仍舊籠罩於儒家詩觀的氛圍，且由於極力稱說時代對詩人的影響，對於身居初、盛唐的詩人多致許可，晚唐則多輕詆，反而中唐較能持平看待。如盛唐蘇頲的詩，人或批評其「綺麗大勝，音節太緩」，徐獻忠則爲之緩解，以爲「詩有六義，頌聲獨揚，非渾厚不足以莊其體，非藻麗不足以華其節，視之鬱積感恩之言，其尙異矣。識者謂許公（按，蘇頲爲許國文憲公）有宮調，其殆此乎」。而唐太宗並不以詩名，其卻許以「一代之祖」，亦是顯例。又如評晚唐杜牧之詩時，徐獻忠本已肯定其「含思悲悽，流情感慨，下語精切，含聲圓整，而抑揚頓挫之節，尤其所長」，但語意一轉，又謂：「然以時風委靡，獨持拗峭，雖云矯其流弊，而持情亦巧，或者比之許渾，兩人之作，南北異調，了了可辨，豈風氣囿諸情性，不能自達於中聲者乎？初唐先輩西北居多，而含宮調徵，各諧其節，未有如牧之者」，此說將初唐、晚唐對立二分，不無偏頗之嫌。

是書採錄詩人的標準，亦有可商榷處。其優點在於取樣範疇涵蓋聲名較

不顯的詩人，特別是晚唐如膳部員外郎張蠙、進士邵謁、進士章孝標、咸通進士于濆，甚至女冠魚玄機、南唐相李建勳等。然其缺點也在並未品論真正的大家，如李白係附論於「宋之問」條下，僅聊聊數語，另在「孟浩然」條云其「藻思不及李翰林」、在「王昌齡」條謂其七言小詩「幾與太白比肩」，均是比況之詞。杜甫亦只見於其祖「杜審言」條，謂「少陵雄生後代，威鳳之丸，不離苞素者也」，不見單獨品論其價值。而是書品論了柳宗元，卻也不見風格凸顯的韓愈或是白居易。品論李賀、杜牧、許渾，也不見了李商隱。凡此種種採錄上的缺漏，是無法以卷帙散佚的假設加以圓說，就算有特殊的考慮與安排，仍可謂減損了是書作為「唐詩品」的代表意義與說服力。

千里面譚

二卷（或作一卷），楊愼（1488～1560）著，存。

楊愼，字用修，號升庵，四川新都人。據《國朝獻徵錄》卷二一陳文燭所著〈楊升庵太史愼年譜〉，其生於弘治元年（1488），正德六年（1511）廷試第一，授修撰，後大禮議起，楊愼與同官伏左順門力諫，帝命執首事下獄，楊愼等撼門痛哭，帝怒，悉下詔獄，廷杖之，楊愼被削籍，嘉靖三年（1524）遣戍雲南永昌衛，嘉靖三十九年（1560）卒，年七十三。而《續藏書》卷二六〈修撰楊公〉傳、《明史稿》列傳一六二、《明書》卷一四七〈文學三〉則皆著錄楊愼卒年為嘉靖三十八年（1559），年七十二。楊愼投荒雲南，暇日於書無所不窺，《名山藏》卷八五〈文苑記〉記錄其居滇的言行有云：

> 愼戍永昌三十五年，與昆明胡廷祿、晉寧唐錡、大理吳懋、李元陽、
> 永昌張含相倡和，放浪湖山間，所在擁聲妓，雜嘲笑，隤然禮法之
> 外，至醉而傅粉，作雙了插花。

其記誦淹博，詩文雜著著述極富，所編著有《風雅逸篇》、《五言律祖》、《選詩外編》、《丹鉛別錄》、《千里面譚》、《絕句衍義》、《唐絕增奇》、《詩林振秀》等，他人所纂輯者有《楊太史楊升庵全集》、《升庵外集》、《升庵詩話》、《詩話補遺》等。

是書為楊愼與張含談詩之作。張含，字愈光，雲南永昌衛人，正德二年（1507）中雲南鄉試，與楊愼相交甚篤，互為序跋，亦時以書信往來，談文論詩。是書見《千頃堂書目》卷三二〈文史類〉著錄云：「《千里面談》，二卷，與張含談詩」。此二卷之本，據張錫厚〈楊愼詩論著述考〉云：「張含曾集兩

卷爲一刻本，并撰寫〈千里面譚跋語〉刊行，可惜原刻本已佚。北京圖書館
善本部藏有明萬曆四年（1576）蔡翰臣琳琅館刊本二卷，一冊，并刻有蔡氏
及張含的序跋。」〔註47〕張錫厚所謂「集兩卷爲一刻本」者，係指張含將楊
愼所寫《千里面譚》及所集《詩林振秀》的一部份，合刻成《千里面譚》二
卷行世，楊愼〈千里面譚跋〉謂：

> 前此書詩一卷呈上，以代千里面譚。來諭欲付之雕梓，愧愧，然亦
> 奇事也。今繼書此一卷，乃走所集《詩林振秀》之百一，世所罕傳
> 者，請賞鑑。吾兄龍池春游詩，豔而有諷，與江淹春游美人同調，
> 請并刻之。

而張含跋語則謂：「升庵前有《面譚》之帙見寄，編爲上卷；今復有此寄，編
爲下卷，以鋟焉」，可知是書刊刻之緣起。而此本卷上之末，又附有楊愼書信
一則，謂：「愼近多病，不多作詩，而喜談詩，然無可與談者，千里又與吾兄
隔。暇日書《千里面譚》一卷，以代一夕之話，必有以教我也」，可知是書命
名之由來。〔註48〕此本現藏於北京圖書館，臺灣未見。

　　據張錫厚〈楊愼詩論著述考〉稱，是本卷上選評詩九首，包括六朝五
首、隋唐四首；卷下選評詩四十二首，包括漢魏六朝詩二十二首、隋唐詩
十九首、明詩一首，共選評詩五十一首，而《升庵詩話》即輯錄此書所選
評的四十一首詩及評語，包括卷上五首、卷下三十六首，且內容完全相同。
是故，是書的二卷本，雖然臺灣未見，但其大部分的內容實已收錄於《升
庵詩話》之中。

　　是書另有一卷本，分別爲明末刊《古今詩話》本及清順治三年（1646）《說
郛》續卷本，二本內容悉同，共著錄梁簡文帝〈春情〉、陳後主〈聽箏〉、溫
子昇〈擣衣〉、王勣〈北山〉、沈君攸〈薄暮動弦歌〉及〈桂戢沉中河〉、謝偃
〈新曲〉、崔融〈從軍行〉、蔡孚〈打毬篇〉等六朝、隋唐的九篇詩歌。據張
錫厚〈楊愼詩論著述考〉稱，此一卷之本的內容，基本上就是萬曆四年蔡翰
臣琳琅館刊本的上卷，只是將楊愼、張含的跋語書信皆刪去。所以，一卷之
本應爲《千里面譚》的原始面目。

　　是書的要旨，主要在與張含講論七言律詩、排律的起源問題，楊愼認爲

〔註47〕該文見《四川師院學報》，1981年2期、3期，頁59～67、73，1981年3期，
　　　　頁70～77。
〔註48〕以上跋文及書信皆轉引自張錫厚〈楊愼詩論著述考〉。

七言排律先於七言律詩，舉出沈君攸的〈薄暮動弦歌〉及〈桂戢沉中河〉爲證，說明：「此六朝詩也。七言律未成，而先有七言排律矣。雄渾工緻，固盛唐老杜之先鞭也」。而七言律較晚發展，楊愼引梁簡文帝〈春情〉評曰：「此七言律之始，猶未能也，而格調高古，當知其濫觴」。而其針對七言律的起源於六朝，嘗欲選爲一集，如所選評《五言律祖》之類，但以老倦而未果，他也在此書中與張含提及。〔註49〕

存餘堂詩話

一卷，朱承爵著，存。

朱承爵，字子儋，號舜城漫士，又號左庵，江蘇江陰人。《無聲詩史》卷三有傳，並謂：「文徵仲稱其爲文古雅有思致，詩亦清麗。尤工筆翰，時出新意，寫花鳥竹石亦秀潤合作」，《明畫錄》卷六亦謂其「詩文清麗，尤工筆翰，善寫花鳥，竹石亦秀潤，文徵仲許爲合作」。所著有《鯉退稿》、《存餘堂詩話》等。《北京圖書館善本書目》著錄其於正德十六年（1521）校刊庾信《庾開府詩集》四卷及杜牧《樊川詩集》四卷，《鐵琴銅劍樓書目》卷十九則著錄其於嘉靖十七年（1538）嘗校閱宋錢杲之《離騷集傳》，知其詩學活動在正德、嘉靖間較爲活耀。

是書見《晁氏寶文堂書目》中卷〈子雜類〉、《澹生堂書目》卷十四〈詩話類〉、《玄賞齋書目》卷七〈詩話類〉、《千頃堂書目》卷三二〈文史類〉、《明史藝文志》、《欽定續文獻通考經籍考》、《八千卷樓書目》等書目著錄。惟《澹生堂書目》著錄書名作「存餘齋詩話」，略有出入。

是書多刊入叢書流傳，刊行極廣，包括明嘉靖二十年（1541）刊《顧氏明朝四十家小說》本，此本後有宣統排印本及民國石印本；明萬曆三十四年（1606）李銓前書樓刊《藏說小萃》本，《藏說小萃》又刊入清光緒十四年（1888）江陰金氏刊之《粟香室叢書》及清光緒宣統間江陰金氏粟香室嶺南刊《江陰叢書》，新文豐圖書公司並影入《叢書集成續編》；明崇禎三年（1630）淮南李氏刊《璅探》本；明末刊《古今詩話》本；清順治三年（1646）刊《說郛》續卷本；清乾隆三十五年（1770）刊《歷代詩話》本，此本文寶公司、醫學書局有石印本，藝文印書館、新興書局有影本，中華書局有校點本，周

〔註49〕關於楊愼論七言律的起源於六朝，又見本論文《升庵詩話》條的討論，可參考。

維德《全明詩話》亦以此爲底本；清道光十一年（1831）六安晁氏刊《學海類編》本，此本又有道光本、影道光本，新文豐圖書公司影入《叢書集成新編》；民國間商務印書館《叢書集成初編》本；明治二十五至三十年間排印《螢雪軒叢書》本，弘道文化事業公司民國六十年影入《詩話叢刊》。以上均爲一卷。此外，《常州先哲遺書本》第一集，刊入是書一卷及附錄一卷，然此本未見，不知其「附錄一卷」是何內容？《古今圖書集成‧文學下》亦輯有此書論詩語數則。

是書共二十九則，以品評詩作爲主，所引錄詩作多婉切可誦，且具代表性，其品評與立論角度更不爲前人所局限，頗能就詩論詩，識出詩人慧心所運。如前人評盧全詩，多以爲造語險怪，幾不可解，然朱承爵引其〈示男抱孫詩〉、〈直鉤吟〉、〈喜逢鄭三〉等詩，以證其詩亦頗自平直恬澹，殊不爲險。又如茗溪魚隱評昔人聽琴、阮、琵琶、箏諸詩，以爲「大率一律，初無的句，互可移用」，朱承爵則以爲不然，並詳細引錄韓愈、歐陽修、蘇軾、黃庭堅等人的聽琴詩，白居易、元稹、歐陽修等人的聽琵琶詩，黃庭堅的聽摘阮詩，歐陽修、蘇軾的聽箏詩，來說明詩人描寫各有其妙，是「別具隻眼」的批評。

是書亦由品評作品，兼述對詩詞創作的看法。如評《天廚禁臠》所錄琢句法中之假借格，以爲「古人琢句，亦或未用意至此，論詩者不幾於鑿乎？」已視出詩格詩式拘泥僵化的弊端。又主張「作詩之妙，全在意境融徹，出音聲之外，乃得眞味」，認爲詩歌創作不是只在字句音聲上講究，更要追求「意境融徹」，方能達到「眞味」的妙境。這個說法相信是針對當世部分作者以摹擬剽竊古人、虛矯爲詩的情形，所提出的針砭。〔註50〕評宋人〈詠茶〉一詞，則提出詞家意象與詩略有不同，必須「句欲敏，字欲捷，長篇須曲折三致意，而氣自流貫乃得」的意見。至於是書之缺憾處，《四庫全書總目》卷一九七〈詩文評類存目〉「存餘堂詩話」條，謂是書「所稱明人諸詩，多涉蕪雜；論樂府必合本題、篇名一條，似確而固；至於不知寒山子爲何人，則失之眉睫之前矣」，又評價是書所論「離合參半」，皆足爲參考。

〔註50〕蔡鎭楚《石竹山房詩話論稿》之〈明代詩話考略〉，謂是書「論詩主情味，重意境，以公安三袁『性靈』之說爲圭臬」，其說「主情味，重意境」爲確論，但謂朱承爵論詩「以公安三袁『性靈』之說爲圭臬」，則有失誤。蓋朱承爵爲明正德、嘉靖之間人，《存餘堂詩話》在嘉靖二十年已刊行於《顧氏明朝四十家小說》，而袁宗道是嘉靖三十九年（1560）生，袁宏道是隆慶二年（1568）出生，袁中道則出生於隆慶四年（1570）矣。

夷白齋詩話

一卷，顧元慶（1487～1565）著，存。

顧元慶，字大有，號大石山人，江蘇長洲人，家陽山大石下，學者稱大石先生。《明人傳記資料索引》引王穉登〈顧大有先生墓表〉謂其生於成化二十三年（1487），卒於嘉靖四十四年（1565），年七十九。《四庫全書總目》卷六十〈傳記類存目二〉「雲林遺事」條謂其為都穆之門人，《無聲詩史》卷四則將之附載於其父〈顧正誼傳〉中，謂：「子元慶，踵其家學，能以精工佐其古雅，有聲藝苑」。所著有《雲林遺事》、《陽山新錄》、《簷曝偶談》、《瘞鶴銘考》、《夷白齋詩話》等，編刊《陽山顧氏文房小說》、《顧氏明朝四十家小說》等。

是書頗見諸家著錄，如《趙定宇書目》著錄黃葵陽家藏《稗統》第一九六冊有是書，而《澹生堂書目》著錄於卷十四〈詩話類〉；《玄賞齋書目》著錄於卷七〈詩話類〉；《千頃堂書目》著錄於卷三二〈文史類〉等，《明史藝文志》、《欽定續文獻通考經籍考》、《八千卷樓書目》亦均有著錄。

是書以卷帙較少，多刊入叢書流傳，今可見最早之刊行，為嘉靖二十年（1541）刊《顧氏明朝四十家小說》本，此本並有清宣統排印本及民國石印本等陸續之刊行。又有明末刊《古今詩話》本；清順治三年（1646）《說郛》續卷本；清乾隆三十五年（1770）刊《歷代詩話》本，此本又有文寶公司石印本、醫學書局石印本，藝文印書館、新興書局並以影本發行，北京中華書局有校點本，周維德《全明詩話》也以此本作為底本。此外，有清道光十一年（1850）《學海類編》本，此本新文豐圖書公司影入《叢書集成新編》發行；及民國間商務印書館《叢書集成初編》本；明治二十五至三十年間排印《螢雪軒叢書》本，此本弘道文化事業公司民國六十年影入《詩話叢刊》發行。

「夷白齋」為顧元慶書齋之名，是書共四十則，以詩事詩作的記述為主，未及詩歌理論的闡述。其中於當代詩人詩作著錄尤多，對李東陽之詩，尤深致推服，以為其詩渾厚雄壯，隱然有臺閣氣象，其樂府的篇、題、句則自有新意，為古人所未道者，他的說法代表了當時對李東陽詩歌的部分看法。此外，對沈周、邵寶、文徵明、唐寅、都穆等人的詩作及行事風格，也都有記錄，聊備觀覽，惟是書所錄蕪雜平淺者多，精彩者較少，《四庫全書總目》卷一九七〈詩文評類存目〉謂是書「論詩多隔膜之語」、「所錄明詩，多猥瑣」，非虛言。

李詩辨疑

二卷，朱諫（1462～1541）著，存。

朱諫，字君佐，號蕩南，浙江樂清人。據《國朝獻徵錄》卷八七王健〈吉安府知府朱先生諫行狀〉，其生於天順六年（1462），卒於嘉靖二十年（1541），年八十。其弘治八年（1495）中鄉試，弘治九年（1496）舉進士，歷官歙縣知縣、豐城知縣、贛州知府、吉安知府等，有惠政，其兼貫詩文、理學，著有《學庸圖說》、《李白詩注》、《詩評》、《宋史辨疑》、《雁山志》等。

是書見《趙定宇書目》引《稗統續編》著錄，然只著錄卷帙爲「一本」，未註明作者。周維德〈明詩話提要〉著錄是書有「明嘉靖刊本」，惟未註明典藏處所；〈明詩話提要〉又謂浙江圖書館藏有民國十八年永嘉黃氏排印《敬鄉樓叢書》，其第二輯之五收有是書，《全明詩話》即據此本收錄。此外，楊繩信《中國版刻綜錄》則著錄明隆慶六年（1572）朱守行刊有《李詩選注》十三卷、《李詩辨疑》二卷，故是書於明隆慶間曾搭配《李詩選注》刊行，作爲附錄。

是書臺灣未見，筆者所見者爲周維德鈔自《敬鄉樓叢書》的《李詩辨疑》鈔本。此本卷首有朱諫〈辨疑小序〉，卷末有黃群寫於民國十八年之跋語。黃群跋稱是本係據朱守行刊本刊刻，而《近鄉樓叢書》所以將是書由附錄加以單行，係由於朱守行本的《李詩選注》已佚，故只單獨刊行《李詩辨疑》，其又謂：「此書出，則讀白詩者，將皆有所啓發焉，又何嫌其單行也」。該跋對於朱守行刊本也多所描述，並謂此本爲「嘉靖刻本」，又云：「是書卷上、下、目錄之前，舊有四行曰『明中憲大夫知直隸徽州府事海濱暘谷崔孔昕重校』，曰『奉政大夫同知直隸徽州府事海岱蘭窗黨馨』，曰『承德郎直隸徽州府通判東甌侄瑤山朱守行』，曰『文林郎直隸徽州府推官清源鵬海郭宗磐同校』。又兩卷第一頁第二行曰：『樂清蕩南朱諫撰』，第三行曰『侄守行校刊』。今皆刪去，而附著之于此」，是故朱守行實於嘉靖間刊行是書，即「嘉靖刊本」，而隆慶六年或爲此本另一次的刊行。是書卷前〈辨疑小序〉，朱諫自言其撰著動機云：

> 唐人之言詩者，必以李、杜爲首稱。李有《草堂集》二十卷（原注：唐李陽冰所錄），散落人間，人或罕傳，遂至紛紜舛錯，眞僞淆潤，自東坡以下，雖略有議論，未暇一一而校正之，故李白之名雖在，而李白之實未甚昭晰。噫！文章如白者，可以忘擬而想像之乎？舊説晚

> 唐李益尚書嘗爲翰林學士，其詩亦曰李翰林；李赤廁鬼，小有所作，
> 亦曰李詩，二者混于白集，故多可疑。以今觀之，其用事頗有典故，
> 而鋪敘堆疊、格調卑劣者，必益之詩也。其鄙俚顛狂，放肆而無倫者，
> 赤之詩也。赤眞爲廁鬼哉！安敢比跡于謫仙乎？二者皆可精察而類別
> 之也，乃作《李詩辨疑》，附于卷末，以俟知者再詳焉。

故是書實爲其所編注《李詩選注》之附錄，旨在辨析李白詩的眞僞，說明《選注》刪削李詩的原因。朱諫特別指出，唐人李益、李赤的詩混入李白集中頗多，所以是書針對二人的詩加以分辨。然其分辨的標準是「其用事頗有典故，而鋪敘堆疊、格調卑劣者，必益之詩也。其鄙俚顛狂，放肆而無倫者，赤之詩也」，實則仍屬「自由心證」。

是書共計辨詩二百一十六首，其體例是將有疑問的詩，先以「題解」說明詩題，復將詩全文引錄，再以按語辨析說明其僞。朱諫審視分辨李詩眞僞的角度多樣，如卷上辨析〈梁甫吟〉條即云：

> 〈梁甫吟〉辭意錯亂而無序，用事或涉於妖妄，如呂望、酈食其等
> 事，方言貧賤而遇明主，即繼以雷公天鼓、玉女投壺，非惟上下文
> 義之不相蒙，而又鄙俗無稽之可笑，杞國驪虞、喬相吳楚，紛紜並
> 見，意未有歸，而又繼之以張公之神劍、屠釣之大人，如不善于治
> 饋者，徒誇飣餖之多，不調適口之味甘苦，或失其中，人不欲食之
> 矣。易牙豈唯之乎，此等繁亂錯雜之辭，稍知文理者將羞道之。白
> 之雄才高論，寧有是乎？或又疑爲李益尚書、李赤廁鬼之所作。曰：
> 益非病狂，安得爲是？必廁鬼爲之也。……

這則辨析從辭意、用事、前後文連貫等方面審視〈梁甫吟〉，以爲此詩錯亂、用事妄誕無稽，故推測爲李赤之作。然此詩原爲古樂府楚調曲，詩人藉以抒發對時勢的不滿、對「陽春」——政治理想的追求，以史事與神話夾雜的手法，馳騁想像，描繪自身在天國的遭遇，營構類似屈原〈離騷〉的奇妙世界，也寄寓賢才不遇於時，庸才奸佞反而趾高氣揚的感慨。沈德潛《唐詩別裁》嘗評論此詩後段的使事以爲：「後半拉雜使事，而不見其跡，以氣勝也」。全詩氣勢磅礡、情感激越，也運用極浪漫的藝術想像與書寫技巧，以歷史、神話對映現實的人世。惟朱諫並不能接受這樣的書寫方式，反視爲「病狂」，並推測爲「遇廁鬼」、「神衰氣亂，語無倫次」的李赤所作，這雖然代表著對〈梁甫吟〉的一種閱讀，但其「僞詩」的結論，是相當輕率的。

　　是書對李詩的懷疑，也運用比較的方法立論。如卷上評〈少年行〉第二首（君不見淮南⋯⋯），即與第一首〈少年行〉進行比較，舉出二首風格上的不同，云：

> 前有〈少年行〉，辭意感慨激烈，句法清健而有文，白之詩也。此之少年者，粗俗妄誕，如病狂失心之徒，語無倫次，若出恍惚而叫囂不已之態，使人喪其所守，真廁鬼之亂道耳。輯錄者，因題而混收于集中，更無去取之鑑，今宜摘入偽作，毋使亂真可也。

關於〈少年行〉，嚴羽《滄浪詩話》〈考證〉亦曾提出質疑：「《太白集》中〈少年行〉，只有數句類太白，其他皆淺近浮俗，決非太白所作，必至誤人也」，朱諫講得更加入細，惟其結論將是詩逕歸為李赤的偽作，實過於輕易了。這也顯示朱諫將李白的詩作設定為「典律」，給予最高的推崇，以致詩作一不合意，即判入偽詩，且其對李白詩的風格亦有預設定見，使辨疑與判讀呈現濃厚的主觀色彩，而對於偽詩的辨析與認定，主要以李益或李赤為區分考慮的標的，實存在著片面與局限。

　　此外，是書頗引錄前人的說法，如辨析〈長干行〉引黃庭堅之說，辨析〈笑歌行〉、〈悲歌行〉錄蘇軾之說，辨〈鳴皋歌〉引蕭士贇之說等，具有保存前人舊說的功能，同時，是書對於李白詩的舊注，如楊齊賢、蕭士贇《分類補註李太白集》亦有所糾正或證成，足以提供李白詩歌的研究者參考。〔註51〕

蓉塘詩話

　　二十卷（或作六卷、一卷），姜南著，存。

　　姜南，字明叔，號蓉塘，浙江杭州人，生平不詳。是書有二十卷、六卷、一卷三種版本，其中二十卷本為是書之原貌，見《澹生堂書目》卷十四〈詩話類〉、《玄賞齋書目》卷七〈詩話類〉、《趙定宇書目》、《紅雨樓書目》〈詩話類〉、《千頃堂書目》卷三二〈文史類〉、《天一閣見存書目》、民國十一年鉛印《杭州府志》卷九五〈藝文十〉等書目著錄。又據劉德重、張寅彭《詩話概說》〈歷代詩話要目〉所錄，明嘉靖二十二年（1543）刊有《蓉塘詩話》二十

〔註51〕是書卷末黃群的跋文，除記錄《李詩辨疑》單獨刊行的經過，也說明其後得知孫氏玉海樓尚藏有《李詩選注》，並謂《選注》箋注文義，多以蕭士贇等《分類補註》為藍本，其注則多徵引故實、兼及意旨，每篇必傳以六義，似未脫講學家說詩窠臼。該跋對於《辨疑》也有評析，並指出李陽冰所輯《草堂集》只有十卷，而非「二十卷」等失誤之處。

卷，現藏天一閣；《北京圖書館古籍善本書目》則著錄該館所藏二十卷本《蓉塘詩話》，爲明嘉靖二十六年（1547）洪楩刊本。

是書之六卷本，蔡鎭楚《石竹山房詩話論稿》之〈明代詩話考略〉謂有明鈔本，題名「蓉堂詩話」，卷後有張秉壺跋語謂此書：「詩話多所評詩，然旁及時事，附己意，最爲讀者稱善」。

一卷本，則有明鈕氏世學樓鈔本，藏於上海圖書館，及明末刊《古今詩話》本、清順治三年（1646）刊《說郛》續卷本。周維德整編《全明詩話》，即將此一卷之本加上前述六卷之明鈔本，合爲七卷予以點校發行。

臺灣所見惟有一卷的《古今詩話》本及《說郛》續卷本。傅增湘《藏園群書經眼錄》曾詳錄是書二十卷本的內容，其云：《蓉塘詩話》二十卷，明仁和姜南明叔撰，明刊本，十行二十一字，黑口，雙闌。卷目列於後：卷一《半村野人閒談》、卷二《洗硯新錄》、卷三《輟築記》、卷四《鶴亭筆乘》、卷五《墨畬錢鎛》、卷六《學圃餘力》、卷七《大賓辱語》、卷八《蕉簷曝背臆記》、卷九《借竹道人投甕隨筆》、卷十《剔齒閒思錄》、卷十一《醉經堂餔糟編》、卷十二《扣舷憑軾錄》、卷十三《抱璞簡記》、卷十四《五莊日記》、卷十五《鹽車道聽》、卷十六《逍遙錄》、卷十七《風月堂雜識》、卷十八《瓠里子筆談》、卷十九《梭窗隨筆》、卷二十《蓉塘紀聞》。鈐有「京江燕翼堂錢氏藏書」白文印。按：此書《藝海珠塵》中曾刊有十種，意其未得見其全本也。」〔註 52〕

二十卷中，每一卷都爲獨立一書，傅增湘有〈蓉塘詩話跋〉，對是書有詳盡的說明，指出此書以「詩話」爲名，實則「說部」也，其云：「此書雖名詩話，然多紀朝章國故、遺聞逸事，兼以考訂事實、評論人物，實說部也。卷爲一書，凡二十種」。又云：「各編中詩話居十之四，述事論人者十之四，考古者十之二，而多立名目以矜奇弔詭，此明代鶩名之陋習，不足訝也」。〔註 53〕以此，是書之六卷鈔本，或爲彙集鈔錄二十卷本中之論詩部分，而一卷之本乃書商便於收入叢書，再作刪節。

《古今詩話》本及《說郛》續卷本均只有十七則，以人爲綱，分別是聶大年、紀信、杜牧之、平顯、趙信庵、唐文宗、林和靖、寇萊公、白樂天、

〔註 52〕 《藏園群書經眼錄》（北京：中華書局，1983 年），頁 1588。
〔註 53〕 〈蓉塘詩話跋〉見《藏園群書題記》（臺北：廣文書局，1967 年），卷 8，頁 38。

劉賁、陳通判（陳信）、沈兩山（沈明德）、陳顥、沈石田（沈周）、章令（章惠）、孫仲衍、李文正（李東陽）。以引述記錄各人物的經歷逸事爲主，並引詩作詩事加以評騭佐證。書中著錄當代的人物頗多，也間接的評述時事，爲其人伸張正義，如「陳通判」條，記錄杭州陳信爲官廉潔不取，鄉人送其詩謂：「一任此生貧到骨，只留清節與人傳」；「章令」條，記錄宣德中平陽縣令章惠，奉公愛民，理繁就簡，以勾攝牌傳遞鄉民，不必差使隸卒，而人咸服，不敢稽違，以是案牘清簡。

　　周維德〈明詩話提要〉兼述六卷本的內容，以爲是書對史事的評論，多爲經世名言：「如對唐玄宗、宋徽宗好色愛石、誤國害民的述評，足醒世人耳目」，又謂：「有些文獻的輯錄，足補正傳之缺失，或校正今本之脫誤。如『指天畫地』條所引陸賈《新語》『修聖人之道』，今本『修』字空缺，足資校補」。是故，是書之內容雖以臧否人物、評論時事、考證史事爲多，體例近於筆記小說，其著錄仍有可觀。

儼山詩話

　　一卷，陸深（1477～1544）著，存。

　　陸深，字子淵，號儼山，上海人。生於成化十三年（1477），弘治十四年（1501）領南畿鄉試第一，弘治十八年（1505）中進士，官翰林院編修、國子祭酒、山西提學副使、太常卿、侍讀、詹事府詹事等職，嘉靖二十三年（1544）卒，年六十八，諡文裕。事蹟見《國朝獻徵錄》卷十八〈陸公墓表〉、《名山藏》卷二十、《國榷》、《明史》卷二八六等。

　　是書見《澹生堂書目》卷一四〈詩話類〉著錄：「《陸儼山詩話》一卷，《陸文裕公集》本」，邵懿辰《增訂四庫簡明目錄標注》著錄云：「《儼山集》一百卷、《續集》十卷，又名《陸文裕公集》，有刊本，并《外集》四十卷」、「明嘉靖陸楫刊本一百卷、《別集》四卷」、「清鈔本百卷，無續」。今臺灣可見爲：

　　一、明嘉靖二十四年（1545）雲間陸氏家刊《儼山文集》本所附，
　　　　國家圖書館、故宮博物院圖書館藏，此本應即《增訂四庫簡明
　　　　目錄標注》所錄「明嘉靖陸楫刊本一百卷、《別集》四卷」。

　　二、清乾隆《四庫全書》《儼山集》本附，臺灣商務印書館有影本。

　　三、民國間商務印書館《叢書集成初編》本。

是書共有詩話三十二則，以記載詩事爲多，兼有考證，詩學理念的闡發較少。然其出於李東陽之門，又與李夢陽、何景明等人交游，正德元年（1506）嘗與李夢陽、何景明一同編校刪定袁凱《海叟集》，並由孫世祺刊於湖廣，彼此聲氣互通。

他在《儼山集》多篇序文裡，講述了對詩文的看法。如〈李世卿文集序〉主張詩文「大抵深於學，昌其氣，然後法古而定體」，〔註54〕其「深於學，昌其氣」與李東陽論文主張「博先約後」的觀念一致，反映當時文人重視學力與創作的關係。而「法古定體」也是當時格調說的重要意見，但他並沒有明確的舉出學習的標的，只有在〈跋漢魏四言詩〉中，以四言詩爲例，以爲四言詩到東漢時，已「幾爲毛詩抄集」，他推崇「曹氏父子以豪雄之才，起而一新之，差強人意，而孟德尤工，猶恨鹿鳴之句，尚循舊轍」，〔註55〕稱讚曹氏父子開創四言詩寫作境界，強調新創的重要。在《儼山詩話》中，則以極多的篇幅評論袁凱的詩，指出「景文工詩，師法少陵」，其所著〈海叟集序〉也謂：「袁御史海叟能詩，國朝以來，未見其比」，〔註56〕他對袁凱的推崇，與袁凱詩「師法少陵」有關，更與共同編校《海叟集》的李、何有關，所以陸深的「法古而定體」，雖然沒有更明確的析論，但應該受到李、何的影響。

此外，陸深在〈詩準序〉中有謂：「故詩也者，緣情而有聲者也。聲比律而成樂，樂足以感物而聖人錄之於經，故詩可以經也，而經非盡詩也」，他對詩的看法，主張緣情而發聲，注意「情」的重要性，也特重於詩的音樂性，這類似李夢陽所云：「乃其音也，則發之情，而生之心也」，〔註57〕都是對《文心雕龍》〈明詩篇〉：「人稟七情，應物斯感」、鍾嶸〈詩品序〉：「搖蕩性情，形諸舞詠」等說法的闡發，陸深則進一步在〈與康德涵修撰論樂〉一文云：「大抵古人審聲以選字，然後鍊字以摛文，後世先結文字，乃損益律呂以和之，去元聲遠矣，恐非古矣」，〔註58〕對於後世作詩將文字與律呂倒置，詩歌失卻

〔註54〕見《儼山集》（臺北：臺灣商務印書館影印《文淵閣四庫全書》本，1983年），卷43，頁265。

〔註55〕《儼山集》，卷25，頁156。

〔註56〕《海叟集》（臺北：臺灣商務印書館影印《文淵閣四庫全書》本，1983年），卷首。

〔註57〕《空同集》（臺北：臺灣商務印書館影印《文淵閣四庫全書》本，1983年），卷51，〈結腸操譜序〉，頁468。

〔註58〕：〈詩準序〉見《儼山集》，卷39，頁244；〈與康德涵修撰論樂〉見同書卷91，

應有的音樂功能，感到遺憾。

名家詩法

　　八卷，黃省曾（1490～1540）纂輯，存。

　　黃省曾，字勉之，號五岳，江蘇蘇州人。生於弘治三年（1490），嘉靖十年（1531）中鄉舉，而後屢舉不第，然交遊益廣，嘗從王陽明、湛若水游。李夢陽以詩雄於河洛，黃省曾又北面稱弟子往學焉，李夢陽並於嘉靖八年（1529）以集稿託付之，黃省曾於嘉靖九年（1530）刻《李空同先生集》六十六卷。

　　黃省曾雖爲李夢陽之弟子，詩歌創作卻以六朝爲宗，徐泰《詩談》謂其：「詩宗六朝，空江月明，獨鶴夜警」，獨行特立，並未承繼其師之詩風。《明世說新語》卷五〈棲逸〉記載其事蹟，頗能得見其人性情：「黃勉之自稱山人，其友戲之曰，子誠山人也，癖耽山水，不顧功名，可謂山興；瘦骨輕軀，乘危涉險，不煩節策，上下如飛，可謂山足；目擊清輝，便忘醉飽，飯纔一溢，飲可曠旬，可謂山腹；談說形勝，窮狀奧妙，含腴咀雋，歌詠隨之，若易牙調味，口欲流涎，可謂山舌；解意蒼頭，追隨不倦，搜奇以報主人，可謂山僕。謂之山人宜哉」。其卒於嘉靖十九年（1540），年五十一。著有《五岳山人集》、《騷苑》、《擬詩外傳》、《南宮生問樂》等，事蹟另見《明史》卷二八七〈文徵明傳〉中、《明儒學案》卷六二〈孝廉黃五岳先生省曾〉、《明詩紀事》戊籤卷一七。

　　是書之書名在諸家著錄中多題作「詩法」，如《國史經籍志》、《明史藝文志》、《八千卷樓書目》均著錄其所編《詩法》八卷；清光緒九年（1883）刊李銘皖等修《蘇州府志‧藝文志一》亦云：「黃省曾《詩法》八卷」。《萬卷堂書目》則作「《詩法源流》八卷，黃省曾」，或以其書承懷悅整編《詩法源流》一脈而來，或因其書與元人《詩法源流》相近，故與《名家詩法》應是同一書，而非別有所著。

　　是書有明嘉靖二十四年（1545）浙江葉杏園刊本，廣文書局影入《古今詩話叢編》；另有明贛郡蕭氏古翰樓刊本，收入《全明詩話》。蔡鎮楚《石竹山房詩話論稿》謂，安徽圖書館藏有明嘉靖三十四年（1555）詹氏白雲館刊本。又據《明清江蘇文人年表》引《史氏家乘》著錄云，康熙三十九年（1700）

頁587。

吳江史煒寓居崑山，重訂黃省曾《名家詩法》，並爲之作序。此重訂本不能確定是否刊刻，但可見《名家詩法》到清初仍受到讀者重視。以葉杏園刊本來說，是書之內容包括：白樂天金鍼集、嚴滄浪詩體名公雅論、范德機木天禁語、楊仲弘詩法詩家一指、詩學禁臠、沙中金集。故此書屬於詩法的彙編，乃明初朱權、懷悅以來相當盛行的纂刊方式，所錄多爲宋、元人詩法詩式詩話之類詩學論著，並以「祕笈」爲標榜，旨在指引學詩途徑，具有推動詩歌創作的作用。關於此類詩法彙編的討論，詳見本論文朱權《西江詩法》及朱紱《名家詩法彙編》條。

詩法

一卷，黃子肅著，存。

黃子肅，不知何許人，據《叢書子目類編》著錄《黃氏詩法》一卷，並謂：「(明)黃省曾（子肅）撰，《格致叢書》」，意即黃子肅即黃省曾，而是書又名「黃氏詩法」，有明萬曆三十一年（1603）刊之《格致叢書》本。是書又刊入清乾隆二十四年（1685）敦本堂刊《詩學指南》之卷一，題作《詩法》，作者爲「黃子肅」，然未註明朝代。蔡鎮楚《石竹山房詩話論稿》之〈明代詩話考略〉即據以著錄：「《詩法》，明黃省曾撰，一卷，存。又名『黃氏詩法』，論詩重『意』，主張『以妙悟爲主』，所論多有見地。有《格致叢書》本，《詩學指南》本」。

然黃子肅所作《詩法》，除收入叢書之中，更見於時代較早的詩法彙編之中，如朱權作於宣德五年（1430）的《西江詩法》，書中所錄「詩法大意」條的內容，其實就是「黃子肅詩法」，而黃省曾當時尚未出生。此後，刊於嘉靖二十九年（1550）的王用章《詩法源流》及萬曆年間的朱紱等人所編《名家詩法彙編》、王昌會《詩話類編》均收錄「黃子肅詩法」，且各本間的字句只有極小的出入。

假設朱權《西江詩法》所收錄的「詩法大意」，可能是嘉靖十一年（1532）重刊時所補入，然朱紱等人所編《名家詩法彙編》卷八所錄，題作「黃子肅詩法」，作者下署「子肅出處無考」；王昌會纂輯的《詩話類編》卷二〈名論〉，著錄名家之詩論，亦只謂「黃子肅曰」，不云「黃省曾曰」，彼等與黃省曾同時，應不會「出處無考」。是故朱權《西江詩法》所錄「詩法大意」，應不是後人增入，而黃子肅則可能是生在元代或元末明初之人，不可能是黃省曾。

冰川詩式

十卷，梁橋纂輯，存。

梁橋，字公濟，號冰川子，眞定（今河北正定）人。據《四庫全書總目》卷一九七〈詩文評類存目〉「冰川詩式」條所載，其由選貢生授四川布政使司經歷，而是書則成於「嘉靖己巳」。按，《總目》此處著錄失誤，是書應成於「嘉靖乙巳」，即嘉靖二十四年（1545），而梁橋所作〈冰川詩式引〉，日期即署爲「嘉靖乙巳秋八月望日」。

是書頗見諸家著錄，然記載之內容不一，《澹生堂書目》卷十二〈總集‧餘集類〉著錄此書「四冊十卷，梁橋著」；《玄賞齋書目》卷七〈詩話類〉著錄此書，然不著卷數與作者；《千頃堂書目》、《明史藝文志》作四卷，作者則題作「梁格」，有誤；〔註59〕《國史經籍志‧附錄》著錄此書四卷，不著作者，其卷數的出入，應是誤將冊數作卷數的結果；《欽定文獻通考經籍考》著錄「梁橋，冰川詩式十卷」。又，劉德重、張寅彭《詩話概說》〈歷代詩話要目〉著錄是書有「四庫本」，此說錯誤，蓋僅見於〈詩文評類存目〉而已。

是書流傳至今的版本，臺灣均有收藏，分別是明嘉靖二十八年（1549）原刊本，書藏國家圖書館，廣文書局影入《古今詩話續編》加以流傳；明隆慶四年（1570）汴城朱睦㮮（1517～1586）、梁夢龍（1527～1602）刊本，此本藏於國家圖書館、北京圖書館、中國科學院圖書館、山東圖書館等，並收入《全明詩話》；明萬曆三十七年（1609）宛陵刊本，此本藏於國家圖書館、北京圖書館；日本萬治三年（1660）刊本，藏於國家圖書館。蔡鎮楚《石竹山房詩話論稿》則著錄天津圖書館藏有明萬曆壽槐堂刊本，此本有清高鳳翰批點；浙江圖書館藏有明刊本，此本由施夢龍校。

是書以「十卷」的大篇幅，卻有多次的刊刻流傳，可說是自明中葉起即相當流行的一部詩法彙編，而在明末清初，更在日本刊行，很是特別。然作者梁橋功名並不顯赫，似乎也不以詩歌的創作聞於當世，所以一些重要的明詩選集及詩話，如錢謙益《列朝詩集小傳》、朱彝尊《明詩綜》、陳田《明詩紀事》等，都沒有梁橋的相關記載或是選錄他的詩作，因此，《冰川詩式》的

〔註59〕梁格，字君正，號定齋，稷山人，生於弘治十二年（1499），嘉靖十四年（1535）中進士，官濟陽縣令、南京兵科給事中等，嘉靖二十一年（1542）卒，著有《窺易集》、《定齋存稿》，《國朝獻徵錄》卷八〇有朱睦㮮爲撰傳。《千頃堂書目》等書將「梁橋」誤作「梁格」矣。

盛行魅力，應就這本書的內容加以探討。

　　梁橋於〈冰川詩式引〉自序撰著之由，以病魔、詩魔在自己的身體爭雄交戰，進而病魔退，詩魔專擅，嘆曰：「嗟乎，詩魔吾，吾固魔詩，於是，盡取古今諸名家，若詩法、詩話，上下而歷覽之，擬議編摩，再歷寒暑，爰纂爲書若干卷，命曰《冰川子詩式》，納冰川子詩於式也」。其所謂「盡取古今諸名家，若詩法、詩話，上下而歷覽之，擬議編摩」的纂輯方式，正是一種「詩法彙編」的方式。但此書與黃省曾《名家詩法》的最大不同，在於其整編諸書之後，並不標明所收集引錄詩法、詩格、詩式、詩話的書名或作者，且其著錄內容的分類方式更加明確，各種詩歌作法或詩歌格式的名目，也不完全依循前人的說法，多加入梁橋自己的意見。諸如此類的變革，係由於其對前人詩法之書的不盡滿意，所以在是書卷一〈定體〉類中即云：

> 予爲《詩式》，作〈定體〉一卷，言詩有定體也，嘗備覽往名家詩式，若詩話矣，達幾入妙，莫能縷悉，而於式，則容有未盡然者，迨《杼山詩式》、《詩苑類格》、《天廚禁臠》、《詩人玉屑》、《金針集》、《續金針集》、《滄浪詩法》、《木天禁語》、《詩家一指》等集，格目雖互見，則又無統紀次第，乃初學何述焉？

此段話明白揭示其對前代名家詩式的看法，認爲近似「詩話」，而未盡符合「詩式」的要求，未能清楚析別詩歌體製，也缺乏統紀次第，以便利初學者取法。另一方面，這段話正是其對「詩式」形式的認定與要求，「詩式」即論列詩之格目，等同於「詩格」，〔註60〕但與「詩話」不盡相同。

　　所以在《冰川詩式》中，梁橋改良設計，將全書十卷，畫分〈定體〉、〈練句〉、〈貞韻〉、〈審聲〉、〈研幾〉、〈綜賾〉六個門類，以下詳細討論各門類所輯錄的內容特色以及優缺點：

　　卷一、卷二爲〈定體〉，以詩皆有定體，所以論述各種詩的體製，並選錄具代表性的詩作，作爲法式，提供初學者作爲學習範式。〈定體〉置於開宗明義的位置，反映這是學詩最須奠基的所在，也標誌著明人的辨體風尚。卷一所論述的爲五言絕句、七言絕句、五言律詩、七言律詩、五言排律、七言排律、五言古詩、七言古詩等。卷二所論則爲較罕見的特殊詩體，如三言詩、五言六句律、六言絕句、六言律、六言排律、七言五句、一字至七字詩、

〔註60〕梁橋在是書卷6〈研幾〉之前言謂：「予爲詩格，業已定體、練句、貞韻、審聲矣」，所以其所論「詩格」與「詩式」是一樣的。

三五七言詩、長短句、回文體、璇璣體、離合體、借字體、聯句體、集句體、騷體、辭體、操體、歌體等。所著錄詩體的豐富，可以幫助讀者奠立基本的詩學觀念，也可以滿足尚奇的心理，揭示出詩歌的豐富世界。

　　然而部分詩體的畫分頗值得商榷，如「五雜組」、「三婦豔」、「四愁詩」、「薰砧」、「禽言」、「蟲言」等，均以個別的少數詩，即別立為詩歌的一個體製，頗有好立名目之嫌。此外，所論的各體之下，均附有相關的說明，以幫助讀者了解所論的體式，這自然是很好的設計。但多纂輯自前賢之論詩之語，未予以註明，且隨意拆解，並與己之聞見含混夾雜，頗有掠人之美。如論「五言排律」云：「作大篇當布置，首尾停勻，腰腹肥滿，多見人前面有餘，後面草草，不可不知」，此段詩話的前三句即截取自姜夔《白石道人詩說》，而姜夔此則詩話的後半段，又被移來論「七言古詩」，其云：「七言古詩，其波瀾開合，如江海之波，一波未平，一波復起。又如兵家之陣，方以為正，又復為奇；方以為奇，忽復是正。出入變化，不可紀極，備此法者，唯李杜而已。開合燦然，音韻鏗然，法度森然，神思悠然，學問充然，議論超然」，變化些微字句，加入少許議論，即成新見，盡取古人之詩論為己所用，所以《四庫全書總目》即謂：

　　雜錄舊說，不著所出，又參以臆見，橫生名目，兼增以杜撰之體，
　　蓋於詩之源流正變，皆未有所解也。

在〈定體〉中，梁橋在採擷各種詩體的代表性作品時，也將自己的作品及親友的詩作列為法式，如「集句體」，其說明謂：「集句者，集古人之句以成篇，宋王安石始盛，石曼卿大著，是未足以益後學，亦足見詩家組織之工」。所引法式，第一首為己作〈暮春閨意〉，第二首為其弟梁相所作〈秋夜〉，第三首才為石曼卿的〈下第偶成集句〉。又如「創擬詩體」，著錄其所自創擬的特殊詩格〈五平回文〉、〈五仄回文〉、〈合五平五側回文〉、〈五側反覆體詩〉等詩。可謂藉由詩歌體式的訂定、詩作法式的提供，讓自己及親人的詩作成為典律，也得到和古今詩家一起不朽的機會，甚至，梁橋還有創擬詩體的嘗試。

　　梁橋的纂輯安排，值得進一步的觀察。因為將自己的詩作列為法式，仍是一種「冒險」，不論是列入數量的過多，或是選列的不精當、代表性不足，都會引起讀者反感與質疑，影響此書的客觀性、準確度，更關係著此書被接受與流傳的可能。所以，梁橋選錄的一定是自己最有把握的詩體以及作品，而在「集句體」及「創擬詩體」中，他找到讓自己現身的機會，這反映出什

麼呢?一方面是「集句體」不會如絕句、律詩等正規詩體那麼「惹眼」或名家濟濟,選錄自己的詩作作為法式,影響不會太大;但另方面卻也顯示了梁橋情思才力有限,所以他偏重於集句詩的寫作,或在詩歌字句上變化炫技。

卷三〈練句〉,標榜以「險易古今」四端為練句之法,以「音意故新」為練字之法,而實以新句、新字為其最注意處。是卷所論包括五言練句法、七言練句法兩大部分,其下亦包羅萬象,除了纂錄前人所論,又別立新奇名目,如五言練句法有「子母字句法」、「疊五實字法」、「公取古人詩句法」、「上接下下接上句法」、「聲律為竅句」、「物象為古句」、「意格為髓句」等。而以摘句的形式,臚列練句、練字之法式,亦是不著詩之所出,或夾雜以己作。

卷四〈貞韻〉,係其「考漢魏以及乎初唐正唐晚唐諸名家詩法,見其韻有此凡例,僅掇拾以告作者」,並主張押韻不必有出處,然忌用俗韻、啞韻。此卷均引錄全詩,作為法式,除了正規的五絕平韻、五絕仄韻、七絕平韻、七絕仄韻、五律平韻、五律仄韻、七律平韻、七律仄韻等韻式之外,也有較特殊的絕句後三句一韻、古詩每句用韻、古詩用古韻、古詩協韻法、古詩借韻法、古詩雙殺八句四韻一變法、古詩雙殺六句三韻一變法等韻式。

卷五〈審聲〉,原本古人作詩自應律度,未嘗以音韻為主,但自沈約崇尚韻學,開始著重宮商相變、低昂殊節的變化,有前有浮聲,後須切韻,一篇之中,音韻盡殊,兩句之中,輕重悉異的種種講究,梁橋因而主張「妙達此旨,方可言詩,是則審聲之不可以已也」。所論詳備,以五絕平仄式為例,即有正格、偏格、失粘格、拗句格、各為平仄格、四句平仄不變格、前二句平仄不變格、後二句平仄不變格等變化,各格皆引錄前賢詩作全文,以為法式。

卷六至卷八〈研幾〉,其意義與作用,梁橋於〈前言〉說明:

> 予為詩格,業已定體、練句、貞韻、審聲矣,特示人以規矩準繩,
> 以為方圓平直者也。夫學詩如禪,迨妙悟一味,則未之及。乃予僭
> 取諸名家詩,擬議成格,使學詩者由三玄五蘊,以造夫上乘證果,
> 而玄玄了了,非想非心,信口拈來,頭頭是道,抑又在夫人深造自
> 得之云耳。

故〈研幾〉所舉列的詩格,應為定體、練句、貞韻、審聲等外在方圓平直規矩框架之外,所推求的更上一層詩法。如絕句的「實格」為「絕句之法,以第三句為主,此法第三句以實事接前二句,是為實接」;「虛接格」是「以虛語接前二句」;「牙鎖格」為「首聯一事,叫起中聯,頷聯上句起頸聯下句,

下句起頸聯上句，而頸聯上句又承頷聯上句，下句又承頷聯下句，交互曲折，各盡其妙，末聯終首聯意」；「無題格」是「隱諱其意，不欲明言，或隱意，或隱字，使人自得之」，均著重於詩意承接翻轉等變化的研討。至若「一意格」、「四異格」、「興兼比格」、「興兼賦格」、「折腰格」、「續腰格」、「含意格」、「分應格」、「雙尾格」、「隱語格」、「翻案格」等，只選錄名家詩作以爲法式，沒有再附解說。

　　卷九、卷十〈綜賾〉，包括「學詩要法」上、下二部分，係雜取先哲名家之詩學見解與言論，摘取「凡爲詩家正論及可以爲詩法者錄之」，其並以「僭肆裁約，時或附以己意，故不一一題曰誰氏之言，得罪古人，深知莫逃，博雅君子，當自得之。橋，山野鄙人，非敢妄勒爲己說也，知我罪我，其惟詩乎？」巧妙躲避抄襲之責。

　　是書之卷前，亦有〈詩原〉一章，專門討論詩歌的創作原則，梁橋〈前言〉亦謂：「詩原，原詩也。往先哲宗工名家，肆垂緒言，飲海止足，莫能殫述，乃予僭加裁約，取凡詩道之太校者錄之，以爲志詩者抽關啓鑰之要領云」，都是在爲學詩者服務的前提下，綜合摘鈔前人的詩論，並如同卷一、卷二的〈定體〉一般，順便含混夾帶自我的詩學意見，以便使之與前人的詩說俱成爲典律。以是之故，是書所以廣爲流傳，應可作這樣的推論：

　　其一，是書擢引前人論詩的精華，包括詩話中的言說、詩格中的法式，再附以己說，加以推而廣之，內容顯得豐富充實。

　　其二，是書改良前人的詩式、詩格著作，加以更明確的分類歸屬設計，以利讀者檢閱。又吸收詩話論詩入妙的精髓，在詩歌法式格套之外，以〈詩原〉、〈研幾〉、〈綜賾〉等極大的篇幅，綜合歸納詩歌的原則與作法，暢論詩道，則不惟講求詩歌的外在體製，並著重詩意的經營，將所論的層次上推，進而結合時興的「學詩如參禪」之說，使讀者有循序漸近的學習階梯，增加對是書的接受與信賴。

　　其三，是書著錄各種詩歌格式，大都引錄名家名作，並以全詩著錄的方式，方便學者學習，省去遍檢諸書的勞頓。即使摘錄名句，亦必析其詩理，明其格法，討論明確，條理清晰，又切合實用，足以啓示指點後學。

　　其四，是書所論各種詩歌格式，常自定新奇名目，由於此類詩法、詩式之書多標榜爲初學而作，所以讀者多爲初入門的學詩者，他們容易因這些條

目的新奇而炫目，卻很少會推求其來源或合理性，因此條目的眾多，有助於使是書內容顯得較爲完整豐富。

其五，是書以不註明引文出處的作法，夾帶自己的詩學見解，在部分詩格之中，則將自己或親友的詩作作爲法式。但前者含混，不易清楚析分，後者則局限在少數「偏格」之中，較不引起爭議與反感，這樣的安排既能將自己的詩作與詩說，與前賢並列爲典範，又兼顧讀者的心理，不會引起選列不當或品論不精的質疑。

其六，梁橋於是書歸納評論前人相關詩格詩式之作，認爲不無缺憾，如前引〈定體〉卷後批評《木天禁語》、《詩家一指》等書「格目雖互見，則又無統紀次」。又在〈定體〉論述「七言律詩」的篇法之後云：「七言律詩，其法如此。唐人李淑有《詩苑》一書，今世罕傳，然所述篇法止有六格；范德機《木天禁語》廣爲十二格，又分明暗二例；《詩法源流》所載二十四格，《詩學禁臠》所載十五格，僧皎然《杼山詩格》、洪覺梵《天廚禁臠》、白樂天《金針集》、梅聖俞《續金針集》，發明七言律者詳矣，然皆命意入妙，格外之格，別爲一卷」，除了歸納評論前人詩格，又將之統攝，企圖讓是書具有「集大成」的功用與地位。

所以，不論內容的撰作設計，及各個篇章條目的分析討論，是書都有意於推廣與流傳，並且成功的一再刊行，贏得許多讀者。而其擷取傳統詩格、詩話之作的精華，出以較新的分類統列，不但取代了這些單本詩格、詩話的地位，更凌駕於類似的詩法彙編，如黃省曾《名家詩法》，乃至後出的朱紱等人所編的《名家詩法彙編》等彙編之上，使得這類型詩法彙編的整編與刊行，並沒有更加發展。

重要的是，梁橋是以「集大成」的姿態纂輯此書，並以之引起讀者的注意。如是書卷前張渙所寫〈冰川詩式序〉即謂：「而詩之有式，則始於沈約，成於皎然，著于滄浪，若集大成，則始於今公（指梁橋）」，〔註61〕這幾句話固然是說明刊刻是書的緣由，其實也一語中的指出是書傳播的重要因素。
〔註62〕

〔註61〕張渙，號風泉，中山人，生平不詳，此序作於嘉靖二十八年（1549），時任監察御史。《冰川詩式》之初刊，由其與王舟等人主其事。

〔註62〕關於《冰川詩式》，筆者另撰論文〈以詩學著述建構自我價值——論梁橋《冰川詩式》與明代詩學面相〉（《漢學研究》，22 卷 2 期，頁 95～119，2004 年

逸老堂詩話

二卷，俞弁著，存。

俞弁，字子容（又作子客），號戊申老人，江蘇長洲人，生平不詳。然其自號戊申老人者，戊申或為其生年，亦即弘治元年（1488），《鐵琴銅劍樓書目》卷二四謂其於正德十二年（1517）得《剡溪詩話》，懷疑非宋高似孫所著，作有〈題記〉一文。《明清江蘇文人年表》則引所著〈山樵暇語自序〉，謂《山居暇語》著於嘉靖七年（1528），則其活在當弘治、正德、嘉靖年間。

是書罕見著錄，惟傅增湘《藏園群書經眼錄》錄有舊鈔本，謂得於繆荃孫藝風堂遺書中，且不知作者戊申老人是何名字。今有清鈔本，北京圖書館藏，不知是否即傅增湘所見者。丁福保則將是書刊入民國五年所排印之《歷代詩話續編》，此本北京中華書局加以標點，臺灣木鐸出版社有翻印本，此本收入《全明詩話》，故是書雖在清末民初時為罕見之本，今日卻成為廣為人知的明代詩話之一。

傅增湘除在《藏園群書經眼錄》著錄是書，並撰有〈逸老堂詩話跋〉，載其《藏園群書題記》卷六補遺中。其跋語謂：「書中所載宋元以來名章俊語，引前人詩話為多，評論尚為平允，紀名人逸事，亦多足資考證」，並引所載湛若水奉母事、范仲庵黃金篋筒事等，以為皆世所罕聞。而所記柳大中一則，尤可補入《書林清話》，至如引梅堯臣之注錦竹詩，以糾黃鶴注杜詩之失等，皆可見俞弁之精於考證也，而跋語謂是書「惟隨筆記錄，時有重覆」之失，亦誠而有之，蓋是書雖只二卷，但上卷七十二則，下卷八十則，編訂時失於詳覈。

是書卷前有戊申老人（俞弁）撰於嘉靖丁未（二十六年，1547）的自序，以林下人居而有展讀經史百家、賞玩法書名帖、焚香看畫「三真樂」，不知老之將至，而名其堂曰「逸老堂」。日居堂中，鉛槧編帙，未嘗去手，意有所會，欣然筆之，久而成《逸老堂詩話》，聊志其樂，且求愈於飽食無所用心者耳。則是書成於嘉靖二十六年，係累積其平日閱讀論詩的心得而成。卷末則有求古居主人（黃蕘圃）、盧文弨、繆朝荃、趙詒琛之跋，皆不知戊申老人是何人，丁福保民國四年纂輯《歷代詩話續編》又加一跋謂：「檢祝枝山《懷星堂集》〈約齋閑錄序〉，知俞寬父之子，名弁，字子客。枝山先生稱其鳳毛蘭種，世

12 月），可參考。

其儒業，尤益親予者，即此書之著者也。數年積疑，一旦豁然，喜極無眠，籌燈記之」，方才解開戊申老人的身分。

是書的內容，除傅增湘〈逸老堂詩話跋〉所提到的，還可以注意其對前人詩話和論詩之語的辨證、對詩中名物的考索，以及對當世詩壇風尙的意見。其中對前人詩話等著作的辨證，如卷上，頁一三○○，〔註63〕引都穆《都玄敬詩話》著錄楊廉夫（楊維楨）〈白燕〉詩「珠簾十二中間捲，玉翦一雙高下飛」，而分辨是詩應爲常熟時大本之作；又如卷上，頁一三○六引房暐〈別西湖詩〉，說明李東陽《麓堂詩集》以是詩爲白居易所著之誤；卷上，頁一三一三，也對李東陽《麓堂詩話》多載同官獻腴之詞，提出「雖非自矜，亦未免起後人議論」的批評，盧文弨〈逸老堂詩話跋〉謂此說「尤確論也」。

是書對詩中名物的考證甚爲注重，取樣頗廣。如卷上，頁一三○二謂「茅栗」應作「芧栗」，即木果，以解杜詩「園收芧栗未全貧」。又以「香界」、「香阜」爲佛寺，來說明江總詩「息舟候香阜」、高適詩「香界泯群有」。又有謂梁樂府〈夜夜曲〉，或名〈昔昔鹽〉，「昔」即「夜」也，「鹽」亦爲曲之別名。除考釋名物，是書也著錄詩料以供創作取材，如卷下，頁一三二八著錄：「圍棋世稱爲『手談』，又曰『坐隱』二字，蓋晉人語也，可入詩」。

是書對於當世詩壇風氣的評論亦相當醒目，特以是書成於嘉靖二十六年，頗能綜述明代中期詩壇的情況。如卷下，頁一三三一引唐薦論當代之詩：

> 弘治間，文明中天，古學煥日，藝苑則李西涯（李東陽）、張亨父（張泰）爲赤幟，而和之者多失於流易。山林則陳白沙（陳獻章）、莊定山（莊昶）稱白眉，而識者皆以爲傍門。至李空同（李夢陽）、何景明二子一出，變而學杜，壯乎偉矣。然正變雲擾，而剿襲雷同，比興漸微，而風雅稍遠矣。

此則詩話道出明代中期「古學煥日」的詩壇概況，拈出當時詩壇領袖所掀起的影響，其中「正變雲擾，而剿襲雷同，比興漸微，而風雅稍遠」的評語，指出「古學」固然值得後人學習，卻非剿襲泥古、捐棄詩歌風雅的傳統，可見其詩觀之一斑。所以是書卷上，頁一三○○謂：「古今詩人措語工拙不同，豈可以唐、宋輕重論之。余訝世人但知宗唐，於宋則棄而不收」，並引唐張林

〔註63〕 以則引文均見於《逸老堂詩話》（臺北：木鐸出版社《歷代詩話續編》本，1983年）。

〈池上〉、宋張先〈溪上〉二詩，謂：「誰謂詩盛於唐而壞於宋哉？瞿宗吉有『舉世宗唐恐未公』之句，信然！」認為須更公正的看待唐、宋詩優劣的爭議，並質疑「詩盛於唐」之說的偏頗。

由所徵引唐薦質疑當世的「剿襲雷同，比興漸微，而風雅稍遠」出發，是書對於實際的詩歌創作，主張詩作應追求含蓄有味，反對故作奇險，對於書寫眼前口頭語及俚語的入詩，則持肯定的態度。如卷下，頁一三一七引邱濬〈答友人論詩〉詩云：「眼前景物口頭語，便是詩家絕妙辭」，頁一三一九謂：「白樂天詩，善用俚語，近乎人情物理」等。此外，對於讀書與創作的關係，他也引杜甫「讀書破萬卷，下筆如有神」及葛立方《韻語陽秋》「欲下筆，自讀書始」等語，對嚴羽「詩有別材，非關書也」之說，發出「恐非確論」的質疑。

是書卷下，頁一三一八引蔣冕評論當世評詩者「詩不可解」之主張，以為「詩而至於不可解是何說邪？且《三百篇》何嘗有不可解者哉？」俞弁雖沒有明確的贊成或反對其說，但可見其對於詩歌「不可解」的說法，是有所質疑的，這與其論詩偏重名物考證有關，而引述蔣冕「《三百篇》何嘗有不可解者哉？」之說，也顯示出其論詩態度仍是本於儒家傳統詩觀。

陽關三疊圖譜

一卷，田藝蘅著，存。

田藝蘅，字子藝，浙江錢塘人。其為人高曠磊落，至老愈豪，以貢教授應天，博學多聞，世比之楊慎。著有《田子藝集》、《留青日札》、《煮泉小品》、《老子指玄》等。其所編《詩女史》十四卷，有嘉靖二十六年（1547）刊本，書藏國家圖書館，是書為女性詩歌總集，顯見田藝蘅對於傳布、保存女性詩作的用心。其事蹟另見《詞林人物考》卷七、《明史》卷二八七等。

是書見《八千卷樓書目》著錄，並謂是書有《廣百川學海》本。今則可見明刊（重訂）《欣賞編》本、明刊《欣賞編別本十八種》本、明末刊《廣百川學海》壬集本、清順治三年（1646）《說郛》續卷本，並收入周維德《全明詩話》。

是書環繞王維〈送元二使安西〉詩：「渭城朝雨挹輕塵，客舍青青柳色新。勸君更盡一杯酒，西出陽關無故人」，蒐集著錄此詩之詩事、詩評、別名，及歷代傳誦、演變轉化等相關情況，兼及是詩跨藝術領域的不同呈現，

顯示歷代文人對〈送元二使安西〉的接受與轉化，是命題新穎、內容集中的詩話撰作方式。

是書收錄《唐詩紀事》、《一統志》、《白氏長慶集》、《漁溪叢話》、《懷麓堂詩話》、《深雪偶談》等書的論述，及「劉辰翁曰」、「秦太虛曰」、「謝疊山曰」、「蘇子瞻曰」等人的說解，也提出自己的看法。以〈送元二使安西〉詩的別名而言，著錄了《樂府詩集》作「渭城曲」；唐、宋人亦作「陽關曲」或「陽關調」，又作「陽關三疊」等。就此詩跨藝術領域的呈現上，著錄了後人有據是詩作〈依依傳〉、〈陽關三疊琴操〉者，而王維本身畫有〈陽關圖〉，宋人李伯時也畫有〈陽關圖〉。至於此詩的讀法，是書除著錄前人如何「傳誦不足，至爲三疊歌之」，也將是詩演成九式，包括正體、連環三疊、四疊、依依三疊、三疊琴操、貫珠三疊等，記錄面向頗爲周備，能多元呈現〈送二使安西〉詩的後世傳播接受情形。

四溟詩話

四卷，謝榛（1499～1575）著，存。

謝榛，字茂秦，號四溟山人，又號脫屣老人，山東臨清人。《明人傳記資料索引》謂其生於弘治八年（1495），卒於萬曆三年（1575），年八十一。然謝榛在《四溟詩話》卷三，頁一一九○，〔註 64〕謂：「予自正德甲戌，年甫十六，學作樂府商調，以寫春怨」，正德甲戌爲正德九年（1514），則其生年應爲弘治十二年（1499），享年應爲七十七歲。

《詞林人物考》卷九〈謝茂秦〉傳謂其貧無以衣食，單身旅游趙王，謙浹好文，招引四方曉文義者。趙王初以其一目眇，體貌庸鄙，而口又澀遲不便，不甚禮之，後雅愛其詩，益重其人。潘之恆《亘史》載趙王雅重其詩，並贈之琵琶妓事。〔註 65〕《罪惟錄》列傳十八則謂其「客遊京師，攀龍攜入社。及攀龍出爲順德守，榛過之，有所過望，不遂，還京師，大謗順德守無狀。攀龍遂作《絕眇秦文》示諸子，元美謾罵曰：『老眇奴辱我五子，遇虯髯生當更剜去左目』，其後都人士益惡榛，榛日益寥落」。

關於其在京師入李攀龍、王世貞等結詩社事，《四溟詩話》迭有記述。如

〔註 64〕本則所引《四溟詩話》俱見臺北：木鐸出版社《歷代詩話續編》本，1983 年。
〔註 65〕見《列朝詩集小傳》丁即卷上〈謝山人榛〉傳所引。

卷三，頁一一八三謂嘉靖己酉（二十八年，1549）中秋，與王世貞、李攀龍、謝榛等集於北京賞月，論詩法，攀龍以指掐謝榛手，要其勿太泄「天機」，謝榛則曰：「更有切要處不言」。卷四，頁一二○六謂，嘉靖壬子（31年，1552）為王世貞、李攀龍、宗臣、徐中行等延入詩社，並有畫工作《六子圖》以紀其事。

　　按，謝榛與王世貞、李攀龍、宗臣、徐中行等結詩社，人稱「五子」，諸人以謝榛年最長，并推為首，李攀龍次之，後又加入徐中行、吳國倫，而改稱「嘉隆七子」，相對於弘治年間李夢陽、何景明、徐禎卿、康海、王廷相、邊貢、王九思的之「前七子」，〔註66〕故又稱「後七子」。雖謝榛最後為王世貞等所擯斥，後人仍以「七子」之首目之。如清人王士禛雖言「四溟詩說多學究氣，愚所不喜」，然為所選錄嘉隆七子文集作序，仍以七子「稱詩之指要，實自茂秦而發之」、「茂秦今體工力深厚，句響而字穩，『七子』、『五子』之流，皆不及也」等理由，而云：「余錄嘉隆七子之詠，仍以茂秦為首，使後之尚論者，得以區別其薰蕕，條分其涇渭」。〔註67〕其事蹟另見《列朝詩集小傳》丁集卷上〈謝山人榛〉傳、《明詩紀事》己籤卷二、《明史》卷二八七等。

　　是書原名「詩家直說」，《澹生堂書目》卷十二〈總集‧餘集類〉、《玄賞齋書目》卷七〈詩話類〉、《千頃堂書目》卷三二〈文史類〉、《明史藝文志》、《欽定續文獻通考經籍考》均著錄作《詩家直說》，《八千卷樓書目》則著錄「《四溟詩話》，四卷，海山仙館本」，邵懿辰《增訂四庫簡明目錄標注》中邵章《續錄》謂「《四溟集》，明萬曆趙府冰玉堂刊本，二十四卷，明萬曆壬子（四十年，1612）盛以進得趙府舊本，重為補定，《詩說》二卷附卷首」。此外，周子文《藝藪談宗》收有謝榛「詩說」；《古今圖書集成》亦收有「詩家直說」。人民文學出版社一九六二年將《四溟詩話》與《薑齋詩話》合刊，有宛平點校本；齊魯書社有一九八七年李慶立、孫慎之箋注《詩家直說》本。

〔註66〕康海《對山集》（明嘉靖二十四年吳孟祺刊本），卷3，為王九思所著〈渼陂先生集序〉謂：「我明文章之盛，莫極於弘治時，所以反古昔而變流靡者，惟時有六人焉，北郡李獻吉、信陽何仲默、鄠杜王敬夫、儀封王子衡、吳興徐昌穀、濟南邊廷實，金輝玉映，光照宇內，而予亦幸竊附於諸公之間」，此七人皆弘治間進士，以復古相高。

〔註67〕王士禛「四溟詩說多學究氣，愚所不喜」，見《師友詩傳續錄》頁二（藝文印書館《清詩話》本）；其序則見木鐸翻印《歷代詩話續編》本《四溟詩話》卷前「王漁洋序」。

　　是書最早係附於全集刊行，今可見者有明萬曆三十二（1604）年趙府冰玉堂重刊《四溟山人全集》，此本附有《詩家直說》四卷，藏於國家圖書館。箋注《詩家直說》的李慶立在〈謝榛的詩歌批評論〉，〔註68〕也謂此本共計四百一十六條，爲現存《詩家直說》最早也最全的本子，然其謂此本爲萬曆二十四年（1596）所刊，與國家圖書館的著錄不同。其後有明萬曆三十五（1607）年蓬萊知縣邢琦校刊《詩家直說》，國家圖書館藏；明麗澤館刊《詩家直說》，北京大學圖書館藏。此書入清以後亦盛行，有：

　　一、清乾隆十九年（1754）繡水胡曾校刊本，此本現藏湖北圖書館、大陸中山大學圖書館、中央黨校圖書館，臺灣未見。《海山仙館叢書》本、《歷代詩話續編》本《四溟詩話》卷前保留此本之序。

　　二、清道光二十五年（1845）番禺潘氏刊、光緒中補刊《海山仙館叢書》本，此本題作「四溟詩話」，新文豐圖書公司將此本影入《叢書集成新編》。

　　三、清光緒十一年（1885）長沙玉尺山房刊《談藝珠叢》本，本書題名「詩家直說」。

　　四、民國五年無錫丁氏排印《歷代詩話續編》本，北京中華書局有標點本，木鐸出版社予以翻印。

　　五、民國間商務印書館《叢書集成初編》本。

以上刊本均爲四卷，除書名有「詩家直說」、「四溟詩話」的分別，條目也有簡有繁。是書又有二卷本，爲明萬曆四十年（1612）盛氏臨清刊本，此本爲《四溟山人詩》所附，盛以進選，題名「四溟山人詩家直說」，國家圖書館藏。也有一卷本者，如清順治三年（1646）刊《說郛》續卷本。

　　謝榛詩論中最醒目的是，他在「嘉隆七子」所引領的復古風潮中，確立學盛唐的方向，故清人王士禛云：「（七子）其稱詩之指要，實自茂秦發之」。《四溟詩話》卷三，頁一一八九記錄與李攀龍、王世貞、徐中行、梁有譽、宗臣等結社論詩之實況：

　　　　一日，因談初唐、盛唐十二家詩集，并李、杜二家，孰可專爲楷範？或云沈、宋，或云李、杜，或云王、孟。予默然久之，曰：「歷觀十四家所作，咸可爲法。當選其諸集中之最佳者，錄爲一帙，熟讀之

〔註68〕此文見《東岳論叢》，1985 年 1 卷，頁 101～106、108。

以奪神氣，歌詠之以求聲調，玩味之以衰（按，對照《海山仙館》
本，此字應為「衰」之誤）精華。得此三要，則造乎渾淪，不必塑
謫仙而畫少陵也。夫萬物一我也，千古一心也，易駁而為純，去濁
而歸清，使李、杜諸公復起，孰以予為可教也、諸君笑而然之。

是則詩話緊接著又謂夢李、杜二公來，以為「若能出入十四家之間，俾人莫
知所宗，則十四家又添一家矣」，這段夢的記錄，顯示其與諸子所論復古的
詩法，最終是要做到「十四家又添一家」，是要自成一家，與古人的成就並
列，而非在古人之後亦步亦趨的。因此，他對以蹈襲模擬古人為復古的手段，
加以批判，並結合復古的主張謂：「作詩最忌蹈襲，若語工字簡，勝於古人，
所謂『化陳腐為新奇』是也」（《詩話》卷二，頁一一七三）。

　　光是「化陳腐為新奇」的口號，並不十分實際，其強調學習或取材於古
人，以能出以新創、簡妙為上時，也演為「縮銀法」，如卷三，頁一一七九
云：「凡襲古人句不能翻意新奇，造語簡妙，乃有愧古人也」，其舉許渾〈送
韋明府南遊〉詩：「木葉洞庭波」為例，雖襲屈平「洞庭波兮木葉下」，然「措
詞雖簡而少損氣魄，此非縮銀法手」。卷三，頁一一九七則說明「縮銀法」
是借用於方士煉丹之法，其云：「約繁為簡，乃方士縮銀法也」，並以李建勳
詩「未有一夜夢，不歸千里家」之聯，試於二生，命之以二句成一句，以見
「縮銀法」之妙。是故「縮銀法」在謝榛正面解說、反面示例以及實際進行
操作等多角度的闡釋之下，就成為相當具體可行的復古手法，這是其論詩雖
狂妄，高自標舉，卻可以令人服氣，擁有追隨者，產生影響的重要原因之一。
而此等手法的提出與宋代江西詩人喜講的「脫胎」、「換骨」諸法，其作用與
精神是相似的。

　　除以「縮銀法」做為轉化前人詩句的方法，是書在創作理論的建立上，
也常常喜歡用明確的字眼提出或講述方法論，申說自己的創作法則，也提示
讀者創作法門。如卷四，頁一二一一有「得魚棄筌法」，主張作詩先以一聯為
主，更思一聯來搭配，如果不相稱，也沒有關係，姑且保存作為「筌句」，加
以累積，「筌」就是「意在得魚」的意思，因為「佳句多從庸句中來」，能用
「得魚棄筌」之法，久則渾成，達到名家不難。謝榛的主張，雖然強調詩歌
形式的鍛練，而輕忽詩歌的書寫心靈、抒發性情的內在本質，但此則詩話原
是有所側重的，必須搭配其他詩說，方得全面，其要旨強調「先得句法而後
體製」的鍛練方式，這對於初學者是一個較具體、較易掌握的入門。此外，

如卷三，頁一一八一提到作詩的「中正之法」：

> 作詩貴乎同不同之間。同則太熟，不同則太生。二者似易實難，握
> 之在手，主之在心。使其堅不可銳，則能近而不熟，遠而不生。此
> 惟超悟者得之。

謝榛所謂「同」，正是詩「同」盛唐的「同」，是針對如何復古所提出的方法，「同」是與古人相同的思，「不同」則指新創，「中正之法」就是在「暗合」古人與「化陳腐出新奇」當中的領悟與掌控。其進一步演繹此法，亦即同卷頁一一八八四有謂：「古人作詩，譬諸行長安大道，不由狹斜小徑，以正為主，則通於四海，略無阻滯」，古人創作既以「正」為主，謝榛的「中正之法」就是：

> 夫大道乃盛唐諸公之所共由者，予則曳裾躡屬，由乎中正，縱橫古
> 人眾跡之中，及乎成家，如蜂采百花為蜜，其味自別，使人莫之辨
> 也。

所以，「中正之法」，正是「若能出入十四家之間，俾人莫知所宗，則十四家又添一家矣」，依循兼融諸家所走的正路，使能通於四海，縱橫無跡的意思，而「蜂采百花為蜜，其味自別，使人莫之辨也」又是「俾人莫知所宗」的更具有形象、更精彩的論說，此又演為「學釀蜜法」，強調在「想頭」上搜奇，以與模擬的源頭有別。〔註69〕

　　至於卷四，頁一二三一又有由詩歌情、景的討論，引申出「小而大之法」。謝榛認為詩歌是模寫情、景的工具，其謂：「情融乎內而深且長，景耀乎外而遠且大。當知神龍變化之妙，小則入乎微纇，大則騰乎天宇」，情、景模寫的小與大，原是靈活變化的，人對於詩亦各有悟性，有由小擴及於大，有因顯著而入於細微，雖小、大不同，但渾化如一。如果學力不足，一下子就要「大」，就好像登高臺摘星，一定沒有著手之處。所以謝榛謂：「若能用『小而大之法』，如行深洞中，捫壁盡處，豁然見天，則心有所主，而奪盛唐律髓，追建安古調，殊不難矣」，其意或在曉喻學詩之人，先感受及書寫近處的、細微的情景，以「琢句」開始鍛練，再漸次向深長遠大拓展，終可以成

〔註69〕謝榛以蜜蜂採花的意象說詩，頗為自得，並演為「學釀蜜法」，《詩話》卷4，頁1217又謂：「予以奇正為骨，和平為體，兼以初唐、盛唐諸家，合而為一，高其格調，充其氣魄，則不失正宗焉。若蜜蜂歷采百花，自成一種佳味，與芳香殊不相同，使人莫知所蘊。作詩有『學釀蜜法』者，要在想頭別爾」。

就「入神」，亦即「以數言統萬形，元氣渾成」的作品。〔註70〕此則詩話還需注意的是，謝榛在結語時所說的著作旨趣：

> 予著《詩說》，猶如孫武子作《兵法》，雖不自用神奇，以平列國，
> 能使習之者，戡亂策勳，不無補於世也。

將自己寫作《詩家直說》與孫武著作《兵法》並論，意欲使學詩者能在詩歌創作上「戡亂」——不為旁門左道所眩亂，「策勳」——「奪盛唐律髓，追建安古調」。是故，謝榛將是書與《孫子兵法》相擬，顯示是書在「法」的建立上，具有極大的企圖與自信，當然他的「法」不會等同於楊載等人的詩格詩例，〔註71〕不會等同於黃省曾諸人的纂編前人詩法，他所企圖建立的「法」，是將詩學見解具體化，是詩學的一家之言，是作詩的「天機」，這也是他在《詩話》中數度徵引他人評其論詩謂「子何太泄乎天機？」的原因。〔註72〕

謝榛論詩的意見，除了站在高處遠望於前人、俯望於時人，並凝聚成具體的詩歌創作法則之外，也對前人的詩論多所挑戰。其中，對於詩歌創作時作者「立意」問題的討論，以及所衍生出的詩歌創作與鑑賞的主張，最具特色，也使復古詩說趨近於神韻的色彩，對詩壇產生影響。《詩話》卷一，頁一一四九談「立意」，提出「意隨字生」的觀念，其云：

> 宋人作詩貴先立意。李白斗酒百篇，豈先立許多意思而後措詞哉？
> 蓋意隨字生，不假布置。

他對「意」的觀念特殊，主張寫作不必先立意，也就是措詞與立意可以同時進行，所以他又說：「詩以一句為主，落于某韻，意隨字生，豈必先立意？楊仲弘所謂『得句意在其中』是也」（卷二，頁一一五八）。《四庫全書總目》卷

〔註70〕《詩話》卷3，頁1180 謂：「景乃詩之媒，情乃詩之胚，合而為詩，以數言而統萬形，元氣渾成，其浩無崖矣」。

〔註71〕《詩話》中曾提到對楊仲弘詩格的看法，卷2，頁1167 謂：「楊仲弘律詩三十四格，謂自杜甫門人吳成、鄒遂傳其法。然窘於法度，殆非正宗」，其「窘於法度」一語，可見其說解之詩法，並不以字句框架之類的「法度」自限。卷1，頁 1149 也謂：「唐人詩法六格，宋人廣為十三」、「作者泥此，何以成一代詩豪邪？」

〔註72〕如《詩話》卷2，頁1161 先言「詩有天機，待時而發，觸物而成，雖幽尋苦索，不易得也」，而卷3，頁1183 記錄李攀龍告誡其「子何太泄天機？」卷4，頁 1220 記錄有客問措辭與立意的問題，客云：「子何太泄天機？」等，都不是單純的詩學記錄，而是深層的反應謝榛心理上對其宣說詩法的自信與建立一家之言的企圖

一九七〈詩文評類存目〉「詩家直說」條即評曰:「其語似高實謬,尤足誤人,是但爲流連山水、模寫風月、閒適小詩言耳,不知發乎情,止乎禮義,感天地而動鬼神,固以言志爲本也」,以爲謝榛之說悖離「詩言志」的傳統,且所論充其量只適用於閒適小詩,但此說其實並沒有全面的透視謝榛「意隨字生」的論述,且至少有以下幾點必須注意,可能會得到較爲客觀的論定:

其一,其論「意隨字生」是針對宋人作詩貴先立意而來。謝榛認爲宋人因爲先立意,而使得所寫的詩涉於議論,故而持反對的立場,《詩話》卷一頁一一四九即謂:「宋人必先命意,涉於理路,殊無思致」。而其對宋詩的意見是與唐詩相對而來,其主張「落于某韻,意隨字生」。也是由唐詩而來,卷一頁一一四三即以七絕爲例謂:「盛唐人突然而起,以韻爲主,意到辭工,不假雕飾;或命意得句,以韻發端,渾成無跡,此所以爲盛唐也。宋人專重轉合,刻意精鍊,或難於起句,借用傍韻,牽強成章,此所以爲宋也」。所以謝榛質疑事先立意,除了詩作可能因此涉於議論,也著重指出「事先立意」可能造成「刻意爲詩」與「牽強成章」的缺點,此正爲宋詩與盛唐詩的自然渾成,最顯著的不同之處。

其二,謝榛對於詩的立意,主張有「辭前意」、「辭後意」的區分,這是出於對唐詩的體會而來。《詩話》卷一,頁一一四九謂:「詩有辭前意、辭後意,唐人兼之,婉而有味,渾而無跡」。卷四,頁一二一九則進一步解釋「辭前意」、「辭後意」的意思,有謂:「今人作詩,忽立許大意思,束之以句則窘,辭不能達,意不能悉。……此乃內出者有限,所謂『辭前意』也。或造句弗就,勿令疲其神思,且閱書醒心,忽然有得,意隨筆生,而興不可遏,入乎神化,殊非思慮所及。或因字得句,句由韻成,出乎天然,句意雙美,……此爲外來者無窮,所謂『辭後意』也」,是故謝榛反對的應爲辭前「立大意思」,認爲是思緒的束縛,是「辭不能達意」的根由,這是前引事先「立意」易流於議論、易牽強成章的另一個細部析論。而「辭後意」則有兩種涵意:一是撰寫之中辭窮無法接續,但「閱讀醒心」之後繼續其神思,而靈感泉湧,意隨筆生,這是事先立意時所未及的。一是在創作的進行中,因爲情感與文思的同時創發,或是因爲與字、韻的互動,而引發新的靈感與情緒,這也不是事先可以立意。以上兩種「辭後意」,就是謝榛「意隨字生」的「意」,而這兩種「意」其實正是實際創作時可能發生的情況,就這個觀點看來,謝榛「辭前意」、「辭後意」的說法基於實際創作經驗而提出的。

　　其三，謝榛的「立意」又可能是游移的。《詩話》卷三，頁一一七九：「作詩不必執於一個意思，或此或彼，無適不可，待語意兩工乃定。《文心雕龍》曰：『詩有恆裁，思無定位』，此可見作詩不專於一意也」，謝榛因為追求詩歌的整體成績，要求詩與意兩工，所以詩並非真的不命意，而是所命的意是保持游移的、自由流動的狀態，「不必執於一個意思」。此說與儒家詩觀「詩以言志為本」自是抵觸，而所引《文心雕龍》「思無定位」語，出自〈明詩〉之篇，其指涉在於作家的思想情性沒有固定的方式和範疇，所以下句即謂「隨性適分，鮮能圓通」，指作家必須隨「思」之所至，選擇適合的體製來創作，很少有人可以圓融各體。謝榛舉為例證只在強調「詩無定位」，若連接此句前後文來看，並不貼切。

　　其四，謝榛主張「意」的游移與自由流動，又發展為詩法。《詩話》卷三，頁一一九三有謂：「凡作古體、今體，其法各有異同，或出於有意無意之間，妙之所由來，不可必也。妙則天然，工則渾然，二體之法，至矣善矣」，主張詩歌的寫作既「不必執於一個意思」，更有出於「有意無意之間」，是順著詩人本有的情性、思緒、品味以及腦海中遣詞用字的機制創發生成的。此則詩話並以「孫登請客」的生動譬喻加以說明，以為作詩先得警句，即「發興之端」、「全章之主」，「格由主定，意從客生，若主客同調，方謂之完篇」，就好像深山草堂中綸巾野服、兀然而坐的孫登，庸俗之輩是不得踏上其階梯的，只有竹林七賢相繼而來，與孫登正好足成八數。所以作詩不必先立意，正如孫登請客，不必具請帖，客自然會因為主人的格調情性而匯聚，此即「有意無意之間」。

　　其五，除了詩有成於「有意無意之間」者，謝榛也主張詩不先立意，可能更為入化。《詩話》卷一，頁一一五二云：「詩有不立意造句，以興為主，漫然成篇，此詩之入化也」。全詩以「興」為創作手法，不先立意，漫然成篇，其境界能夠入化，是因為作詩的「意」都可以以「興」來加以表達，謝榛以「悲歡」代「意」，《詩話》卷三，頁一一九四即謂：「凡作詩，悲歡皆由乎興，非興則造語弗工」，他並以李、杜為例，要讀者「熟讀李、杜全集，方知無處無時而非興也」。「興」的創作手法追求的是情與景的交融，是詩歌美學的最深奧展現，詩不事先立意，可以幫助情感與思緒的自由流動，與字彙、韻律所蘊涵或代表的事物的意義、景象、色彩、線條、聲音等等，進行新的觸發，產生新的聯想。所以，李、杜的詩歌入化，與他們能夠「無處無

時而非興也」，亦即擁有寬大的聯想、觸發空間有關，這是謝榛主張詩不先立意而可以入化的因由。

謝榛論作詩不必立意，係針對宋人詩涉議論、刻意爲詩、牽強成章而來，他提出「辭前意」、「辭後意」的分野，以爲不必執於事先「立一個大意思」，方能加大「辭後意」的創發、聯想空間。他也凸顯「意」是游移的、自由流動的特色，進而指出詩成於有意無意之間的可能及妙境，並以李、杜詩「無處無時而非興也」，強調不刻意立意，可以幫助情感與思緒的自由流動，與字彙、韻律進行新的觸發，產生新的聯想，此即以「興」造句、自然成篇者。所以他不是眞的反對事先立意，而是多方面尋求詩歌「立意」的可能方式與最佳方式。

謝榛善於立說，有理論的講述，有舉例比方，有演爲具體詩法，特別是從實際創作經驗立論，構築一個以「意」爲中心立體的、互相貫通影響的思考網絡，顯示其對「意」多角度的分析與推求，不僅在作者的行事言說中探尋，尤其著重由作品中去感受，主張詩歌可以不必刻意創作、不必刻意精煉、不必事先以意來築出詩歌的框架，指出詩歌的寫作可以更加自然，意念可以隨著實際遣詞用字而更加泉湧的事實。甚至詩作因而能夠展現詩人眞正的風格，成就難以言詮的美感種種，都充分展現其嫻熟於詩歌創作、精於體驗與思考的特色。《四庫全書總目》所詆訶「其語似高實謬，尤足誤人」者，非盡事實。

要注意的，謝榛也從「意」的討論提出其詩歌鑑賞方面的重要主張，《詩話》卷一，頁一一三七有謂：

> 詩有可解、不可解、不必解，若水月鏡花，勿泥其跡可也。

此說影響極大，正、反面的評價皆有。如俞弁《逸老堂詩話》卷下，頁一三一八引蔣冕的評論：「蔣少傅冕云：『近代評詩者謂，詩至於不可解，然後爲妙。夫詩美教化，敦風俗，示勸戒，然後足以爲詩。詩而至於不可解，是何說邪？且《三百篇》何嘗有不可解者哉？』」以儒家觀點批判詩不可解之說（此說的相關討論另見本論文上編蔣冕「瓊臺先生詩話」條）。清人葉燮在《原詩》內篇，頁十六（藝文印書館影印《清詩話》下卷）則指斥儒家之說詩多腐儒之見，並謂：

> 詩之至處，妙在含蓄無垠，思致微渺，其寄托在可言、不可言之間，
> 其指歸在可解、不可解之會，言在比而意在彼，泯端倪而離形象，

　　絕議論而窮思維，引人于冥漠恍惚之境，所以爲至也。

吳雷發在《說詩菅蒯》頁三（藝文印書館影印《清詩話》下卷）云：「有強解詩中字句者，或述前人可解、不可解、不必解之說曉之，終未之信也」，其並以「楓落吳江冷」、「空梁落燕泥」等名句說明「此等皆宜細參，不宜強解」的道理。而編選《歷代詩話》的何文煥，在所著〈歷代詩話考索〉則謂詩「斷無不可解之理，謝茂秦創爲『可解、不可解、不必解』之說，貽誤無窮」。

　　謝榛所論的「不可解」，出於其對「意」的觀念，特別是詩的立意可能是游移、飄忽、隨字而生的，詩有成就於有意、無意之間者，詩又有「不立意造句，以興爲主」者，所以要推求及說解詩人的命意，不能不考慮這些因素。特別是詩作因此而所展現的悠遠朦朧的妙境，亦即「若水月鏡花」的美感，惟有「勿泥其跡」，承認詩歌有可解、不可解及不必解的可能，方才能夠領略詩歌的審美情趣。此說亦將復古詩說導向對詩歌神韻的推求，故於清代引起廣泛的迴響（謝榛詩論與神韻說的關係，請見本論文陸時雍《詩鏡總論》條的論述）。

　　謝榛對詩歌朦朧妙境也多方重申，如《詩話》卷三，頁一一八四，謂：「凡作詩不宜逼眞，如朝行遠望，青山佳色，隱然可愛，其煙霞變幻，難於名狀」、「遠近所見不同，妙在含糊，方見作手」，故主張詩歌不必強爲說解，方可適當的呈現詩歌變幻的「難以名狀」。而《詩話》頁一一四九以唐詩爲例：「唐人或漫然成詩，自有含蓄託諷，此爲辭前意。讀者謂之有激而作，殊非作者意也」，說明唐詩「辭前意」固有主於含蓄託諷者，但泥其跡、強說解，可能失於穿鑿，並非作者之意。是故謝榛的不可解、不必解又是對穿鑿解詩的反對，故《詩話》卷一，頁一一四三云：

　　　　黃山谷曰：「彼喜穿鑿者，棄其大旨，取其發興於所遇林泉、人物、
　　　　草木、魚蟲，以爲物物皆有所托，如世間商度隱語，則詩委地矣」，
　　　　予所謂「可解、不可解、不必解」，與此意同。

詩歌有所托寓是必然的，可以加以解析，所以謝榛在《詩話》卷二，頁一一五九解徐陵〈雜曲〉「從來張姓本連天」，以爲指陳後主寵張麗華之事，此詩爲奉諛之辭；在卷四，頁一二一六，也以爲孟子、屈原兩用〈孺子歌〉語，是「各有所寓」。但若「棄其大旨」不言，專就枝節計較，或以爲詩中景物都有寓意，就可能是穿鑿，如卷二，頁一一六五即有實例說明解詩之鑿：

　　　　劉貢父評嚴維曰：「『柳塘春水慢，花塢夕陽遲』，夕陽遲則繫花，春

水慢何須柳也」，此聯妙於狀景，華而不靡，精而不刻，貢父之說鑿
矣。

這是引自宋人劉邠《中山詩話》的解詩，其以理性思維將單純景物的描繪解
得詩意盡消，如此還不如正視詩的鑑賞上有「不可解」、「不必解」的層次。

所以，謝榛論詩歌的「立意」問題以及詩歌「可解、不可解、不必解」
的觀念，雖與儒家傳統詩觀與解詩之說牴牾，或因而引起偏重詩歌形式主意、
忽略詩歌內容實質、誤導後學的批評，甚至以今日較新的批評觀點，強調解
詩不一定必須以作者爲中心，不一定要窮追猛探作者的命意，反而轉向以「文
本」爲中心、以「讀者」爲中心，以新的角度、觀念、方法提供論析詩作的
不同視野與方向的可能，但謝榛對於詩歌意義、意境與美感的闡發，特別是
他將復古詩說導向重視神韻的角度，仍是其詩論中獨特且具啓發性的見解。
而其談理論必落實以詩法，視《詩家直說》如《孫子兵法》，也可見出其論詩
力求務實可行，以及欲成一家之言的自信與努力。

獨鑒錄

一卷，黃甲著，存。

是書原不著撰人，最常見的版本是明崇禎二年（1629）由何偉然所編刊、
文杏堂藏板的《廣快書五十種》本，國家圖書館、臺灣大學圖書館、南京大
學圖書館、復旦大學圖書館均有收藏，並收入周維德《全明詩話》。

《獨鑒錄》爲《廣快書》的卷二十八，下署「西湖何偉然仙臞纂」、「延
陵吳從先寧野定」，而書名之下則另署曰：「選觳齋主人本」，意思應是《獨
鑒錄》選錄自觳齋主人所藏或所刊之本，而非觳齋主人爲《獨鑒錄》的作者。
然萬曆末年徐𤊹《紅雨樓書目》〈詩話類〉著錄是書，作者題作「觳齋主人」，
「觳」爲誤字，則徐𤊹所見是書已有「觳齋主人」的署名。惟觳齋主人既不
詳爲何人，又不知其是否寫定或刊行或藏有此書，令人懷疑。〔註73〕而據陳
田《明詩紀事》己籤卷十「黃甲」小傳引顧起元《客座贅語》有謂：「蟄南
詩頗饒獨詣，所著《獨鑒錄》，評詩文，多前人所未發」，「蟄南」即指黃甲，
因其著有《蟄南選稿》，陳田在其下的按語亦謂：

顧太初（即顧起元）云：「首卿（即黃甲）性好忤物，居鄉與往還

〔註73〕蔡鎮楚《石竹山房詩話論稿》〈明代詩話考略〉、周維德《全明詩話》均著錄
是書爲「觳齋主人」所著。

者不二三人，晚與廖工部文光善，數共觴詠，一日，寥規其集中有
『陣毬』等語，宜大刪，遂大詬罵絕之。今觀《鳳巖編年稿》，拉
雜支離，如『陣毬』者多矣，所著《獨鑒錄》，即在《編年稿》中，
其彈射古人詩文，亦互有得失。

以是，《獨鑒錄》的作者或即為黃甲。《明詩紀事》謂：「甲字首卿，上元人（今
屬江蘇），嘉靖庚戌（二十九年，1550）進士，除吏部主事，謫泰州運判，遷
東郡監州，旋罷歸，有《鳳巖編年稿》二十六卷」。

　　至於何偉然所編刊的《廣快書》，《四庫全書總目》卷一三四〈雜家類存
目十一〉「廣快書」條謂：「所採皆取明人說部，每一書為一卷，卷帙多者，
則刪剟其文，立名詭異，有曰『一聲鶯』者，有曰『有情癡』者，有曰『照
心犀』者，有曰『嘔絲』者，所謂『萬病可醫，俗不可醫』者歟！」〔註74〕
評價不高，而《獨鑒錄》應即選錄自黃甲《鳳巖編年稿》，雖未妄改書名，然
其內容應有刪剟。

　　是書卷前有何偉然所作〈獨鑒錄序〉，以美人臨妝為喻，說明「文成競賞，
則其文危；文成獨賞，則其人亦危，然必自照精，而後共賞出焉」，用以解釋
「獨鑒」的命名緣由。

　　關於其書之評騭，陳田《明詩紀事》謂：「彈射古人詩文，亦互有得失」，
尤其以評騭李、杜為最，如云「今之譚藝者，率歸李、杜，而不知李、杜之
所景仰者，故自有人」，引杜甫「李陵蘇武是吾師」、李白「令人卻憶謝玄暉」
等詩為例，此則詩話雖非首見，但用以申明不可「酌流而忘源」的道理，揭
示了作詩不廢讀書的重要。但如評李白「仰天大笑出門去，我輩豈是蓬蒿人」
等詩為「若此類甚夥，頗涉叫噪」，又評李白「詩仙」之號以為：「白不過縱
橫闔闢，跌蕩不羈，且其興寄具在眼前，何得便爾相許？大抵措大眼孔小也」，
評詩固然不能迷信名家，然其評李白詩，「不過」諸語，又何輕率立論，何視
李白之小！其又以此自矜，有謂：

　　　論詩美惡不相揜。如少陵「岱宗夫如何」，「夫如何」三語，頭巾
　　　氣甚矣，註詩者目為「跌蕩」；又如太白〈襄陽歌〉「清風明月不
　　　用一錢買」，何其鄙熟之甚，註詩者目為「橫放」，大覺為古人所

〔註74〕《四庫全書總目》，卷134，〈雜家存目十一〉著錄閔景賢、何偉然同編之《快
　　　書》，謂：「偉然，字仙臞，仁和人」。而崇禎二年（1629）文杏堂藏板《廣快
　　　書五十種》，則將何偉然題作「何仙郎先生」。

縛故耳。予於二公，頗知彈射，使二公若在，當必以我爲知言者。

「論詩美惡不相掩」、「不爲古人所縛」，不人云亦云，都是正確的批評觀念，但應該追求更客觀而入細的析論，以說服於人。

是書在實際的詩歌創作方面也有獨特見解。如引昔人（即劉知幾）所謂寫史須具備才、學、識「三才」之說，演爲詩歌創作的「博學」、「逸才」、「卓識」三要件，進而解釋嚴羽「詩有別才，非關書也；詩有別趣，非關理也」的說法，認爲天下那裡有寡學之才、無理之趣？提出：「非關書者，才之放也，書所未載也，非外書也；非關理者，趣之妙也，理所未著也，非外理也。蓋有非尋常蹊徑可以揣摩之者，羚羊掛角，無跡可求，正此謂也」的看法。

此外，其論詩以自然爲貴，反對用事，也反對直截道盡，以是其宗唐詩而抑宋詩，故謂：「若宋人，開口便露盡，此所以傷於直截，詩之膚淺，殊乏蘊藉」。對於時人的學詩以模擬入手，他也視之爲「蹊徑」而給予彈射：「文章之陋，其最下者，蹊徑是已，蹊徑誤人，奚翅優孟抵掌，冒叔敖以誑楚也」。是故，是書論詩輕率立論者有之，不同於世俗的精到見解亦可見，然恐如書名「獨鑒」，獨自鑒照者多，共賞知音則較少。

王右丞詩畫評

不著卷數，顧起經（1521～1575）纂輯，存。

顧起經，字長濟，更字玄緯，號九霞山人，江蘇無錫人。據王世貞《弇州山人續稿》卷一一六〈大寧都指揮使司都事九霞顧君暨配盛孺人合葬誌銘〉，其生於正德辛巳（十六年，1521），卒於萬曆三年（1575），年五十五。〔註75〕《明清江蘇文人年表》引〈增編會眞記自敘〉等書，謂其嘉靖十六年（1537）就試南京，嘗以國子生授廣東監課副提舉，嘉靖三十七年（1558）由廣東仕宦北返。所著有《九霞山人集》十二卷、《詩解頤》二卷、《屈宋談》三卷等。其專研於王右丞詩，王世貞稱：「君於治古詩無所不工，尤工於王右丞詩，手所校訂箋釋，諸家皆莫及」，其刊有《類箋唐王右丞集》十九卷，並撰《王右丞年譜》、《王右丞詩畫評》。

是書有明嘉靖三十四年（1555）刊本，現藏於浙江圖書館，並收入《全明詩話》。又據楊繩信編《中國版刻綜錄》著錄顧氏奇字齋於嘉靖三十五年

〔註75〕據《明清江蘇文人年表》引《錫山書目考》卷2，謂顧起經生於正德十年（1515），卒於隆慶三年（1569），年五十五，其所著錄生卒年恐有錯誤。

（1556）刊刻顧起經《類箋唐王右丞集》，包括文集四卷、外編一卷、年譜一卷、附錄二卷，其中有《歷朝諸家評王右丞詩畫鈔》一卷。按，《歷朝諸家評王右丞詩畫鈔》應即《王右丞詩畫評》，後者爲獨立的單行本。

此書筆者未見，據周維德〈明詩話提要〉謂：「此編輯錄唐宋諸家評王維詩畫之語，彙編成冊。述評資料有極自文集、選集、筆記、詩話、畫譜、家譜、序跋、史傳等等，搜輯之廣，非博議之士不能爲。如首條輯自唐殷璠《河嶽英靈集》，曰『維詩辭秀調雅，意新理愜，在泉爲珠，著壁成繪，一句一字，皆出常境』，他皆效此」，可略見是書之大概。

過庭詩話

二卷，劉世偉著，存。

劉世偉，字宗周，山東陽信人。《四庫全書總目》卷一二七〈雜家類存目四〉「厭次瑣談」條謂其「嘉靖中官甯州州同」。是書見《千頃堂書目》卷三二〈文史類〉、《欽定文獻通考經籍考》著錄，《四庫全書總目》卷一九七〈詩文評類存目〉亦著錄是書。據《北京圖書館古籍善本書目》，該館藏有明嘉靖刊《過庭詩話》，蔡鎭楚《石竹山房詩話論稿》〈明代詩話考略〉謂天一閣亦藏有明嘉靖刊本，臺灣則未見。

《四庫全書總目》卷一九七「過庭詩話」條謂是書卷前有嘉靖丁巳（三十六年，1557）閻新恩序，則是書或刊刻於此年。《總目》並以閻序稱：「世偉之父爲甯國君冷庵翁，故所著詩話名曰『過庭』」，質疑其書中無一字及其家學，無法得知其大旨。且《詩話》又謂：「後學看詩話，當以嚴滄浪爲準，最可惡者惠洪《冷齋夜話》，於漢魏唐人好詩不曾理會得一句，其所論皆蘇黃之惡詩，大抵宋詩遠不逮唐，亦由蘇黃其壞之云云」，《總目》以爲「然據其全書，則皆拾七子之緒餘，實於漢魏盛唐，了無所解，於宋詩亦無所解也」，並摭取所論之缺失，而評以「弇陋」。以是書筆者未見，姑著錄《總目》之說，以見是書之概貌。

藝苑巵言

十二卷（或作十六卷、八卷、六卷），王世貞（1526～1590）著，存。

王世貞，字元美，號鳳洲，江蘇太倉人。《疑年錄彙編》卷七謂其生於嘉

靖五年（1526），卒於萬曆十八年（1590），年六十五。據王錫爵所撰〈鳳洲王公世貞神道碑〉所載，世貞幼稱聖童，十八歲舉於鄉，嘉靖二十六年（1547）中進士，歷任刑部主事、刑部員外郎、山東副使、浙江參政、山西及湖廣按察使、刑部尚書等官。《四庫全書總目》卷一七二〈弇州山人四部稿〉條謂「考自古文集之富，未有過於世貞者」，著有《弇州山人四部稿》一七四卷、《弇州山人四部續稿》二〇七卷、《讀書後》等，詩話作品則有《藝苑卮言》、《明詩評》，後人纂輯則有《國朝詩評》、《全唐詩說》、《文章九命》等。關於其生平事蹟又見《詞林人物考》卷九〈王元美〉、《西園聞見錄》卷一一、《名山藏》卷八一〈文苑記〉、《皇明應諡名臣備考錄》卷十〈王世貞〉、《續藏書》卷二六〈尚書王公〉、《皇明書列傳》卷三十九〈王世貞〉等。

是書《澹生堂書目》卷一四〈文式文評類〉、《國史經籍志》、《千頃堂書目》卷三二〈文史類〉均作「《藝苑卮言》八卷，《附錄》四卷」；《天一閣書目》、《世善堂藏書目錄》上卷〈子部三〉著錄「藝苑卮言八卷」；邵懿辰《增訂四庫簡明目錄標注》著錄《弇州山人四部稿》，中有《藝苑卮言》十二卷，有明刊本，邵章《續錄》則謂是書有明崇禎刊本、日本延享五年（1748）博文堂選本八卷。周子文《藝藪談宗》、《古今圖書集成》收有此書數則。

是書的卷數有十六卷、十二卷、八卷、六卷的不同，十六卷為明萬曆十七年（1589）武林瞧雲書舍刊本，此本書名題作「新刻增補藝苑卮言」，國家圖書館、北京圖書館、上海圖書館、中山大學圖書館、中國人民大學圖書館、華東師大圖書館藏。

十二卷本有明萬曆十九年（1591）累仁堂刊本，國家圖書館藏；明萬曆間鄒道原刊本，吉林大學圖書館、重慶市圖書館藏，此本臺灣未見；清乾隆間《四庫全書》《弇州山人四部稿》本。此十二卷本書名題作「弇州山人藝苑卮言」。

八卷本有明刊本，安徽圖書館藏，此本臺灣未見；清光緒十一年（1885）長沙玉尺山房刊《談藝珠叢》本；民國五年無錫丁氏排印《歷代詩話續編》本，此本北京中華書局加以標點發行，臺灣木鐸出版社予以翻印，並收入《全明詩話》。

六卷本，則有日本延享三年（1746）刊本，此本下署「賴煥校」，臺灣大學文學院圖書館藏。

按，是書刊本變化的原因，在於此書的陸續增補，據《歷代詩話續編》

本《藝苑巵言》（木鐸出版社翻印本，以下均引用此本）卷前所保留王世貞的二篇〈敍〉，一作於戊午六月，即嘉靖三十七年（1558），〈敍〉中提到對徐禎卿《談藝錄》、楊慎詩說及嚴羽的談詩，都有未備的遺憾，以官於東牟，清簡無事，乃書寫詩文意見，投之於簏箱，其謂：「又明年，復之東牟，簏箱者宛然塵土間，出之，稍爲之次而錄之，合六卷，凡論詩十之七，文十之三。余所以欲爲一家言者，以補三氏之未備者而已」，此爲是書之六卷本。

另一篇〈敍〉則寫於壬申夏日，即隆慶六年（1572），此〈敍〉言：「余始有所抨騭於文章家曰《藝苑巵言》者，成於戊午耳。然自戊午而歲稍益之，以至乙丑而始脫稿。里中子不善秘，梓而行之」，則六卷本《藝苑巵言》陸續又有補益，且於乙丑（嘉靖四十四年，1565）脫稿，里中並有刊刻。此後又陸續補益，故其云：「蓋又八年，而前後所增益又二卷，黜其論詞曲者，附它錄，爲別卷，聊以備諸集中」，此爲是書八卷之本。

十二卷、十六卷則爲刊入原本列爲「附錄」的論詞、曲、書、畫的部分，十六卷又徵引世貞文集的相關言論列入增補，這代表讀者對是書的接受反應，顯示其影響力，但這二種版本應非王世貞原意，至少其「黜其論詞曲者，附它錄，爲別卷」，是有其用意的。此外，清代以後的刊刻板本多爲八卷本，可見時間越後，讀者的接受越趨單純化，而是書詩文評論部分的價值也因而凸顯。

以《歷代詩話續編》本的《藝苑巵言》來看，卷一首先引錄前人關於詩的作用、詩的抒情特質、文章的不朽性，以及賦、詩、文的相關論述，再提出自己對詩文的整體觀察心得。卷二專論《三百篇》及兩漢的作品。卷三論諸子百家之書及魏、晉、六朝的著作。卷四論唐、宋、元的作品。卷五到卷八則專論明代作家的詩文創作。全書以詩作的品論居多，文、賦亦有少量的論及。其中，卷四論唐詩的部分，爲後人輯成《全唐詩說》單行；卷五效宋敖陶孫《詩評》所作的明詩評論，爲後人輯爲《國朝詩評》；卷八記錄詩人生平經歷，戲爲「文章九命」，也爲後人衍爲《文章九命》專書刊入叢書行世。〔註76〕

關於是書的內容，在中國文學批評及明代文學批評當中，都有舉足輕重的地位，故多見著重的分析論述，亦多見單篇論文的討論。〔註77〕筆者則認

〔註76〕關於《全唐詩說》、《國朝詩評》、《文章九命》等相關討論，請參見本論文對各書的論述。
〔註77〕如郭紹虞《中國文學批評史》，視之爲「以格調說中心，而朦朧逗出一些類似

為王世貞對詩歌的最高要求在於「自然」，所以他對詩歌創作的主張、對詩家的品評，都是以達到這個詩歌理想為目的，也以這個理想來權衡詩家的業績、詩作的優劣。是故，以下即以「自然」為角度，針對王世貞所論「自然」的意涵、「自然」在詩歌美學上的呈現、自然與模擬、自然與才思格調等方面，探討王世貞的詩學理念與對詩家的實際批評。

關於「自然」的意涵，《藝苑巵言》卷一，頁九六○以選體為例，說明「詩以專詣為境，以饒美為材，師匠宜高，捃拾宜博」，以為：

> 西京建安，似非琢磨可到，要在專習凝領之久，神與境會，忽然而來，渾然而就，無歧級可尋，無色聲可指。三謝固自琢磨而得，然琢磨之極，妙亦自然。

指出「自然」就「在專習凝領之久，神與境會，忽然而來，渾然而就，無歧級可尋，無色聲可指」，是詩歌創作中一種無跡可循的極境，且「自然」固出於神與境會、渾然無跡，卻不盡廢雕琢，像六朝謝靈運、謝朓諸人，琢磨之極，也有自然之妙，甚至連陶淵明的沖淡，其造語也是「琢之使無痕跡」而來，《巵言》卷三，頁九九四云：

> 淵明托旨沖澹，其造語有極工者，乃大入思來，琢之使無痕跡耳。
>
> 後人一切深沉，取其形似，謂為自然，謬以千里。

他以陶詩意旨沖淡，但造語自有其雕琢，其雕琢的方式就是「琢之使無痕跡」，而後人一切出以深沉，以為輕描淡寫、取其形似就是自然，王世貞則指出「自然」的意涵其實在於「琢之使無痕跡」，這就使得「自然」除了是一種詩境的追求，也關係著實際創作的進行，關係著創作的手法與鑑別，王

性靈說與神韻說的見解，所以只是格調說之變」，指出其看到格調派「徒摹聲響，不見才情，所以他要有些轉變」，也因此其論格調不偏於一端，但後人未盡讀《巵言》，或死奉《巵言》而不善讀《巵言》（見臺北：文史哲出版社 1982年翻印本，頁 626、630）。又如劉明今、袁震宇所著《明代文學批評史》則著重討論《巵言》對李夢陽、何景明、唐宋派、李攀龍等的實際批評，又針對其論法、論格調、論劑，以及與胡應麟《詩藪》的異同，加以分析（上海：上海古籍出版社，1991 年版）。其他單篇論文包括施隆民〈王世貞的文學評論〉（《女師專學報》，第 7 期，1975 年 5 月）；鄭利華〈論王世貞的文學批評〉（《復旦學報》，1989 年 1 期，頁 32～37）；羅仲鼎〈從《藝苑巵言》看王世貞的詩論〉（《文史哲》，1989 年 2 期，頁 78～85）等，可參。而趙永紀〈清初詩壇與明七子〉（《江淮論壇》1989 年 6 期，頁 98～103），則重點探討包括王世貞在內的明七子對清初詩壇的重大影響，尤其是《藝苑巵言》，在清人宋徵璧、毛先舒、王士禛等的言論中，都是評價最高的詩話著作。

世貞因而批評:「世人選體,往往談西京建安,便薄陶、謝,此似曉不曉者。
毋論彼時諸公,即齊梁纖調、李杜變風,亦自可采,貞元以後,方足覆瓿」,
所以,「師匠宜高」西京建安固然可法,但「捃拾宜博」,不可偏廢其他「妙
亦自然」的作品。《卮言》,頁九六一談到七律,也指出七律以「自然」爲妙:

> 篇法之妙,有不見句法者;句法之妙,有不見字法者。此是法極無
> 跡,人能之至,境與天會,未易求也。有俱屬象而妙者,有俱屬意
> 而妙者,有俱作高調而妙者,有直下不對偶而妙者,皆興與境詣,
> 神合氣完使之然。

這一則詩話專論篇法、句法、字法的法則,如篇法大抵一開則一闔、一揚則
一抑、一象則一意;句法有直下、有倒插;字法有虛、有實、有沉、有響之
類,這是創作詩歌基本的、一般性的法則,但創作時如果硬是如此依循,則
易流於匠氣、虛矯,換言之就是強造、就是不自然,所以王世貞著重指出:「法
極無跡」,亦即在詩法的追求之上,更有興與境會、境與天會的創作境界,這
種境界所寫出的作品,可能全詩是象、全詩是意或者全詩直下沒有任何對偶,
不按詩法書寫,也不爲任何詩法所牢籠,但這樣的詩卻是神合氣完、渾然天
成作品。因此,王世貞論法也重法,但更知詩法之極在於「無跡」,就是超越
詩法,達到詩歌美學中所謂「信手拈來,無非妙境」的境界。〔註78〕

　　因爲講究自然,王世貞著重提出對摹擬的意見,他反對「寡自然之致」
的摹擬,如《卮言》卷三,頁九九三評陸機詩云:「陸病不在多而在摹擬,
寡自然之致」,卻追求「無跡」的摹擬,這兩種摹擬的分別,《卮言》卷四,
頁一○一八有云:

> 剽竊摹擬,詩之大病。亦有神與境觸,師心獨造,偶合古語者,如
> 「客從遠方來」、「白楊多悲風」、「春水船如天上坐」,不妨俱美,定
> 非竊也。其次哀覽既富,機鋒亦圓,古語口吻間,若不自覺,如鮑
> 明遠「客行有苦樂,但問客何行」之於王仲宣「從軍有苦樂,但問
> 所從誰」,陶淵明「雞鳴桑樹顛,狗狗吠深巷中」之於古樂府「雞鳴
> 高樹顛,狗吠深宮中」,王摩詰「白鷺」、「黃鸝」,近世獻吉、用修
> 亦時失之,然尚可言。又有全取古文,小加裁剪,如黃魯直〈宜州〉
> 用白樂天諸絕句,王半山「山中十日雨,雨晴門始開。坐看蒼苔色,

〔註78〕《藝苑卮言》,卷1,頁964 亦云:「風雅《三百》、《古詩》十九,人謂無句法,
　　　　非也。極自有法,無階級可尋耳」,這也是「法極無跡」的意思。

欲上人衣來」，後二語全用輞川，已是下乘，然猶彼我趣合，未致足厭。乃至割綴古語，用文已漏，痕跡宛然，如「河分岡勢」、「春入燒痕」之類，斯醜方極。摹擬之妙者，分歧逞力，窮勢盡態，不唯敵手，兼之無跡，方爲得耳。若陸機〈辨亡〉、傅玄〈秋胡〉，近日獻吉「打鼓鳴鑼何處船」語，令人一見匿笑，再見嘔噦，皆不免爲盜跖、優孟所訾。

這則詩話指出摹擬的層次，最上者得摹擬之妙，亦即擬作能與原作勢均力敵，渾然無摹擬之跡者。其次，神與境觸，偶合古語。其次，取材既廣，機鋒亦圓，古語出於口吻間，若不自覺。其次，有全取古語，小加裁剪，而尚稱趣合，未致生厭。最下者爲割綴古語，用文已漏，痕跡宛然，他並舉陸機、傅玄及李夢陽的部分詩作令人「匿笑」、「嘔噦」加以說明。摹擬的無跡、偶合古語、若不自覺、尚稱趣合，依序而下，其實也正是檢驗摹擬手法是否合乎自然的不同等級，而摹擬過多，淪於「牽合而傷跡」、剿竊餖飣，自是不入流的書寫，這也是王世貞對當代復古詩風的主導者及追隨者所產生的流弊，最直接的省察，〔註79〕是他的論詩由李、何的復古出發，卻主張「師匠宜高，捃拾宜博」，在復古派中能成一家之言的所在。

由推求「自然」之境、講究詩法之極在於無跡，申言摹擬之妙在無跡的可貴，同時拈出復古剿竊的弊害，王世貞因此又提出「才」對於詩歌自然妙境的作用。《卮言》卷一，頁九六四謂：「才生思，思生調，調生格。思即才之用，調即思之境，格即思之界」，「才」在詩歌的創作上是具有主導的地位的，「才」可以驅遣興與境會，也能駕馭字句和詩法，故《卮言》卷四，頁一〇〇六評謂：「摩詰才勝孟陽，由工入微，不犯痕跡，所以爲佳」，孟浩然的「造思極苦，既成乃得超然之致」。王世貞所謂「不犯痕跡」，意即王維的創作過程是由極工而入於精微，渾然天成，所以無跡，這是「才」使之然，孟浩然則出於苦思，雖然詩境不乏超然之致，相較於王維就顯得勉強。但王世貞也指出王維詩中仍有失於點檢者，如詩句互用、字句重覆等問題，所以他又主張「才」須經由「格調」來適度引導、權衡，其〈沈嘉則詩選序〉即謂：「夫

〔註79〕《藝苑卮言》，卷4，頁1019也有兩則詩話著重提出詩歌摹擬中宋人黃庭堅、陳師道與時人周以言皇甫汸「點金成鐵」的例子，也是下乘的剿語。至其《弇州山人四部稿》，卷121，〈與吳明卿書〉評李攀龍「必欲以古語縛時事，不盡合化工之妙」、《卮言》，卷7，頁1066謂：「于鱗擬古樂府，無一字一句不精美，然不堪與古樂府並看，看則似臨帖耳」，都可見王世貞對摹擬的省察。

格者，才之御也；調者，氣之規也」，勉勵沈嘉則不可放任才、氣的生發與奔流，而使詩作溢出格調之外。

《巵言》卷四，頁一○○八亦謂：「詩至大曆，高、岑、王、李之徒，號爲已盛，然才情所發，偶與境會，了不自知其墮者」，指出中唐以後詩人雖不無才與情的抒發，能夠偶而達到神與境會的自然之妙，然終有別於盛唐氣象。於此，王世貞所論的「自然」又與格調互爲環扣，要達到詩境的自然，除了配合才氣的驅使、詩法的圓融巧妙及不著痕跡，也必須植根於格調的講求，否則就如同王維的詩雖「不犯痕跡」，卻不免失於點檢。

明詩評

四卷，王世貞著，存。

王世貞著有《藝苑巵言》，已見前。是書經《澹生堂書目》卷一四〈詩評類〉著錄，爲《紀錄彙編》本，然不著卷數。《紀錄彙編》爲明萬曆四十五年（1617）陽羨陳于廷所刊，此本由新文豐圖書公司影入《叢書集成新編》發行，成爲極通行的本子。周維德《全明詩話》則據《鳳洲筆記》本加以收入，惟《鳳洲筆記》本《明詩評》，筆者未見。

是書前有王世貞〈明詩評敍〉，後亦有其所著〈明詩評後敍〉，二敍大抵泛論明詩走向，特別著重前輩及同輩詩家對於復古風氣的推動，他在前序中也提及自己由不知學杜到日夜諷習的過程，有謂：「世貞既辭鄉學官，少知所創艾，且莫（按，即「暮」字）諷少陵氏集於道，漸有所窺近，既而得李、何（李夢陽、何景明）二君集而讀之，未嘗不掩卷三歎也」云云。是故，是書所評明代詩家並未按照時間順序加以評論，〔註80〕而是以李夢陽、何景明爲首，其次則李攀龍、徐禎卿、謝榛、高叔嗣、邊貢、鄭善夫等，前幾名的排列順序，儼然爲王世貞心中的明代詩人復古排行榜及學杜的成績單。〔註81〕

〔註80〕如其所著《明詩評》即大致以時間爲考慮，首評明初高啓，依次爲劉基、袁可潛、劉子高、楊孟載等。
〔註81〕「王世貞心中的明代詩人復古排行榜及學杜的成績單」這樣的比喻，並不是絕對的，只是嘗試討論爲什麼是書會先評論李夢陽等人，是不是有推崇的意思，或與復古、學杜的成績有關。但第一卷所評的第十七位詩人爲楊慎，他的復古走向與七子不同，王世貞也在詩話及文集中多次表達不同意楊慎的看法，卻將之擺在第一卷加以討論，則是書評論詩人的順序，可能又有其他的考慮。

此外，是書所評最後一位詩人是李東陽，也值得注意，尤其王世貞評曰：「惜乎未講體格，徒逞才情」，就是以復古詩說的建立爲著眼點，指出李東陽雖講格調，實未能確立以盛唐或杜甫爲學習標的。王世貞在〈明詩評後敘〉亦重申：「始者長沙（李東陽）諸公，各貴其貴，無有憂慮心，切磋之力，角險逞捷，因率務邇，而其名方大貴，足以奔走士徑，此豈有深永之致膾炙人人哉？勢實使趨矣」，以是李東陽位高名顯，而各貴其貴，未講體格，在王世貞看來是不合格的，可能也因此而將之置於卷末。

是書與《國朝詩評》相較，品評的作者共一百一十八人，較《國朝詩評》多出十人，而評論上則有承襲，如《明詩評》評李夢陽曰：「如金鴉擘天，神龍戲海；又如韓信點兵，眾寡如意，排蕩莫測」。《國朝詩評》「李君夢陽」條的「評曰」有云：「其詩如孫吳用兵，奇正闔闢，變化不窮；又如蒼鶻擊空，雲龍戲海，健急怪偉，種種入神」，二書比喻的意象近似。又如《明詩評》評何景明如「朝霞點水，芙蕖試風；又如西施毛嬙，毋論才藝，卻扇一顧，粉黛無色」。《國朝詩評》「何君景明」條亦評曰：「景明詩如太華芙蓉，秀出雲表，朝霞貼水，燦爛萬狀；又如西施毛嬙，工藝絕世，婉孌有情，氣力少讓李夢陽，燁燁動人，頗自不減」，都可見承襲之跡。

相較之下《明詩評》品評較詳細，尤其《國朝詩評》只是以簡略的比喻性文字說明詩家的詩風特色，是書則加入詩人年里、生平簡歷、簡單的文學活動及著作介紹，最後附有「評曰」，才以簡潔的比喻文字來全面評述該詩人的詩作特色與成就。是故此書較有計畫的記錄保存明代詩人的資料，以及總評明代中期以前的詩作業績，雖然出於王世貞的少作，角度是全然復古的，卻具有一定的代表意義。

拘虛詩談

一卷，陳沂（1469～1538）著，存。

陳沂，字宗魯，後改魯南，號石亭，浙江鄞縣人，以醫籍居南京。據《列朝詩集小傳》丙集〈陳太僕沂〉傳謂其正德丁丑（十二年，1517）中進士，年已四十有八，則其生於成化五年（1469）。其歷官編修、侍講、江西參議、山東參政、山西行太僕寺卿等，以抗疏致仕，杜門著書，絕意世務以終，《明人傳記資料索引》謂其卒於嘉靖十七年（1538），年七十。《名山藏》〈文苑記〉謂其少有文譽，與顧璘、王韋並稱「金陵三俊」，初好蘇軾之學，其書

法筆勢瀾溢，殊類東坡，亦自號「小坡」，中歲再變其格，至於其詩宗盛唐，文則出入史漢，歸於簡古。

至於其論詩宗向，《列朝詩集小傳》謂：「於時大江南北文士，稱朱（朱應登）、顧（顧璘）、陳（陳沂）、王（王韋）四家。〔註82〕朱、顧皆羽翼北地，共立壇墠，而魯南能另出手眼，訟言一時學杜之弊，欽佩（王韋）亦與之同調。江左風流，至今未墜，則二君蓋有力焉」，《明詩紀事》丁籤卷五陳田按語則針對錢謙益的評述提出不同看法，謂陳沂「論詩針砭北地之失，可謂談言微中，但其所作，去北地乃不可以道里計，牧齋援魯南以攻北地，譬如挾邾莒小國以抗齊楚，多見其不自量也」。關於陳沂生平，另見《國朝獻徵錄》卷一〇四〈陳先生沂墓誌銘〉、《詞林人物考》卷六〈陳宗魯傳〉、《本朝分省人物考》卷十三、《明史》卷二八六、乾隆元年刊《浙江通志》卷一八〇〈文苑三〉、乾隆六年刊《寧波府志》卷二六〈文苑〉等。

是書見《澹生堂書目》卷十四〈詩評類〉及《趙定宇書目》著錄，後者書名作「拘虛談詩」。孫殿起《販書偶記》則著錄是書有明嘉靖刊本，其云：「《拘虛集》五卷、《後集》三卷、《詩談》一卷、《游名山錄》四卷，明鄞陳沂撰，嘉靖間刊」，惟此本臺灣似未見，今較為易見者為民國二十五年四明張氏約園所刊《四明叢書》第四集本，此本收入《全明詩話》。

《四明叢書》本卷前有南陽府推官陳鳳所撰〈拘虛詩談序〉，以是書上承嚴羽、徐禎卿，為詩話之有取者也。並謂其「少嘗泛濫蘇學，中歲證體，始一趨於盛唐，其所談者，固其所得者也」，而是書「咸指明迷方，昭揭廣路，至論時賢，襲用唐初體之弊，允謂知言」。

是書僅四十八則，評論上起《三百篇》下迄明代的詩歌發展歷史，指出各體詩歌的時代特色，也評論歷代重要詩人及具代表性的詩作。其敘述簡潔、言有重心，內容不亞於今人所撰之詩史，惜其所論仍本於貴古賤今的觀念。是書卷末則歸結提出學詩的取法標的，使是書所論具有輔翼創作的功能。

書中首先綜述詩體的演變，以為「古詩自虞歌為雅頌，國風流為離騷，降為漢之五言，刪為樂府，至唐為近體，為塡詞，宋詞為盛，金元為曲。世

〔註82〕朱應登（1477～1526），字升之，寶應人，弘治十二年（1499）進士，雖為南方人，但與李夢陽、何景明等並稱「十才子詩」。顧璘（1476～1545），字華玉，吳縣人，弘治九年（1496）進士，官留曹六年，與李夢陽、何景明、徐楨相頡頏。王韋，字欽佩，上元人，弘治十八年（1505）進士。《列朝詩集小傳》丙集有三人之傳。

日降，氣日衰，聲日淫，意日卑淺矣」，儘管如此感慨，其仍主張「各以其世論之，英韶降為武勺，雅頌降為諸風，離騷降為韻賦，漢魏降為齊梁，初唐降為晚唐，填詞降為南北調，亦各有盛衰」。

在「各有盛衰」的觀點下，他逐代細部分析盛衰優劣的情況，謂「《三百篇》詩豈可以並論哉？」而「漢之詩有騷之遺音而復寬大，若十九首與蘇李諸作，自是風人之雅」。魏以後則意短氣衰，至晉則句刻削而意凡近，然仍有曹植、陶潛足以追古，不可以世代論。齊梁之後，詩靡麗日甚，然清新俊逸如「澄江淨如練」等，亦非後人能及，鮑謝陰何之句，更多為唐人竊用。初唐不能脫去齊梁之靡麗，徒工富麗，「但其氣自壯向盛之音也」，如宋之問〈晦日昆明詩〉意味深厚，用事得體，虞世南〈侍燕應制〉用事之妙等，率皆名家。盛唐則歷論高岑王孟各家詩歌之妙，對於李白尤多推崇，其於杜甫雖許以「詩聖」，但對高棅《唐詩品彙》列杜甫於「大家」則表示同意，以為杜詩「如滄海無涯涘可尋，其閒蛟龍以至蝦蚌、明珠珊瑚之與砂石，無一不據，要識其所當取者」，而「後學茫昧，特拾其粗耳」。大曆以後，援舉錢起、劉長卿、楊巨源、武元衡、劉禹錫、韓愈、白居易、元稹、盧全、王建等人詩作之妙，以為中唐之作家亦不可少。晚唐杜牧、許渾、劉滄、李商隱是名家，然聲氣衰弱，字意尖巧，吟詠無餘味，賞鑑無警拔。宋人詩失於以道學之談入於律。元人詩全宗唐，其尖巧卑弱，視晚唐亦太懸絕，惟趙孟頫為一代名家、袁凱〈白燕詩〉為絕唱。對於明代詩學演變，則謂：「國初詩沿於元之舊習，永樂後平淡近俚，成化閒始變，至弘治閒稍盛，正德閒數家有可傳者，後多宗初唐，用富麗堆積，如餖飣百家衣，畢竟到頭無經緯也」。評騭論列詩歌發展進程之後，他提出學詩的看法：

> 學四言當詠味風雅，長辭當詠味楚騷，五言古必宗蘇李，近體必宗
> 開元以前，七言長歌必宗李白，七言律必宗少陵，絕句必以李白為
> 師，縱力不能及，詠味久則入，步正不蹈旁蹊矣。

其論詩以禪學為喻，以為「必談心經、法華、楞嚴、楞伽、圓覺、華嚴、金剛等經，皆如詩之名家，但不可再視律論、傳鐙所載，皆是下徹，惟資談論，不足求上乘進步也」。

故是書所論雖仍牢籠於當世詩壇的復古風氣之中，然其學詩的取法標的仍屬獨特，且極為講究嚴格的辨體，各種詩體均有不同的學習目標。其中強

調學習李白，尤與詩壇普遍認定李白詩天才縱逸無法學習的觀念，有所抵忤。
而強調學習杜甫應有所檢擇，指出「後學茫昧，特拾其粗耳」之弊，也是針
對詩壇學杜時尚的批評。錢謙益《列朝詩集小傳》謂其「能另出手眼，訟言
一時學杜之弊」，即據此而言。

　　《明詩紀事》中陳田對錢謙益的看法，提出不同意見，以爲陳沂猶如「挾
郳莒小國以抗齊楚」。此批評相當偏頗，因爲詩學主張與實際詩作業蹟應分開
來談，陳沂、王韋的詩歌與影響雖不如北地李夢陽、何景明等耀眼，但他們
在復古的觀念上互有所見，且彼此間有抗衡角力的微妙關係，這是建立學說
或理論時的必然現象，應該加以觀察比較，如此才能更精密的見出明代復古
詩論的內涵和變化。同時，陳沂、王韋均爲南方人，他們提出不同於李夢陽
等所代表的「北地」復古學古理念，本身就顯示出南、北地域詩學傳統或觀
念上可能的不同，這種地域性的詩學差別，在錢謙益的評述中已經顯現出來，
可貴的是，這樣的評述可以見出明代的復古風氣除了隨時間演進而有修正變
化之外，在一定的時間區間裡，也存在著因地域不同而產生的差異。

詩心珠會

　　八卷（或作十卷），朱宣墡纂輯，疑存。

　　朱宣墡，字白厚，號味一道人，蜀獻王椿八世孫。《四庫全書總目》卷一
九七〈詩文評類存目〉「詩心珠會」條謂：「考《明史宗室表》，其襲封在萬曆
十三年（1585），是編前有自序，題嘉靖庚申（三十九年，1560），蓋作於未
襲封時，故其私印一曰蜀國分藩，一曰華陽王長子也」，可見其經歷及《詩心
珠會》之纂輯時間。

　　是書有作八卷者，見《萬卷堂書目》、《欽定文獻通考經籍考》、《四庫全
書總目》及清嘉慶二十一年修《四川通志》卷一八七〈經籍·集部·詩文評〉；
又有作十卷者，《天一閣見存書目》著錄。此書現應藏於天一閣，筆者未見。
劉德重、張寅彭所著《詩話概說》〈歷代詩話要目〉謂此書有「四庫本」，有
誤，蓋是書僅見於〈詩文評類存目〉。至於是書之內容，《四庫全書總目》云：
「是編取前人詩話分類編次，凡體格二卷、法則二卷、詩論二卷、辯正一卷、
雜拾一卷，其所徵引皆不著所出，龐雜無緒，閒有附註，以『味一曰』別之，
亦皆膚淺」，可知是書之大概。

作詩體要

一卷，楊良弼著，存。

楊良弼，字夢徵，號古崑居士，生平不詳。是書有明嘉靖古崑書屋清稿本，國家圖書館藏，廣文書局影入《古今詩話續編》；收入《全明詩話》。

是書著錄古今詩體八十二種，每體均附詩例及說解，其中「五平體」、「五仄體」、「澀體」為缺。楊良弼論詩以盛唐為宗，尤其推尊杜甫，並以之為創作、品評詩歌的標準，更基於「詩備眾體」的考量，所標舉各體，正變高卑雜出，所引論詩例，亦不以盛唐名家為限。如有「卑格體」，引許渾〈早發鄞江北渡寄崔韓二先輩〉詩為詩例，評析許渾之詩格太卑，對偶太切，才得一句，便拿捉一句為聯，而無自然真矣，又涉乎淺近，老筆恥之，詩忌太工太偶，但詩備眾體，亦不可無此，所以其云：「必如老杜能變化為善，是故學詩者必以老杜為祖，乃無偏僻之病也」。

因為要求作詩須備眾體，杜甫能夠「詩備眾體」，因此成為各詩體的典範，其「頓挫體」即謂：「老杜詩無一首不可法」。甚至又提出「在老杜則可，在他人則不可」的意見，如「單對雙體」，引杜甫〈秋望〉為例，其云：「『吾老』單字也，『榮華』雙字也，在老杜則可，在他人則不可，若吾輩必曰『衰老甘貧病』，終是弱，不能如『吾老』之健也」；又如「重字體」，引杜甫〈曲江〉為例，其云：「此詩三用『花』字，在老杜則可，在他人則不可」。像這樣不甚客觀的評論，楊良弼在「平易體」的詩例下其實一語道盡原委，那就是：「老杜詩無人敢議」。

是書雖沒有序跋申說著作緣由，仍可以看出，「詩兼眾體」正是其撰作此書的動機與所堅持的理念，也是其崇杜、揚杜、以杜詩為法的理論基礎。

經由對詩體、詩例的區畫與推敲，楊良弼也著重帶出創作的法則。如「有眼體」引杜甫〈奉酬李督都表丈早春作〉為例〔註83〕，討論了詩眼、情景、虛實字的配置等問題，如云：「大凡詩兩句說景，大濃大鬧，即兩句說情為佳」、「大抵為詩非五字，字字皆實之為難，全不必實而虛字有力之為難」、「所以詩不專用實句實字，而或以虛為句，句之中，老杜以虛字為工，天下之至難也」皆是。而「有骨體」也直揭詩法，云：「大抵詩以意為脈，以格為骨，

〔註83〕廣文書局所影印的《古今詩話續編》本《作詩體要》，頁次為書商重新編列，而此處的頁次錯接，「有眼體」所引的詩在第 342 頁，其解說的後半段則錯接至 339 頁，變成「轆轤體」的解說。諸如此類，閱讀時應注意。

以字爲眼，則詩之法盡之矣」，提示讀者學詩應切實掌握的三大重點。至於在「宏闊體」中，揭出「詩如人性」的問題，以白居易的賦性曠達、孟郊的賦性褊狹，檢視詩人個性對詩歌創作的重要影響，也擴充了論詩的面向。

此外，是書藉由詩體的畫分，對唐詩分期問題提出不同的省視，其畫分「盛唐體」、「中唐體」、「晚唐體」，獨不見「初唐體」，與高棅的畫分「四唐」之說不同。然其「盛唐體」的詩例爲陳子昂的〈度荊門望楚〉，並云：「陳拾遺子昂，唐之詩祖也。不但〈感遇〉三十八首，爲古體之祖，其律詩亦近體之祖也」。以陳子昂爲律詩之祖，而杜審言、宋之問、沈佺期皆精於律，楊良弼將他們並列於盛唐。至於「初唐」不單獨列爲一體的原因是「未脫陳、隋氣息」。所以其論詩體、詩法，以盛唐、老杜爲宗，立論不苟同於流俗之處，有其體會與新見。

詩禪瑣評

一卷，宋登春著，存。

宋登春，字應元，江蘇新河人。其事蹟以徐學謨（1522～1593）所著〈鵝池生宋登春傳〉（見《國朝獻徵錄》卷一一五）最詳，謂其壯年即頭髮衰白，因自號海翁，晚年依其兄子宋鯨，耕居於江陵之天鵝池，更號鵝池生。其家貧困，然性嗜酒復狂誕不羈，能詩工畫，卻不屑以此營生，嘗至京師，謝榛方以詩遊公卿之間，聲名鼎盛，宋登春間接得其詩，唾之曰：「作詩何爲者，而令七尺軀，津津諛貴人丐活耶？」其騎蹇驢，行跡幾遍天下，於借寓長白山一麓寺時，出囊中所貯漢魏盛唐名家詩，閉關揣摩三年，遂窺作者之門戶，而大放厥詞，尤以五言爲長。晚年得友荊州守徐學謨，徐學謨罷官，宋登春往嘉定客居其家二年，後投水而卒。所著有《鵝池集》、《燕石集》。

據蔡鎮楚《石竹山房詩話論稿》著錄，是書今有清康熙二十四年（1685）王培益所刊《宋布衣集》本，然未註明此本典藏何處。是書又見《千頃堂書目》卷三二「文史類」著錄，錢謙益《列朝詩集小傳》丁集中〈鵝池生宋登春小傳〉亦著錄之，並引黃德水（即黃河水，黃魯曾之子）語謂：

> 德水曰：「海翁傲睨一世，每慨今人無詩，有難之者，謂翁但工五言，寂寥短章，如才力易詘何？」翁曰：「吾幸以才力詘，故得以沉思苦吟，審于性情之正，以求歸於溫厚和平。彼才力橫駕，揮霍幕兀者，方傷于所恃，能無窮大而失其居乎？」」

由宋登春自謂「沉思苦吟，審于性情之正，以求歸於溫厚和平」，可知其創作宗向仍屬傳統，該小傳復謂：

> 著《詩禪瑣評》一卷。其言曰：「文中子謂北山黃公善醫，先寢膳，
> 而後鍼藥；汾陰侯生善筮，先人事，而後卦說。余未善詩，先性情
> 而後文辭。寢膳、人事，性情也；鍼藥、卦說，文辭也」。

則宋登春之論詩，又以「先性情而後文辭」為前提，對照於前引「審于性情之正」等語，知其所重、所以為先之「性情」，具有絕對的選擇性及保守性，是以溫厚和平者為主，而非不加檢擇的直抒胸臆，這與他特立獨行的行事作風似乎違背，卻與當日復古詩壇追求性情之正相合。故其詩學經歷與謝榛等後七子同時，雖前引徐學謨〈鵝池生宋登春傳〉謂其對謝榛的不滿，然只在不滿「諛貴人乞活」的行徑，並非基於詩學觀念的差異。

全相萬家詩法

六卷，汪彪纂輯，存。

汪彪，字芝軒，江西樂平人，生平不詳。據周維德教授謂，汪彪所著《全相萬家詩法》有明《書林翠坡》刊本，現藏於浙江圖書館。此書臺灣未見，筆者所見為周維德教授提供鈔錄自《書林翠坡》本的鈔錄本。

是書各卷題署的書名不一，如卷一冠上「新刊」二字，題作「新刊全相萬家詩法」，卷二題作「新刻群英拔萃萬家詩法」，卷三題作「新刊萬家詩法」，卷五題作「新刊全相啓蒙詩法」，卷六題作「新刊群英拔萃萬家詩法便覽」，而各卷前之作者則署名「樂平盤岡芝軒汪彪撰」、「芝軒門人汪廷祖圖像」。全書六卷，後二卷為附詩，選唐、宋、元、明各代的名賢佳作，由於強調「學詩必先立其主意」，所以所選各詩均註明是詩之「主意」，提供讀者精詳之，以明詩法，而所選明人之詩，包括「嘉靖皇帝」的〈省耕亭念農〉，是則汪彪或為嘉靖時人。

汪彪編纂此書的目的，在於「以為啓蒙之方，俟後之初學者效之，善吟者審之」，故是書偏重論述作詩方法並提供範例，便利初學者仿效。汪彪除了纂錄前人說法也加入己見，以「汪子曰」加以標註。其論詩本於嚴羽《滄浪詩話》，主張參禪妙悟，提倡別材別趣，是書卷二特別以「詩似參禪」、「詩有異材」等條目加以申說。

為了增加學詩者的信心與警戒，他在卷二論述了「詩病」，引王安石「黃

昏風雨暝園林，殘菊飄零滿地金」詩，蘇軾已指出菊花在枝上枯而不會飄零的特性，要「詩人仔細看」，惟王安石以楚辭「餐秋菊之落英」爲己辯護，汪子則謂楚辭乃抹落其英而餐之，非其自落，來說明「吟者全無詩中之病難矣」，提醒初學者注意。

對於詩法中使用俗字俗句以及重疊用字的問題，汪彪也提出較寬容的看法。他不以俗爲忌諱，主張要「煉俗字」，當用而用之，不當用而勿用之，就爲美。至於重疊字，他主張「不礙理，不疊意，雖重可也」。此外，他對七言律詩的起句、聯句、結句的作法，都有自己的主張，故是書雖以纂輯爲主，實則寄寓了自我的寫詩經驗與詩學理念。

璿璣圖詩讀法

一卷，康萬民著，存。

康萬民，字無沴，陝西武功人，《四庫全書總目》卷一四八〈別集類一〉「璿璣圖詩讀法」條，謂其爲康海之孫。康海生於成化十一年（1475），卒於嘉靖十九年（1540），則康萬民或爲嘉靖時人。

是書見《欽定文獻通考經籍考》著錄，有清乾隆《四庫全書》本，臺灣商務印書館有影本發行。其內容係解析蘇蕙〈織錦迴文詩〉的讀法。〈織錦迴文詩〉古名〈璿璣圖詩〉，「璿」即「璇」字，故又作「璇璣圖詩」，乃晉女詩人蘇蕙爲感悟其夫所作。此詩在明代頗有流傳，如明刊叢書《欣賞編別本十八種》，即刊入〈璇璣圖詩〉一卷，附〈織錦迴文記〉一卷。此詩共八百四十一字，分朱、墨、青、紫、黃五彩織錦，蘇氏以爲表裡宛轉，無非文章，非我佳人，莫之能解。後有「起宗道人」者，因彩分圖，因圖分詩，讀得三千七百五十二首，分爲七圖。康萬民以爲未盡，又加尋繹，於諸圖中增讀，得詩四千二百〇六首，加上起宗道人原所讀出者，共計七千九百五十八首，輯成是書。

起宗道人，不知何許人。康萬民所以能在其後增讀四千二百〇六首，就在其以「複韻」、「古韻」加以推求，故是書〈凡例〉即謂：「圖內複韻詩，遺者甚多，俱標出」、「余增讀詩內，多協古韻，起宗所遺，或於韻學有未盡諳乎？此余用古韻而讀益多也」。是書卷前之〈璿璣圖詩讀法記〉及〈凡例〉，對〈璿璣圖詩〉的作者、來源、詩事掌故多有說明。

　　是書所錄〈璿璣圖詩〉讀法，多至七千九百五十八首，且詩句旁行斜上，變化多端，恐非蘇蕙寫作時所能料及，《四庫全書總目》即謂：

> 夫但求協韻成句，而不問文義之如何，輾轉鉤連，旁行斜上，原可愈增愈多，然必以爲若蘭本意如斯，則未之信，存以爲藝林之玩可矣。

此說就現代文學批評的眼光來看，已不成爲責難，蓋讀法之多，正足以顯示此詩所以千古流傳，正在其別致新奇，爲讀者所炫目並樂於接受，故多方閱讀與研求。明代除康萬民之外，《千頃堂書目》卷三二〈文史類〉另著錄浮梁人程先民所著《蘇氏璇璣詩讀法》，可見蘇蕙之詩在明代有一定的接受程度。

　　此外，《總目》「存以爲藝林之玩可矣」一語，則代表著蘇蕙未採用傳統詩歌體製，而以新創的詩體加以寫作，她的詩所得到的儘管仍爲讀者的接受與稱奇，但多數讀者實以新奇賞玩的閱讀心態看待，使得是詩不能如班婕妤、蔡琰等女詩人所寫作的古詩，得到較多肯定，或產生較多的感動。

織錦迴文詩譜

　　二卷，康萬民著，疑存。

　　康萬民著有《璿璣圖詩讀法》，已見前。是書見《澹生堂書目》卷十二〈總集·餘集類〉、《千頃堂書目》卷三二〈文史類〉著錄。是書雖著錄爲二卷，然頗疑即就《璿璣詩讀法》加以增廣而成，因爲〈璿璣圖詩〉即〈織錦迴文詩〉之古名。

　　此外，關於「詩譜」與「詩話」的關係，劉德重、張寅彭《詩話概說》的〈詩話的種類〉，將「詩譜」歸類爲特殊形式的詩話〔註84〕。而詩譜的內容又不必盡爲詩句圖譜，也可能結合相關詩話的論說著錄，如田藝蘅之《陽關三疊圖譜》即包括〈渭城曲〉作者、別名、異名、詩事的相關記載，圖譜外別有詩話彙編。又如《璿璣詩讀法》也論述了〈璿璣圖詩〉的作者、來源、詩事掌故。惟是書只見於書目的著錄，缺乏資料來考知內容，姑存其目。

〔註84〕見該書頁五，其所列詩話的特殊形式包括：一、近于選本、論文、圖譜者；二、雜以其他形式者。

玉笥詩談

二卷、續一卷（或作四卷），朱孟震著，存。

朱孟震，字秉器，號明虹，江西新淦人，隆慶二年（1568）進士，官至右副都御史，巡撫山西，有《郁木生全集》、《玉笥詩談》、《續玉笥詩談》、《河上楮談》、《汾上續談》等。事蹟見《詞林人物考》卷一二、光緒七年刊《江西通志》卷一四四〈列傳〉。

是書《四庫全書總目》卷一九七〈詩文評類存目〉及《欽定文獻通考經籍考》著錄為四卷，《八千卷樓書目》亦謂：「四卷，明朱孟震撰，鈔本、學海類編本」，則是書有四卷之刊本與鈔本傳世，然所謂「學海類編」本，其實為二卷、續一卷，是否只為卷帙分合之異？今日最通行即清道光十一年六安晁氏活字本《學海類編》，臺灣廣文書局影入《古今詩話叢編》；新文豐圖書公司影入《叢書集成新編》，商務印書館則有《叢書集成初編》本行於世。蔡鎮楚《石竹山房詩話論稿》著錄南京圖書館、湖南郴州圖書館藏有清鈔本。

前引《四庫全書總目》謂是書「皆載明代之事，而涉於江西者尤多，蓋據其見聞所及也。其論詩大旨則惟以王世貞為宗」，誠然。是書前二卷多記錄時人唱和往還之詩，紀事隨筆者多，理論品評者少，然所錄不乏鮮見載於他書者，如著錄簡紹芳《西塍詩話》之論詩、萬曆初年與陳文燭等共結「青溪社」事，以及青溪社社中人生平梗概、代表詩作等，可見一時詩人之動態。

續卷較多論及詩歌遣詞用字的問題，其推崇李夢陽、何景明、王世貞及李攀龍，云：「王中丞元美，名在海內稱『七子』，又其最稱『李王』，謂于麟與公視宏正間獻吉仲默也」。於王世貞尤深致讚譽，如引王世貞三首詩謂：「即此三詩置之老杜盛唐，誰復辨者？」又論《藝苑卮言》，則云：「若公卮言別錄，如入海藏龍宮，無所不有，蓋非僅止於博古，而又於當今典章文物，考索評訂，汪洋浩博，精擇朗識，實足以垂後來、照當世」，是知其論詩意見與王世貞等一致，亦復古一派也。

唐詩摘句

一卷，莊元臣（1560～1609）纂輯，存。

莊元臣，字忠甫，江蘇吳江人。《明清江蘇文人年表》引《松軒書錄》，謂其生於嘉靖三十九年（1560），卒於萬曆三十七年（1609），年五十，並謂其編著《曼衍齋文集》、《古今文訣》、《三才考略》。然據《四庫全書總目》卷

一三八〈類書類存目二〉「三才考略」條著錄：「元臣字忠原，歸安人，隆慶戊辰（二年，1568）進士」，此莊元臣的字號不同，籍貫「歸安」爲今浙江吳興，其隆慶二年中進士，若對照《松軒書錄》所錄莊元臣之生年，則年僅九歲，根本不可能。因此，二書所著錄的莊元臣實爲二人。

《唐詩摘句》一書，據《叢書大辭典》著錄，有清永言齋鈔《莊忠甫雜著》本。則此書應爲「莊忠甫」所著，作者即江蘇吳江之莊元臣，全書蓋採輯唐詩佳句雋語而成。此本今藏於北京圖書館，臺灣未見。

解頤新語

八卷，皇甫汸（1498～1583）著，存。

皇甫汸，字子循，號百泉，江蘇長洲人。據《疑年錄彙編》卷七，其生於弘治十一年（1498），卒於萬曆十一年（1583），年八十六。《明史稿》列傳一六三則謂其與兄皇甫涍同舉嘉靖七年（1528）鄉薦，嘉靖八年（1539）成進士，官工部主事，名動公卿，沾沾自喜，也因此招忌，貶黃州推官，屢遷南京稽勳郎中、開州同知、處州同知、雲南僉事等職。其爲人和易，近聲色、好狹游，不能通知內外事。然聲名卓著，與天下名士交游，《列朝詩集小傳》丁集上〈皇甫僉事汸〉條即謂：

> 其在燕中，則有高叔嗣、王愼中、唐順之、陳束；在留署，則有蔡汝楠、許穀、王廷幹、施峻、侯一元、中山徐京；再赴闕下，則有謝榛、李攀龍、王世貞；而謫楚，則交王廷陳；遷滇，則交楊愼。
> 咸與上下其議論，疏通其聲律。

可見其仕途雖坎坷，卻得交天下名士，反應在其創作上，《列朝詩集小傳》謂皇甫涍、皇甫汸兄弟競爽，學問源流，約略相似：「始而宗師少陵，懲拆洗之弊，則思追溯魏、晉，既而含咀六朝，苦綢繢之窮，則又旁搜李唐。當弘、正之後，暢迪功之流風矯北地之結習，二甫於吾吳，可謂傑然」。故彼等並未依循復古流派，反而承繼吳中的習尚，在李攀龍、王世貞等之外，別樹一幟。其事蹟又見《詞林人物考》卷八〈皇甫子循〉、《明史》卷二八七、《明人詩品》卷一、《明詩紀事》戊籤卷五等。

是書見《國史經籍志》、《千頃堂書目》卷三二〈文史類〉、《明史藝文志》、《欽定文獻通考經籍考》著錄，均作八卷；《紅雨樓書目》〈詩話類〉亦著錄，然不著撰人；《澹生堂書目》卷十四〈詩評類〉則著錄皇甫汸所著《解頤新

語》二冊。傅增湘《藏園群書經眼錄》云：「《解頤新語》八卷，明皇甫汸撰，明隆慶刊本，有何良俊、吳子孝、黃魯曾序，王文祿後序。分〈敘論〉、〈述事〉、〈考證〉、〈詮藻〉、〈矜賞〉、〈遺誤〉、〈譏評〉、〈雜紀〉各類，亦詩話之屬也。」又，劉德重、張寅彭《詩話概說》之〈歷代詩話要目〉著錄此書有「四庫本」，此說有誤，蓋此書僅見《四庫全書總目》卷一九七〈詩文評類存目〉「解頤新語」條著錄，未錄入《四庫全書》。

　　故是書據傅增湘《藏園群書經眼錄》所錄，明隆慶間即有刊本，惟今未見。明萬曆八年（1580）茅一相編刊《欣賞詩法》之《續編》，輯錄《藝苑卮言》之後，又得《解頤新語》，亦予收錄，然所錄僅〈敘論〉、〈考證〉、〈詮藻〉三部分各數則。明萬曆二十五年（1597）刊周子文編選《藝藪談宗》，收有是書較為完整的版本，廣文書局影入《古今詩話續編》發行，是今日最容易看見的版本。

　　周維德所編《全明詩話》收有是書，據〈明詩話提要〉（稿本），該叢書所收錄者為「明刊本」，卷首有黃魯曾（1487～1561）序，有謂：「此之所著，間陳乎今人之未聞，盡發乎古人之未開」云云，惟不詳此明刊本與隆慶刊本之關係。

　　是書頗得時人注目，除了茅一相、周子文等引錄，俞允文《名賢詩評》亦多所引錄，何良俊《四友齋叢說》卷二四評為：「近時皇甫百泉《解頤新語》，不但文字藻麗，而詮品亦精確，可為詩家指南」。是書的文字略仿六朝，故文字藻麗；然其書雖名「新語」，其實新義並不多，如〈敘論〉多係引錄《春秋》、《詩序》、《含神霧》及沈約、劉勰、鍾嶸、劉禹錫、陳子昂等前人論詩之語，實無特別的著錄。即如茅一相《欣賞詩法》所入錄的〈詮藻〉亦是如此，如頁二一（見《藝藪談宗》本，下同）有則詩話引司空圖之說，只謂：「司空圖謂古今之喻多矣，辨於味而後可以言詩，江嶺之南，止知鹹酸而尚乏醇美」，並未更加申說舉例，或別出品藻路徑；而頁二十一主張「詩須五言不可加，七字不可減為妙」，此即增一分太多、減一分太少的舊說，亦不足為「新」；頁十一所云：「世之夫淺不學，則曰何必讀書？鄙樸無文，乃言恥為小技，是嫫母毀黛、丐兒誚金也」，則將詮藻易以哮罵。

　　不過，是書仍有不少經驗語，特別是對「才力」的申說，讀之有時令人會心，有些則足以解頤。如〈詮藻〉頁二二謂：「才有高下，定於平昔，然有時取勝，蓋景與情融，思若神助，探鮫室先得驪珠」云云，解釋了雖才華平

庸有時也會有寫出佳作的可能，但仍應虛心量力而爲，這個看法相當具有彈性，能夠喚起有創作經驗的讀者的共鳴。

至如〈詮藻〉頁二三提到「或謂詩不應苦思，苦思則喪天眞」，皇甫汸以爲不然，理由是：「方其收視反聽，研精殫思，寸心幾嘔，脩染盡枯，深湛守默，鬼神將通之矣」。他的「鬼神通之」說，一方面荒唐無稽、可資解頤，另一方面則掩蓋了問題的中心，因爲「苦思」其實是創作遲速的習慣，以及創作者的天資才力問題，何況設問者所云：「苦思則喪天眞」，又涉及眞正的「詮藻」問題，要思量的是——反覆推敲文詞、鑽研字句，到底會不會損壞或扭曲了眞情實意？或者，出於直覺、運筆成書的寫作方式，眞的就能完整的表達情意、成就「天眞」嗎？這些都不是皇甫汸「鬼神通之」一語所能夠解答的。〔註 85〕由此亦可見其論詩並不是十分深入，所以《四庫全書總目》除了指摘是書著錄上的缺失，也謂：「然汸詩有名於當時，而此書乃多謬陋，大抵皆襲舊說，了無精識，好大言而實皆膚詞」。

〔註85〕題名鍾惺纂評的《詞府靈蛇》，其〈骨集〉的〈確評〉部分（天啓五年唐建元刊本，頁 1），輯錄一則詩話，也談到「或曰詩不要苦思，苦思則喪于天眞」的問題，顯然此說在當世頗爲流行，且與公安詩說對性靈的推闡應有關係。《詞府靈蛇》所錄詩話的說解比皇甫汸之說更爲深入，其云：「此甚不然，固當繹思于險中，採奇於象外，狀飛動之句，寫眞奧之思。夫希世之珍，必出驪龍之頷，況通幽冥變之文哉！」